博学而笃志，切问而近思。

（《论语·子张》）

博晓古今，可立一家之说；
学贯中西，或成经国之才。

复旦博学 · 大学管理类教材丛书

COLLEGE MANAGEMENT SERIES

管理学

——原理与方法（第八版）

习题与案例指南

周三多　贾良定　主编

复旦大學出版社

内容提要

《管理学——原理与方法》是管理学教材中的一棵常青树，被厉以宁教授誉为“重新构建了中国管理学的教学体系”。多年来，本书稳居我国管理类“长版畅销”教材第一名。自1993年第一版面世以来，本书总发行量超550万册，成为我国高达500所大专院校管理类专业的首选教材，同时也是广大政府公务员及企业管理人员培训所用的首选。

本书为《管理学——原理与方法》（第八版）的配套教辅用书，作者在多年教学经验的基础上汲取了广大读者使用后的反馈意见，精心编撰了这部习题与案例指南。

全书共设“管理学教学要求”“管理学教学方法”“管理学各章学习要点与习题”和“管理学综合案例”四大部分，引导读者深入讨论我国现阶段各类企业所面临的根本性问题和改革的方向。

目录

管理学教学要求

《管理学——原理与方法》的读者对象广泛。根据所掌握的资料，教学对象主要有三类：

（1）大专院校管理类、经济类本专科学生，甚至非管理类、非经济类的本专科学生；

（2）硕士研究生，含 MBA、EMBA、MPA；

（3）研究生进修班学员，包括企事业单位员工培训学员。

不同类型学员的背景不同，对管理实践的体验也不同，因此不同类型学员的教学内容和要求也不相同。

一、本专科生教学的基本要求

高等学校的本专科生一般没有工作经历。通过管理学学习，使他们对实际管理活动及其背后的基本道理有一定的认识和了解，为他们认识、理解实际管理活动提供理论知识。基本的管理原理和方法反过来又指导他们即将面对的实际工作。高等学校的本专科生的管理学教学重点是：

（1）了解并掌握管理学的基本概念、基本原理和基本方法，如：计划、组织、领导、控制、组织文化、管理伦理、决策、管理幅度等概念；劳动分工、统一指导、权责对等、因事设职、因材器使等原理；量本利分析、决策树、计划制订程序、目标管理、分权、授权、部分化、强化理论、期望理论等方法。

（2）能运用所了解所掌握的基本概念、原理、方法去分析和解决实际管理问题，如运用所学的知识分析实际管理案例，并提出自己的解决方法；如在学习第三篇“组织”后，能运用所学的内容编写日常生活、学习计划，甚至编写班级工作计划等。

二、研究生教学的基本要求

研究生分为学术型和专业型两类。学术型研究生的教学强调学术研究性，而专业型研究生的教学强调操作务实性。前者多数为应届本科毕业生，而后者必须在本科毕业后工作 2 年以上，必须有 2 年以上的工作经历。专业型研究生多为管理类，我国目前已经有工商管理硕士（MBA）、公共管理硕士（MPA）、工程管理硕士（MEA）等。

对于学术型研究生，管理学教学重点是：

（1）了解并掌握管理学的基本概念、基本原理和基本方法；

（2）能运用所了解和掌握的基本概念、原理、方法去分析和解决实际管理问题；

（3）尤其是能运用所掌握的基本概念、原理、方法进行推理分析，并能针对新问题，提出新假设，设计实证研究路线，并通过实证研究检验新假设。

第三条要求体现了学术研究的特色。如：领导方式会影响员工行为和企业绩效吗？企业强调伦理会影响企业绩效吗？等等。

对于专业型研究生，管理学教学重点是：

（1）了解并掌握管理学的基本概念、基本原理和基本方法；

（2）能熟练地运用所了解和掌握的基本概念、原理、方法去分析和解决实际管理问题；

（3）加强案例性教学内容，着重培养学生分析问题、解决问题的能力。

第二、第三条要求体现了操作务实的特点。

三、在职人员教学的基本要求

大部分的 MBA、EMBA、MPA、MEA 都属于在职人员学习，这里的在职人员主要指研究生班学员，包括企事业单位员工培训学员。在职人员学习的主要目的是：补充和更新知识、增强分析和解决问题的能力。在职人员都具有一定的实践经验，他们往往是带着问题来学习。学以致用、操作务实是在职人员学习的显著特征。所以对于在职人员，管理教学重点与专业型研究生的类似：

（1）了解并掌握管理学的基本概念、基本原理和基本方法；

（2）能较熟练地运用所了解和掌握的基本概念、原理、方法去分析和解决实际管理问题；

（3）加强案例性教学内容，着重培养学生分析问题、解决问题的能力。

第二、第三条要求体现了操作务实的特点。

表 1 总结了不同人员的管理学教学的基本要求。从表 1 可知，不同类型的人员都必须了解和掌握管理学的基本概念、原理和方法，知识掌握是理论分析和实际运用的基础。本专科学生重点强调知识掌握；学术型研究

生重点强调理论分析，运用所掌握的知识，发现问题、提出假设、设计方法、调查研究，检验假设从而解决问题；专业型研究生和其他在职人员重点强调实际运用，要求他们运用所掌握的管理学基本概念、原理和方法分析和解决实际管理问题。

表1 不同人员的管理学教学的基本要求

人员类型	教学要求点		
	知识掌握	理论分析	实际运用
本专科学生	★★	☆	☆
学术型研究生	★	★★	☆
专业型研究生	★	☆	★★
研修班和在职培训人员	★	☆	★★

注：★表示重点，★★表示非常重点，☆表示一般需要。

管理学教学方法

一、教与学的主要方法

一流的大学非常重视文科教学的“读、写、议”。学生是“读、写、议”的主体，教师是“读、写、议”的指导者。“管理学”是工商管理系本科生学位课程，是管理学院、商学院公共必修课程，也是南京大学文科首席教授课程。“管理学”首席教授是周三多教授，该课程教学组成员在担任南京大学商学院本科生“管理学”课程的教学工作过程中，抓住“导、读、写、议”四个环节，并辅之“案例讨论、请进来、走出去”，展开管理学教学活动。兹将各环节要点作一介绍，仅供教师同人和学习人员参考。

（一）导：指导阅读、指导研究

导，有双重含义：指导学生阅读经典文献和指引学生做科学研究。韩愈《师说》中说，“师者，所以传道受业解惑也”。大学教师的主要职责是指导学生阅读、指引学生研究，而非仅仅传授知识。教育学生要开放胸怀，面向世界竞争，打下扎实的管理学理论基础。根据教学组的研究和学习积累，并结合国际上一流大学同类课程教学阅读材料，给学生开列“管理学”领域的经典著作和最新研究著作两类文献（见附录“‘管理学’读书总提示”）。

（二）读：读好书、读好文、读经典

读，并不是仅仅给学生开一些阅读书目，更主要是引导学生读书，教学生怎样读书，融“导”为一体。阅读是将显性知识隐性化的过程，该过程加入了自己的思考和发现。阅读是知识创新的重要过程。读书要读好书、读好文、读经典。现在是信息爆炸的时代，将有限的宝贵时间集中于最好的信息是成功的关键。除了告诉读者本课程需要阅读的经典文献外，我们还列出世界最好的 20 本管理学学术期刊（*Administrative Science Quarterly*、*Academy of Management Journal*、*Strategic Management Journal*、*Academy of Management Review* 等，见本书附录）和我国的经济管理类优秀学术期刊

(《经济研究》《管理科学学报》等)。

（三）写：写心得、写论文

写，结合课程写小论文，并配合学校“文科教学加强学生‘读、写、议’内容”的思想，指导学生写读书笔记。如果阅读是将显性知识隐性化的过程，那么写作就是将隐性知识显性化的过程。根据波兰尼（Michael Polanyi）和野中郁次郎（Ikujiro Nonaka）的研究，知识增长是一个螺旋：隐性知识→显性知识→隐性知识→……知识创新最重要的两个环节是“显性知识→隐性知识”和“隐性知识→显性知识”。这两个环节在教学中就是“阅读”和“写作”。读和写应该相辅相成、相互促进。只读不写不行，只写不读也不行。“读和写”是将学生由知识的消费者转变成知识的创造者的重要基础手段。通过读写，打下扎实的基础，继而引导学生去发现问题、解决问题。同时，“读和写”是“议”的前提。教学中反对空谈，议必须有主题、有焦点，并且是基于若干篇经典文献基础之上。

（四）议：讨论与议论

议，评议学生所写的小论文，采用教师议、学生议的方式，并公开让学生演讲和评议优秀的有特色的小论文。教学过程中，学生自己上讲台讲解读书心得和自己的论文，与同学们讨论和交流非常重要。议论至少有三大好处：

（1）公开发言、公开表达思想，需要我们对所要表达的东西更加深入地思考，这对言者提出更高的要求。

（2）由于时间有限，我们不可能无所不包地阅读，讨论以分享思想，可以有效地利用时间。

（3）交流与分享思想的过程可以加深人们的思考与理解，以达共进。

本课程教学的“议”包括四项活动：

（1）学生自己做 presentation。利用网络和多媒体，要求学生做出内容丰富、形式精美的 PPT。例如，一位同学在讲解波特（Michael Porter）的论文“How Competitive Forces Shape Strategy”时，通过网络了解到波特的生平、主要著作、主要思想和学术贡献，并对该论文所获的 HBR 的麦肯锡奖作了一番介绍。通过他的讲解，同学们加深了对波特的认识，并认识到该篇论文的学术地位。

（2）向做 presentation 的同学提出问题。比如，在讨论“How Competitive Forces Shape Strategy”这篇论文时，有同学问“进入障碍、退出障碍以及移动障碍有何不同？”还有的同学提出对论文的不同理解。这种讨论加深了同学们对论文的理解，尤其是对某些重要概念的理解。

（3）教师点评。教师点评是议的重要环节。教师点评给出该文献的内在逻辑关系以及文献间的逻辑关系，以使学生能在更大范围内掌握知识。

（4）网上讨论。在系教学网络上，每门课程都有讨论区。在讨论区内，我把学生所做 presentation、读书笔记和课程论文放在网上，供同学进一步讨论。

（五）案例讨论

针对事先准备的实际企业管理案例，运用所学知识进行分析、讨论。教师一般提前 2 周将案例材料发给学生，并把学生分成若干组，提出讨论问题，请小组做准备。集中时间要求小组报告分析结果，然后进行讨论。

（六）请进来

“请进来”指聘请有丰富实践经验的企业管理工作者来校讲学，讲授部分课程，直到讲授一门课，同时邀请企业家、政府官员到学校做讲座、讲学活动。

（七）走出去

“走出去”指带学生到企业参观，建立企业管理的实习基地，利用假期和业余时间参与企业一些调研活动。通过“请进来、走出去”的方法，让学生参与企业管理实践，丰富自己的感性认识。结合“管理学”课程教学，我们一学期一般安排 1—2 次企业家的课堂讲座，有时可以根据情况，经校教务处同意，调整教学时间；一学期一般安排 1 次小规模的企业参观、调研。若是大课，仅以企业管理专业为主，组织参观。

二、管理学教学课件示例

插入“教学课件示例 ________________ 组织设计”（第十讲）。

组织和组织工作（第十讲）

1. 组织工作的性质
2. 管理幅度
3. 组织设计的任务
4. 组织设计的基本原则
5. 组织结构的常见形式

（一）组织工作的性质

1. 组织（Organization）

正式的有意形成的职务结构或职位结构。

2. 组织工作（Organizing）

（1）明确所需要的活动并加以分类。

（2）对为实现目标必要的活动进行分组。

（3）把各个组分派给有必要权力的管理人员来领导（授权）。

（4）为组织结构中的横向方面以及纵向方面的协调制定相关的规定。

3. 组织工作的逻辑过程如图1所示

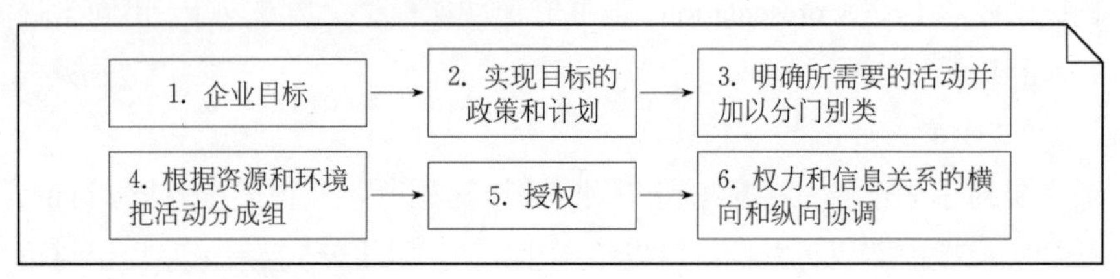

图1 组织工作的逻辑过程图

4. 组织工作前提因素

（1）企业结构必须反映目标和计划。

（2）企业结构必须反映出企业管理可使用的权力。

（3）组织结构必须反映它的环境，能让集体中的成员作出贡献，并能帮助人们在变化的环境中有效地达到目标。

（4）以事和以人为前提的统一。

5. 组织工作中应当注意的错误思想

（1）极端专业化。组织工作并不意味任何极端职业专门化。分工虽然可以带来劳动生产率的增进，但是分工是有限度的。

（2）组织僵化。组织结构理论的运用一定要考虑具体情况和环境，必须让设计出的组织结构的运行是可行的。

（3）组织永恒化。不存在一种最好的组织结构。

（二）管理幅度

1. 管理幅度

任何主管能够直接有效地指挥和监督的下属数量总是有限的，这个有限的直接领导的下属数量即管理幅度。

2. 决定有效管理幅度的因素

一个管理人员到底能够有效地管理多少下属，最重要的决定因素是管理人员减少上级花在下级身上的时间的能力。

（1）工作能力（主管与下属）。

（2）工作性质与内容（层次、计划完善程度、工作内容相近性、非管理事务等）。

（3）工作条件（助手、通讯配置情况）。

（4）工作环境（变化情况）。

（三）组织设计的任务

组织设计的任务是提供结构系统图和编制职务说明书。

职务说明书要求能简单而明确地指出：

（1）该管理职务的工作内容、职责与权力；

（2）与组织中其他部门和职务的关系；

（3）担任该项职务者必须拥有的基本条件。

（四）组织设计的基本原则

1. 因事设职与因人设职相结合的原则

使“事事有人做”，而非“人人有事做”。

保证“有能力的人有机会去做他们真正胜任的工作”。

2. 权责对等的原则

3. 命令统一原则

（五）组织结构的常见形式

1. 直线制

直线制组织结构如图 2 所示。

（1）特点：企业的一切管理工作均由企业的厂长（公司经理）直接指挥和管理，不设专门的职能机构。

（2）优点：管理机构简单；管理费用低；命令统一；决策迅速；责权明确。

（3）缺陷：对领导要求高。

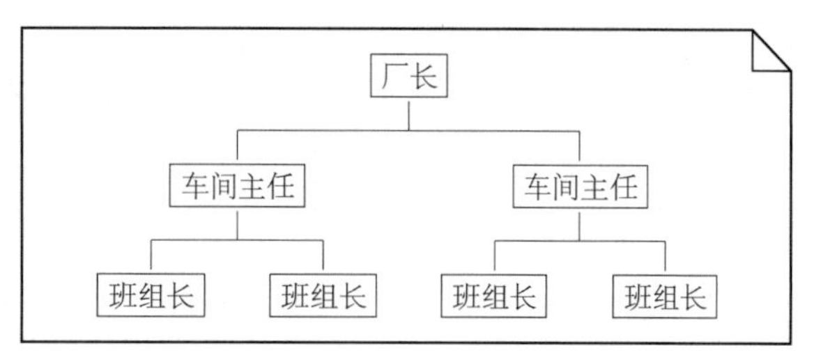

图 2 直线制组织结构图

2. 职能制

职能制组织结构如图 3 所示。

（1）特点：采用专业分工的管理者代替直线制的全能管理者；在组织内部设立职能部门，各职能机构在自己的业务范围内有权向下级下达命令和指示；各级负责人除服从上级行政领导的指挥外，还要服从上级职能部门在其专业领域的指挥。

（2）优点：分工细；弥补行政领导的不足。

（3）缺陷：多头领导，削弱统一指挥。

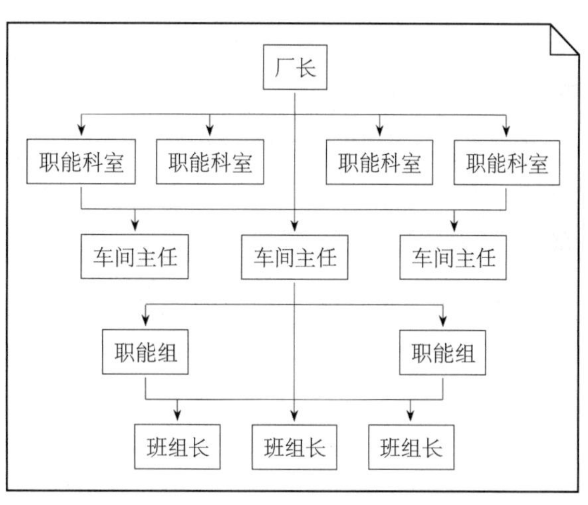

图 3 职能制组织结构图

3. 直线职能制

直线职能制组织结构如图 4 所示。

（1）特点：以直线制为基础，在各级行政领导下，设置相应的职能部门。只有直线人员才具有对下级指挥和命令的权力，而参谋角色是建议、思考和协助。

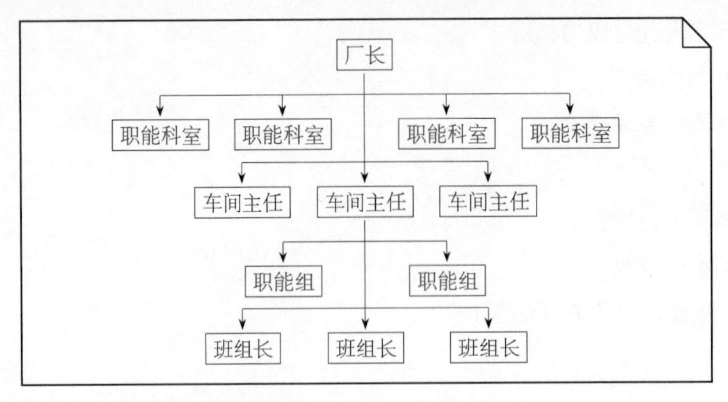

图4　直线职能制组织结构图

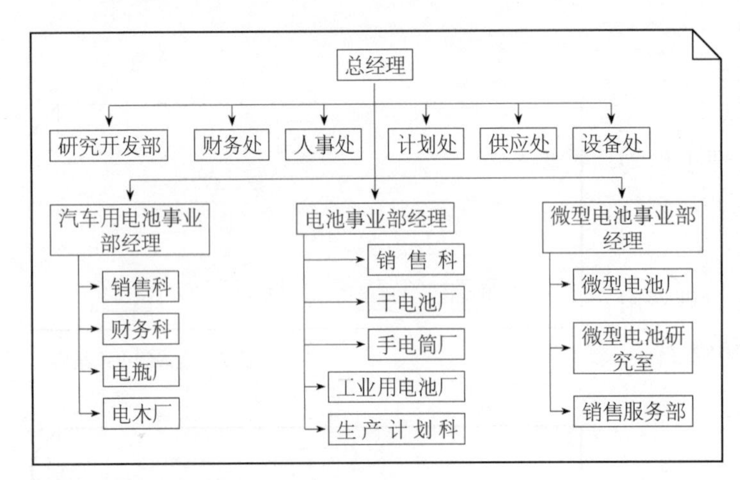

图5　事业部制组织结构图

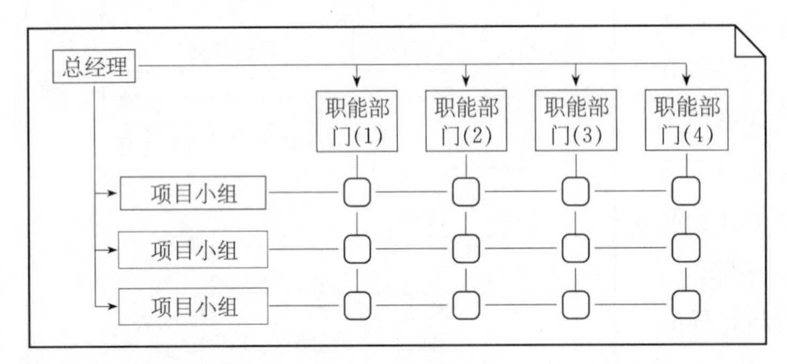

图6　矩阵制组织结构图

（2）优点：既保证了集中统一指挥，又发挥各种专家业务管理的作用。

（3）缺陷：直线与参谋间的矛盾。

4. 事业部制（斯隆模型、联邦分权化）

事业部制组织结构如图5所示。

（1）特点：在一个企业内对具有独立产品市场、独立责任和利益的部门（独立核算、自负盈亏的利润中心）实行分权管理；总公司只保留预算、重要人事、方针战略等重大权力。

（2）优点：统一管理；多种经营；专业化分工。

（3）缺陷：人员要求高；机构设置问题；各事业协调问题。

5. 矩阵制

矩阵制组织结构（非长期固定性组织）如图6所示。

（1）特点：在直线职能制垂直形态组织系统的基础上，再加上一种横向的领导系统。

（2）优点：灵活性；弹性；加强协作；富于创造性。

（3）缺陷：短暂性；多头领导。

三、期末考试样卷

面对不同类型的学生，考试试卷也应该有所区别。对于本专科学生，主要考察知识点掌握情况，所以考试题型主要为：选择题、填空题、简答题、问答题。对于学术型研究生，主要考察问题分析能力，所以考试题型主要为问答题。对于专业型研究生（如 MBA、EMBA、MPA、MEA 等）、研修班、企事业员工培训学员，由于他们有一定的实践经验，主要考察他们结合实际的分析能力，所以考试题型为问答题和案例分析两类。下面是三份样卷，仅供参考。

样卷一（供本专科学生）

一、选择题（10 分）

1. 越是处于高层的管理者，其对于概念技能、人际技能、技术技能的需要，就越是按以下顺序排列 ________。

A. 概念技能，技术技能，人际技能

B. 技术技能，概念技能，人际技能

C. 概念技能，人际技能，技术技能

D. 人际技能，技术技能，概念技能

2. 威廉・大内在分析研究了日本的企业管理经验之后，提出了 ________。

A. X 理论　　B. Y 理论

C. 超 Y 理论　　D. Z 理论

3. 职责和权限、利益、能力之间的关系遵循等边三角形定理，________ 是三角形的三个边，它们是相等的。

A. 权限、利益、能力　　B. 职责、权限、利益

C. 职责、权限、能力　　D. 职责、利益、能力

4. 下列关于伦理说法正确的是 ________。

A. 合乎伦理的管理具有他律的特征

B. 具有外在控制中心的人，伦理判断和伦理行为可能更加一致

C. 合乎伦理的管理超越了法律的要求

D. 合乎伦理的管理仅仅把遵守伦理规范视作组织获取利益的一种手段

5. 关于组织文化的功能，正确的是 ________。

A. 组织文化具有某种程度的强制性和改造性

B. 组织文化对组织成员具有明文规定的具体硬性要求

C. 组织的领导层一旦变动，组织文化一般会受到很大影响，甚至立即消失

D. 组织文化无法从根本上改变组织成员旧有的价值观念

6. 知识敏感型决策是指那些对时间要求 ______________ ，而对质量要求 ______________ 的决策。

A. 不高，较高　　B. 较高，也较高

C. 较高，不高　　D. 不高，也不高

7. 按波特的价值链理论，企业的辅助活动包括 ______________ 。

A. 企业基础设施　　B. 人力资源管理

C. 采购　　D. 外部后勤

8. 某总经理把产品销售的责任委派给一位市场经营的副总经理，由其负责所有地区的经销办事处，但同时总经理又要求各地区经销办事处的经理们直接向总会计师汇报每天的销售数字，而总会计师也可以直接向各经销办事处经理们下指令。总经理的这种做法违反了什么原则：_______ 。

A. 权责对等原则　　B. 命令统一原则

C. 集权化原则　　D. 职务提高、职能分散原则

9. 关于零基预算说法正确的是 ______________ 。

A. 零基预算受前一年度预算水平的影响

B. 零基预算对现有的各项作业进行分析，并根据其对组织的需要和用途，决定作业的取舍

C. 零基预算依据未来一定期间生产经营活动的需要和各项业务的轻重缓急，对每项费用进行成本—效益分析和评定分级，从而确定其开支的必要性、合理性和优先顺序

D. 零基预算依据企业现有资金的实际可能，在预算中对各个项目进行综合性费用预算

10. 某企业规定，员工上班迟到一次，扣发当月50%的奖金，自此规定出台之后，员工迟到现象基本消除，这是哪一种强化方式？ _________ 。

A. 正强化　　B. 负强化　　C. 惩罚　　D. 忽视

二、填空题（20个空，计10分）

1. 美国心理学家弗雷德里克·赫茨伯格于1959年提出 _______ 理论。

2. 迪尔和肯尼迪认为构成组织文化的要素有五种：____________ 、____________ 、____________ 、____________ 、____________ 。

3. 对古典决策理论的“经济人”假设发难的第一人是赫伯特·A. 西蒙，他提出了 ____________ 标准和 ____________ 原则。

4. 根据柯林斯和帕拉斯的观点，愿景和使命陈述包括 ___________ 和 ___________ 两个主要部分。

5. 整个BPR实施体系由 __________ 、__________ 、__________ 、

____________ 与____________ 等五个关键阶段组成。

6. 组织设计的任务是提供企业的 __________ 和编制 __________ 。

7. 人员配备的原则是 __________ 、__________ 、__________ 。

三、简答题(每小题 5 分,计 50 分)

1. 简述法约尔对经营和管理的分析。

2. 列宁曾说:“管理的基本原则是——一定的人对所管的一定的工作完全负责。”怎样才能做到完全负责?

3. 什么叫量本利分析法?

4. 哪些因素影响着供应商的讨价还价能力?

5. 简述领导的定义及要素。

6. 有效的控制应具有哪些特征?

7. 什么叫审计?包括哪些类型?

8. 从创新的规模以及创新对系统的影响程度来考察,可将其分为哪些类型?

9. 过分集权有何弊端?

10. 简要说明期望理论的主要内容。

四、问答题(30 分)

1. 试述目标管理基本思想及其基本过程。(8 分)

2. 试述泰罗制产生的历史背景。泰罗为什么要研究泰罗制?泰罗制的基本内容是什么?(12 分)

3. 何谓非正式组织?其有何积极作用和消极影响?(10 分)

样卷二(供硕士研究生)

一、试述波特的五力模型的基本内容,分析波特理论的基础、贡献及其局限,并讨论如何改进。(30 分)

二、请先综述西方现代管理思想的发展基本历程,并结合我国企业管理现状,谈谈你的体会。(30 分)

三、分析领导有效性的实质及培训哪些方面的心理习惯以获得管理的有效性。(20 分)

四、分析非正式组织与正式组织的区别、两者的关系及如何有效利用非正式组织。(20 分)

样卷三（供MBA、MPA及研修班学员）

一、试述泰罗制产生的历史背景、基本思想及其基本内容，并结合工作实际谈谈泰罗制对企业管理工作的作用和启示。（30分）

二、结合案例分析：（1）组织如何利用、发挥非正式组织的积极作用？（2）你如何处理阳贡目前所面临的问题？（35分）

阳贡公司是一家中外合资的高科技企业，其技术在国内同行业中居于领先水平。公司拥有员工100人左右，其中技术、业务人员绝大部分为近几年毕业的大学生，其余为高中学历的操作人员。目前，公司员工当中普遍存在着对公司的不满情绪，辞职率也相当高。

员工对公司的不满始于公司筹建初期，当时公司曾派遣一批技术人员出国培训，这批技术人员在培训期间结下了深厚的友谊，回国后也经常聚会。在出国期间，他们合法获得了出国人员的学习补助金，但在回国后公司领导要求他们将补助金交给公司所有，于是矛盾出现了。技术人员据理不交，双方僵持不下，公司领导便找这些人逐个反复谈话，言辞激烈，并采取一些行政制裁措施给他们施加压力。少数几个人曾经出现了犹豫，却遭到其他人员的强烈批评，最终这批人员当中没有一个人按领导的意图行事，这导致双方矛盾日趋激化。最后，公司领导不得不承认这些人已形成了一个非正式组织团体。由于没有法律依据，公司只好作罢。因为这件事造成公司内耗相当大，公司领导因为这批技术人员“不服从”上级而非常气恼，对他们有了一些成见，而这些技术人员也知道领导对他们的看法。于是，陆续有人开始寻找机会“跳槽”。一次，公司领导得知一家同行业的公司来“挖人”，公司内部也有不少技术人员前去应聘，为了准确地知道公司内部有哪些人去应聘，公司领导特意安排两个心腹装作应聘人员前去打探，并得到了应聘人员的名单。谁知这个秘密不胫而走，应聘人员都知道自己已经上了“黑名单”，于是在后来都相继辞职而去。

由于人员频繁离职，公司不得不从外面招聘以补足空缺。为了能吸引人员应聘，公司向求职人员许诺住房、高薪等一系列优惠条件，但被招人员进入公司后，却发现当初的许诺难以条条兑现，非常不满，不少人干了不久就“另谋高就”了。为了留住人才，公司购买了两栋商品房分给部分骨干员工，同时规定，该用房不得出售，员工离开公司时，需将住房退给公司。这一规定的本意是想借住房留住人才，但却使大家觉得没有安全感。另外，公司强调住房只分给骨干人员，剩下将近一半的房子宁肯空着也不给那些急需住房的员工。这极大地打击了其他员工的积极性，出现情绪低落，甚至有消极怠工的现象。在工资奖金制度方面，公司也一再进行调整。工资和奖金的结构变得越来越复杂，但大多数员工的收入水平并没有多大变化。公司本想通过调整，使员工的工作绩效与收入挂起钩来，从而调动员工的积极性。但是，频繁的工资调整使大家越来越注重工资奖金收入，而每次的调整又没有明显的改善，于是大家产生了失望情绪。此外，大家发现在几次调整过程中，真正受益的只有领导和个别职能部门的人员，如人事部门。这样一来，原本希望公平的措施却产生了更不公平的效果。员工们怨气颇多，认为公司调整工资奖金，不过是为了使一些人得到好处，完全没有起到调动员工积极性的作用。

公司的考勤制度只是针对一般员工，却给了与他同级或在他上级的人员以很大的自由度，如规定一般员工每天上下班必须打卡，迟到1分钟就要扣除全月奖金的30%，而主管以上人员上下班不需打卡，即使迟到也没有任何惩罚措施。普通员工对此十分不满，于是他们也想出了一些办法来对付这种严格的考勤制度，如不请假、找人代替打卡或有意制造加班机会等方法。公司人员岗位的安排也存在一定的问题。本可以由本、专科毕业生做的工作却由硕士、博士来干，大家普遍觉得自己是大材小用，工作缺乏挑战性和成就感。员工们非常关心企业的经营与发展情况，特别是近来整个行业不景气，大家更是关心企业的下一步发展和对策，但公司领导在这方面很少与员工沟通。公司员工已经无心工作，上班时间经常聚在一起议论公司的各种做法以及前景问题。

三、结合案例谈谈：领导者的本质是什么？何谓有效？如何获得领导者的有效性？（35分）

无暇吃鱼的步鑫生

海盐衬衫总厂坐落在浙江省海盐县武原镇。该厂的前身是成立于1956年的红星成衣社，一个仅有30多名职工的合作社性质的小厂。自1976年起，该厂由门市加工为主的综合性服装加工转为专业生产衬衫。此后，陆续开发出了双燕牌男女衬衫、三毛牌儿童衬衫和唐人牌高级衬衫等产品。到1983年，该厂已拥有固定资产净值107万元，600多名职工，当年工业总产值1 028万元，实现利润52.8万元。厂长步鑫生闻名遐迩。

步鑫生为厂里大大小小的事情操心，可谓“殚精竭虑”“废寝忘食”。他性喜吃鱼，却忙得连吃鱼也顾不上了。有一次，食堂里没有别的菜，只有鱼。鱼颇鲜美，正合口味，可是他只吃了几口，因为太费时间，张口将未及咀嚼的鱼连肉带刺吐了出来，三口两口扒饭下肚，急匆匆地走了。他每天工作十五六个小时，从不午睡，每次出差，都是利用旅途小憩，到达目的地后立即投入工作。

步鑫生常对厂里职工说："上班要拿出打老虎的劲头。慢吞吞，磨蹭蹭，办不好工厂，干不成事业。"他主持制订的本厂劳动管理制度规定：不准迟到早退，违者重罚。有位副厂长从外地出差回来，第二天上班迟到了3分钟，也被按规定扣发工资。以1983年计，全厂迟到者仅34人次。步本人开会、办事分秒必争，今天要办的事绝不拖到明天。在他的带动下，全厂上下形成了雷厉风行的作风。只要厂内广播一通知开会，两分钟内，全厂30名中层以上干部凡是在厂的全都能到齐。开会的时间一般不超过15分钟。

进入1984年，在中国刮起了"西装热"。步鑫生先是不为所动，继而办起了一个领带车间，最后终于作出了兴办西装分厂的决策。在与上级主管部门来人的一次谈话中，前后不过2小时，步鑫生作出了这一重大决策。副厂长小沈闻讯提出异议："不能这样匆忙决定，得搞出一个可行性研究方案。"然而，这一意见被步厂长一句"你懂什么，老三老四"否定了。一份年产8万套西装、18万美元的估算和外汇额度的申请报告送到了省主管部门，在那里又加大了倍数，8万套成了30万套，18万美元成了80万美元，层层报批、核准，6 000平方米西装大楼迅速进入施工，耗资200万元。

无奈好景不长。国家因宏观经济过热开始紧缩银根，压缩基建规模。海盐厂的西装大楼被迫停工。与此同时，市场上一度十分抢手的西装也出现了滞销迹象。步鑫生是靠衬衫起家的，年产120万件的产量和"唐人""三毛""双燕"三大牌号的衬衫令他引以为豪。但代表本厂水平的"唐人"牌高级衬衫在全国同行业产品评比中落选了。

1985年入秋，步鑫生被选送浙江大学管理专业深造。他并未因此而稍有解脱，企业严峻的经营状况令他放心不下。他频频奔波于厂校两地，在厂的日子远多于在校。半年之后，他退学回厂，决心以3年时间挽回企业的颓势。

仍然是精明强干的步鑫生，他的助手多数也很能干，只是当他从早到晚忙着处理厂里的大事小事时，他的助手似乎插不上手。步鑫生备尝创业的艰辛，终因企业濒临破产窘境而被免去厂长之职。

"我没有预感到会有这个结局"，步鑫生这样说。他进而补充了一句："我是全心全意扑在事业上的。"副厂长小刘也不讳言："到现在为止，我敢说步鑫生仍是厂里工作热情最高的人。"

第一篇 总论

DIYIPIAN ZONGLUN

第一章

管理与管理学

一、复习要点

1. 人类活动的特点与管理的必然性。
2. 管理的概念及其特征。
3. 人类的管理活动具有的最基本的职能。
4. 管理二重性的基本内涵。
5. 明茨伯格的管理者角色理论。
6. 卡茨的管理者技能理论。
7. 管理学的研究方法。

二、关键概念

管理、管理职能、计划、组织、领导、控制、创新、管理二重性、自然属性、社会属性、管理者角色、人际关系角色、信息传递角色、决策制定角色、管理者技能、技术技能、人际技能、概念技能、管理学研究方法、归纳法、试验法、演绎法。

三、填空题

1. 1916 年，法国实业家法约尔提出，管理是由 ________ 、________ 、

________、________及________等职能为要素组成的活动过程。

2. 人类的经济、政治、军事、宗教及其他一切社会活动，都具有三个最基本的特点，分别是________、________和________。

3. 许多新的管理理论和管理实践已经一再证明：________、________、________、________、________这五种职能是一切管理活动最基本的职能。

4. 所谓________，就是指制定目标并确定为达成这些目标所必须采取的行动。

5. 根据亨利·明茨伯格的一项被广为引用的研究，管理者扮演着十种角色，可归为________、________、________三大类。

6. 1978年诺贝尔经济学奖的获得者赫伯特·A. 西蒙提出，管理就是________。

7. 管理的本质是________，协调的中心是________。

8. 纵向看，越是基层的管理者，控制的时效性越________，控制的定量化程度也越________。

9. 管理的________职能通过目标的制定和行动的确定表现出来，________职能通过组织结构的设计和人员的配备表现出来，________职能通过领导者和被领导者的关系表现出来，________职能通过偏差的识别和纠正表现出来。

10. 根据罗伯特·卡茨的研究，管理者要具备三类技能：________、________和________。

11. 管理的目的是________。

12. 控制等实质就是为了使实践活动符合于________。

13. 管理二重性指的是管理既具有________属性，又具有________属性。

14. 管理者的决策角色包括________、________、________和________。

15. 人际技能包括________和________。

16. 管理学是以各种管理工作中普遍适用的________和________作为研究对象的。

四、选择题

1. 从理论概念出发建立的模型称为________，从统计规律出发建立的模型称为________，建立在经济归纳法基础上的模型称为________。

A. 描述性模型　　B. 经济计量模型　　C. 解释性模型

2. ________ 职能本身并没有某种特有的表现形式，总是在与其他管理职能的结合中表现自身的存在与价值。

A. 决策　　B. 组织　　C. 领导

D. 控制　　E. 创新

3. 为了保证目标及为此而制定的计划得以实现，就需要有 ________ 职能。

A. 决策　　B. 组织　　C. 领导

D. 控制　　E. 创新

4. 管理者在处理与组织成员和其他利益相关者的关系时，他们就在扮演 ________ 。

A. 人际关系角色　　B. 信息传递角色　　C. 决策制定角色

5. 在 ________ 中，管理者处理信息并得出结论。

A. 人际关系角色　　B. 信息传递角色　　C. 决策制定角色

6. 在同不合作的供应商进行谈判的时候，管理者扮演的是 ________ 。

A. 企业家角色　　B. 混乱驾驭者角色　　C. 资源分配者

7. 对于基层管理而言，最重要的是 ________ 。

A. 技术技能　　B. 人际技能　　C. 概念技能

8. ________ 对于高层管理最重要，对于中层管理较重要，对于基层管理不重要。

A. 技术技能　　B. 人际技能　　C. 概念技能

9. ________ 对于所有层次管理的重要性大体相同。

A. 技术技能　　B. 人际技能　　C. 概念技能

10. 从典型到一般的研究方法是 ________ 。

A. 归纳法　　B. 试验法　　C. 演绎法

11. 著名的霍桑研究就是采用 ________ 研究管理中人际关系的成功例子。

A. 归纳法　　B. 试验法　　C. 演绎法

12. 作为 ________ ，管理者把重要的信息传递给工作小组成员；作为 ________ ，管理者把信息传递给单位或者组织以外的个人。

A. 监督者　　B. 传播者　　C. 发言人

13. 投入产出模型、企业系统动力学模型等，都是建立在一定理论概念基础之上的，属于 ________ 。

A. 描述性模型　　B. 经济计量模型　　C. 解释性模型

14. 在作出是否收购其他企业的决策时，管理者必须从多个角度出发，全面分析拟购企业的目前状况及可能的发展余地等情况，这时管理人员需

要的技能主要是 ________ 。

A. 诊断技能　　B. 人际技能

C. 概念技能　　D. 技术技能

15. 田力是某大型企业集团的总裁助理，年富力强，在助理岗位上工作得十分出色。他最近被任命为集团销售总公司的总经理，从而由一个参谋人员变成了独立部门的负责人。下面是田力最近参与的几项活动，你认为其中的哪一项几乎与他的领导职能无关？ ________ 。

A. 向下属传达他对销售工作目标的认识

B. 与某用户谈判以期达成一项长期销售协议

C. 召集各地分公司经理讨论和协调销售计划的落实情况

D. 召集公司有关部门的职能人员开联谊会，鼓励他们克服困难

16. 关于管理的应用范围，人们的认识不同，你认为下列哪个说法最好？ ________ 。

A. 只适用于营利性工业企业

B. 普遍适用于各类组织

C. 只适用于非营利性组织

D. 只适用于营利性组织

17. 管理人员与一般工作人员的根本区别在于 ________ 。

A. 需要与他人配合完成组织目标

B. 需要从事具体的文件签发审阅工作

C. 需要对自己的工作成果负责

D. 需要协调他人的努力以实现组织目标

18. 企业管理者可以分成基层、中层、高层三种，高层管理者主要负责制定 ________ 。

A. 日常程序性决策　　B. 长远全局性决策

C. 局部程序性决策　　D. 短期操作性决策

19. 越是处于高层的管理者，其对于概念技能、人际技能、技术技能的需要，就越是按以下顺序排列： ________ 。

A. 概念技能，技术技能，人际技能

B. 技术技能，概念技能，人际技能

C. 概念技能，人际技能，技术技能

D. 人际技能，技术技能，概念技能

五、是非判断题

1. 作为发展中国家，科学技术落后是阻碍生产力发展的重要因素之

一，管理可以缓解许多技术发明被闲置和利用率不高的现象。

2. 管理可以解决如何将有限的资源进行配置和利用的一些问题。

3. 管理是由计划、组织、指挥、协调及控制等职能要素组成的活动过程。

4. 管理是一种实践，强调知行合一。

5. 管理就是决策，决策是管理的首要职能。

6. 管理的本质是协调，一是组织内部各种有形和无形资源之间的协调，二是组织与外部环境的协调。

7. 管理要有效，有效是指不仅要正确地做事，而且要高效率地做事。

8. 管理是人类有意识、有目的的活动。

9. 计划、组织、领导、控制、调控这五种职能是一切管理活动最基本的职能。

10. 组织职能是管理活动的起点，其他一切管理活动以组织职能为基础。

11. 从逻辑上说，领导职能是其他管理职能的保证和依托。

12. 从逻辑上说，控制职能是其他管理职能的保证和依托。

13. 控制的实质是使实践活动符合计划，计划是控制的标准。

14. 创新职能是指实践源于计划但要高于计划。

15. 管理是人类社会活动的需要。

16. 管理是生产力。

17. 管理以人的意志力为转移，也因社会制度形成的不同而有所改变，完全是一种主观存在。

18. 管理者是指通过协调其他人的活动达到与别人一起并通过别人实现组织目标的人。

19. 管理是一种客观存在，不同时空不存在不同的管理。

20. 明茨伯格认为，管理者的角色包括人际关系角色、信息传递角色和决策制定角色。

21. 管理者的信息传递角色是指，管理者既是所在单位的信息传递中心，也是组织内其他工作小组的信息传递渠道。

22. 管理者的信息传递角色是指，通过自己的人际关系，管理者获得了信息，并用这些信息帮助自己决策。

23. 管理者的决策制定角色是指，管理者负责作出组织的决策，以便让工作小组按照既定的路线行事，并分配资源以保证小组计划的实施。

六、简答题

1. 简述人类社会活动的最基本特点。

2. 简要介绍西蒙关于管理概念的观点。
3. 简述系统论者关于管理概念的观点。
4. 归纳法有何局限性？
5. 运用归纳法进行管理问题的实证研究时，应当注意哪几点？

七、问答题

1. 人类活动的特点是什么？为什么管理实践与人类历史同样悠久？
2. 何谓管理？管理的基本特征是什么？
3. 管理活动具有哪些基本职能？它们之间的关系是什么？
4. 分析管理二重性的基本内容。
5. 一个有效的管理者需要扮演哪些角色？需要具备哪些技能？

八、案例分析

案例一

“以人为本”的海底捞模式

海底捞餐饮股份有限公司（简称海底捞）自1994年成立，经过20多年的发展，已经成为中国餐饮业内具有较高知名度和美誉度的品牌，并初步体现出创新、盈利和增长的同步发展趋势。公司近些年来依靠直营连锁店的稳步扩张、多种服务创新取得了超过行业水平50%以上的盈利率、低于行业水平50%以下的员工流失率等上佳表现。在缺乏高科技人才、缺乏资金的情况下，海底捞以其“差异化竞争”或“人性化”服务的管理哲学与创新探索出一种“人本管理”的模式来获得持续竞争优势。

一、人性化的店面服务

顾客在海底捞就餐过程中会感受到贴心而周到的服务，包括到达餐厅（代客泊车）、引入、等位、点菜和就餐等全过程：海底捞开辟了较大的等位区，等位顾客可以在等位期间享受小吃、上网、美甲、下跳棋等免费服务；就餐过程中服务员会提供餐巾、手机套、围裙和及时周到与发自内心的服务；安全、新鲜和足量的菜品和分餐等；就餐完毕后的送客等。海底捞服务水平大幅领先于竞争对手，甚至因此获得“变态服务”的美誉。

二、深入人心的人力资源管理体系

在选人与育人方面，海底捞以“低学历”的农村打工者为主体，主要采用员工推荐制（70%以上是员工介绍的亲戚或朋友），看重诚实、勤奋等品格；主要采取“师傅带徒弟”方式培养员工和后备干部，员工可以选择管理、技术、后勤三通道职业生涯发展道路，分别包括6～10级不等的上升阶梯。在用人与评估方面，海底捞非常信任员工，并给各层级的员工和干部充分的授权，如副总、大区经理分别拥有200万元以下和100万元以下开支的自由权，每店店长有30万元以下开支的签字权，甚至连一线基层员工也拥有给顾客换菜、打折或免单的权限；以顾客满意度和员工满意度来考核店长；内部晋升制；设立“员工奖励基金”，鼓励员工提出创新点子等。

在留人与安置方面，海底捞给员工的薪水属于行业中等偏上；给员工提供工作场所附近的较好条件的住所并有专人服务；员工住所皆为正规住宅，空调、暖气、电话、电视、无线网络一应俱全；工作一年以上员工按月享受所在店利润2%～3%的奖金分红；给大堂经理、店长以上干部、优秀员工的父母每个月发几百元的工资，相当于养老保险；在四川简阳建了一所寄宿学校，让员工孩子免费上学；公司设立了专项基金，用于资助员工及直系亲属的重大疾病治疗；店长以上干部到副总经理离开海底捞可以获得8万～800万元不等的“嫁妆”或“补偿”。

三、亲情式的企业文化

海底捞在培育“诚实做人，踏实做事”“与人为善”等企业文化的过程中，采取了多种管理措施和方法，并利用不同场合或事件使之得到体现或制度化。比如，张勇的“客人是一桌一桌吸引的，员工是一个一个凝聚的”的语录，被写在公司会议室墙上和管理者笔记本的首页，作为管理人员的座右铭，以使“服务顾客”和“帮助员工成长”成为海底捞管理者的工作纲领。

又如，2008年四川汶川大地震发生后，张勇给全体员工发了一封信，题目是“让爱充满我们的每一天”，并以此事件为契机，把其独特的家庭式人力资源政策（照顾员工父母、子女的福利措施）进一步扩大化和制度化，使之扩展为一种独特的企业社会责任战略。海底捞的这管理措施类似于一个没有血缘关系的“家族”企业，其效果是在企业和员工之间建立起了支持性“心理契约”，海底捞员工把企业看成是一个能够帮助自己实现“个人梦”（“双手改变命运”）的“大家庭”，这也使海底捞的企业文化进一步深入每个员工的心里。

资料来源：改编自武亚军等，“迈向‘以人为本’的可持续型企业：海底捞模式及其理论启示”，《管理案例研究与评论》，2015年第1期，以及相关公开资料报道

思考题：

1. 海底捞的人本管理主要体现在哪些方面？
2. 海底捞的人本管理是如何增益其内外部利益相关者（如员工、顾客等）的？

案例二

福特为什么要解雇CEO？

为了自己的未来，福特汽车解雇了56岁的CEO马克•菲尔兹，任命了62岁的吉姆•哈克特（Jim Hackett）为新任CEO。哈克特此前是福特子公司福特汽车智能移动出行公司的CEO。

在特斯拉等新兴汽车公司的冲击下，传统汽车公司在过去几年纷纷转型新能源和人工智能等技术领域。2017年4月初，特斯拉的市值甚至超过通用和福特，成为美国市值最高的汽车公司。

但是，在马克·菲尔兹推动下，福特实际上已经是传统汽车公司中最积极的转型者了。2016年12月，福特宣布未来4年将投资45亿美元（约合289.6亿元人民币）开发新款电动汽车，计划在2020年前拥有多达13款纯电动车型，使得电动汽车在福特汽车和卡车产品组合中的份额达到40%。不仅如此，2017年4月，市场调研公司Navigant发布的一份数据调研报告称，福特汽车在自动驾驶领域的竞争力排名第一，超过了谷歌、特斯拉等技术公司。

既然马克·菲尔兹已经如此成功地将福特带上了转型的道路，福特为什么还要解雇他呢？显然，马克·菲尔兹是在为福特汽车糟糕的业绩负责。过去一年，福特的收入陷入停滞，而利润也不断下滑。2017年第一季度的利润更是同比下滑42%。自马克·菲尔兹上任以来，福特市值已经下跌超过40%。作为一家传统的上市公司，无论出于什么样的原因，利润和市值都出现问题，CEO肯定没做好自己的工作，也需要为此付出代价。

在传统汽车公司热切转型的背景下，传统汽车实际上仍是一块非常好的业务，无论通用还是大众，都在通过传统汽车业务获取庞大而稳定的利润。作为一个激进的转型者，马克·菲尔兹的问题是把福特汽车的传统业务搞砸了。不仅是搞砸了，而且是全搞砸了——福特在其全球主要市场都遭遇了利润下滑，包括北美、欧洲和亚太市场。作为一家家族控制的上市公司，福特本应该在传统业务上有更好的表现才是。

马克·菲尔兹最后的一个问题是没有把故事讲好。相较于福特的利润下滑，巨额亏损的特斯拉的市值早已超过了福特，而其产销量和福特远远不是一个量级。投资者追捧特斯拉就是因为马斯克讲出了一个超级故事，特斯拉甚至已经等同于电动汽车和自动驾驶。反观福特，虽然在自动驾驶领域的竞争力非常强劲，但外界对它的印象依然是一个处于激进转型中的传统汽车公司。投资者和董事会显然也是这样的看法，所以他们认为一个传统的汽车公司必须要利润提升才对。

另一个问题是，传统汽车公司的确是受投资人影响太大了。传统汽车公司基本上都是上市公司，而投资人也都是一些传统的投资人，这些投资人更关注的是稳定可见的投资回报，类似特斯拉式的成长是很难让传统投资人接受的。在这样一个背景下，传统汽车公司的很多层面都会受到影响，难以和新兴的创业公司竞争，包括战略调整、产品研发周期、团队激励等。

传统汽车公司要面对的一个现实选择是充分利用自己的优势——庞大的传统汽车用户、良好的品牌和强势的线下渠道。传统汽车公司不应该只想着如何变成另一个特斯拉，而是应该考虑怎样才能将自己的优势价值最大化。

资料来源：《人力资源开发与管理》，2017年第10期

思考题：

1. 根据第一章的相关知识点，分析为什么福特要解雇CEO。
2. 福特的传统业务的转型体现了什么样的管理思想？

习题答案

三、填空题

1. 计划　组织　指挥　协调　控制
2. 目的性　依存性　知识性
3. 决策　组织　领导　控制　创新
4. 计划
5. 人际关系角色　信息传递角色　决策制定角色
6. 决策
7. 协调　人
8. 强　高
9. 决策　组织　领导　控制
10. 技术技能　人际技能　概念技能
11. 实现预期目标
12. 计划
13. 自然　社会
14. 企业家角色　混乱驾驭者角色　资源分配者角色　谈判者角色
15. 对下属的领导能力　处理组织内外部各有关部门、有关人员之间关系的能力
16. 原理　方法

四、选择题

1. CBA　2. E　3. D　4. A　5. C　6. B　7. A　8. C　9. B
10. A　11. B　12. BC　13. C　14. C　15. B　16. B　17. D
18. B　19. C

五、是非判断题

1. 是　2. 是　3. 否　4. 是　5. 是　6. 是　7. 是　8. 是　9. 否
10. 否　11. 否　12. 否　13. 是　14. 否　15. 是　16. 是　17. 否
18. 是　19. 否　20. 是　21. 是　22. 否　23. 是

六、简答题

1. 简述人类社会活动的最基本特点。

（1）目的性。人类的一切活动都是为了达到预期的目的而进行的。人类正是在为实现预期目的的活动中，在不断地劳动、思考、谋划、设计和组织管理的过程中，逐渐进步的。

（2）依存性。人类的目的性来源于人对外部环境和人类自身的相互依存关系。

（3）知识性。人类活动的另一个基本特点是能从自己过去的实践中学习，从前人的经验中学习，并能把学到的知识加以记忆、积累、分析和推理，从而形成人类独有的知识体系。

2.（1）管理就是决策。（2）决策过程分成四个阶段：调查情况；制订方案；选择并执行方案；评价执行情况。

3. 管理就是根据一个系统所固有的客观规律，施加影响于这个系统，从而使这个系统呈现一种新状态的过程。（1）任何社会组织都是由若干单元或子系统组成的复杂系统；（2）系统的发展变化表现出一定的规律；（3）管理职能就是根据系统的客观规律对系统施加影响；（4）管理的任务就是使系统呈现出新状态，以达到预定的目的。

4.（1）一次典型调查（或经验）只是近似于无穷大的总体中的一个样本，所以实证研究必须对足够多的对象进行研究才有价值；（2）研究事物的状态不能人为地重复，管理状态也不可能完全一样，所以得出的结论只能是近似的；（3）研究的结论不能用通过实验加以证明，只能用过去发生的事实来证明，但将来未必是过去的再现。

5.（1）要弄清与研究事物相关的因素，并尽可能剔除各种不相关的因素；（2）选择好典型，并分成若干类，分类标准应能反映事物的本质特征；（3）调查对象应有足够数量，即按抽样调查原理，使样本容量能保证调查结果的必要精度；（4）调查提纲和问卷的设计要力求包括较多的信息数量，并便于调查对象作出简单明确的回答；（5）对调查资料的分析整理，应采取历史唯物主义和辩证唯物主义的方法。

七、问答题

1.（1）自古至今，人类的一切社会活动，都具有三个基本特点：目的性、依存性和知识性；（2）这三个特点为人类的管理实践提供了客观条件，回答了为什么管理实践与人类历史同样悠久的问题。

2. 管理是为了实现组织的共同目标，在特定的时空中，对组织成员在目标活动中的行为进行协调的过程。其基本特征为：（1）实现组织目标是评价管理成败的唯一标准；（2）特定的时空是管理的必要条件；（3）管理的核心是人的行为；（4）管理的本质是协调。

3.（1）决策、组织、领导、控制、创新是一切管理活动最基本的职能。（2）每一项管理活动都是从决策开始，经过组织和领导，到控制结束。各职能之间同时相互交叉渗透，控制的结果可能又导致新的计划，又开始一轮新的管理循环。如此循环不息，把工作不断推向前进。创新在管理循环中处于轴心的地位，成为推动管理循环的原动力。

4.（1）管理具有自然属性，这种属性不以人的意志为转移，也不因社会制度和意识形态的不同而有所改变，完全是一种客观存在。它的出现是由人类活动的特点决定的，是社会劳动过程中的一种特殊职能。管理是生产力。（2）管理具有社会属性，它是为了达到预期目的而进行的具有特殊职能的活动，从来就是为国家当局、为生产资料的所有者服务的。管理是一定社会生产关系的反映。

5.（1）根据亨利·明茨伯格的研究，管理者扮演着十种角色，这些角色可以归入三大类：

人际关系角色，包括代表人角色、领导人角色和联络者角色；

信息传递角色，包括监督者角色、传播者角色和发言人角色；

决策制定角色，包括企业家角色、混乱驾驭者角色、资源分配者角色和谈判者角色。

（2）根据罗伯特·卡茨的研究，管理者要具备三类技能：技术技能、人际技能和概念技能。

八、案例分析

案例一分析参考：

（1）结合人本原理，从海底捞员工对组织活动方向及内容的参与管理、海底捞根据员工的特点进行组织管理等方面讲述“依靠人的管理”，从海底捞充分实现员工的社会价值、重视个人发展等方面讲述“为了人的管理”。（2）从员工角度探讨个人职业发展及自我价值实现，从顾客角度探讨满足个人需要及满意度提升，从企业投资者角度探讨盈利及利润最大化，从社会角度探讨社会责任与社会价值实现等。根据材料结合以上几点进行作答。

案例二分析参考：

可以从管理的时代性、情境性、动态性来分析，也可以从管理的二重性，自然属性和社会属性来分析。

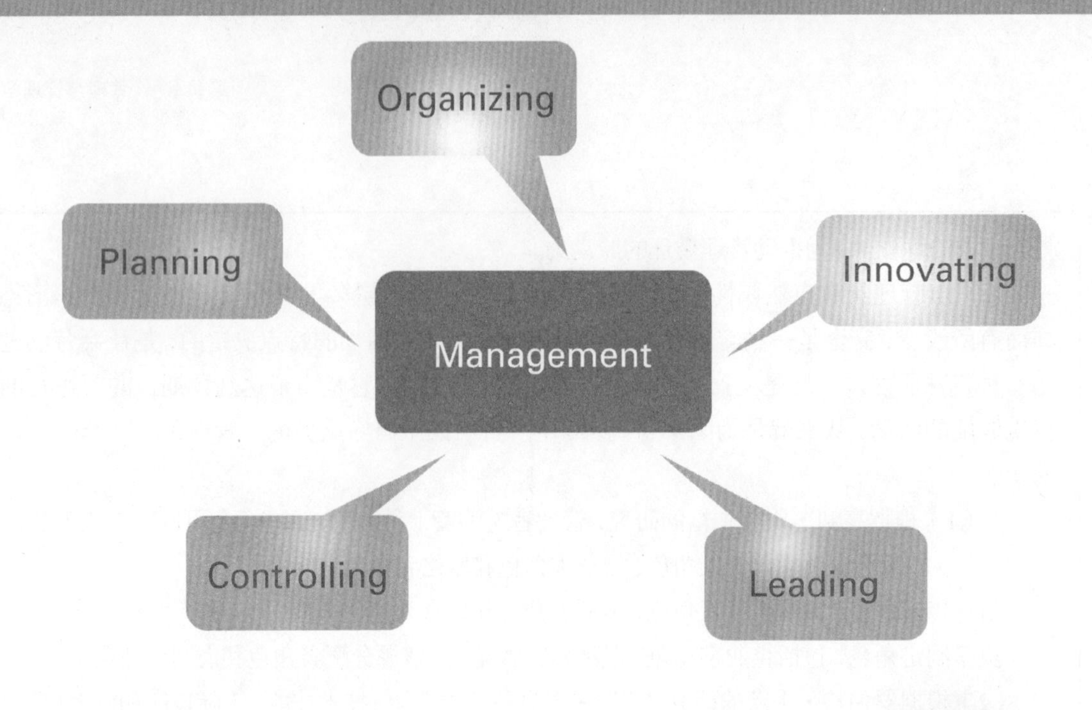

第二章

管理思想的发展

一、复习要点

1. 中国传统管理思想的要点。
2. 管理思想与理论的演化与时代背景的关系。
3. 斯密的分工理论。
4. 巴贝奇的报酬制度思想。
5. 泰罗（亦译泰勒）的科学管理理论的基本思想。
6. 泰罗的科学管理理论的基本内容。
7. 法约尔的经营六职能。
8. 法约尔的管理五要素。
9. 法约尔的管理 14 条原则。
10. 厄威克的管理理论的综合概念结构。
11. 梅奥的霍桑试验。
12. 人群关系理论的基本思想。
13. 马斯洛的需要层次理论。
14. 赫茨伯格的双因素理论。
15. 麦格雷戈的 X 理论、Y 理论。
16. 洛尔施和莫尔斯的超 Y 理论。

17. 大内的Z理论。
18. 管理科学学派的主要特点。
19. 企业系统的6个基本要素。
20. 西蒙的决策理论的主要观点。
21. 企业再造理论的具体实施过程。
22. 中国现代管理思想发展的新阶段。

二、关键概念

顺道、重人、人和、守信、利器、求实、对策、节俭、法治、亚当·斯密、劳动分工、查理·巴贝奇、利润分配制度、弗里德里克·泰罗、科学管理理论、泰罗制、动作研究、时间研究、差别计件制、计划职能、执行职能、亨利·法约尔、统一指挥、统一领导、等级链、人的秩序、物的秩序、林德尔·厄威克、行为科学、埃尔顿·梅奥、霍桑试验、人群关系论、社会人、非正式组织、亚布拉罕·马斯洛、需要层次理论、弗雷德里克·赫茨伯格、双因素理论、保健因素、激励因素、道格拉斯·麦格雷戈、X理论、Y理论、超Y理论、Z理论、管理科学理论、系统管理理论、决策理论、赫伯特·西蒙、程序性决策、非程序性决策、企业再造、扩大企业自主权、利改税、承包经营责任制、租赁经营责任制、股份制、现代企业制度、民营化。

三、填空题

1. 中国传统的管理思想，分为宏观管理的 ________ 和微观管理的 ________ 。

2. 中国历史上的“道”有多种含义，顺“道”中的“道”属于客观范畴，指的是 ________ 。

3. “重人”是中国传统管理的一大要素，包括两个方面：一是 ______ ；二是 ______ 。

4. 法约尔认为，要经营好一个企业，不仅要改善生产现场的管理，而且应当注意改善有关企业经营的6个方面的职能：________ 、________ 、________ 、________ 、________ 、________ 。

5. 一个员工在任何活动中只应接受一位上级的命令，这就是法约尔提出的 ______________ 原则。

6. 正式组织以 ________ 为主要标准，非正式组织以为 ________ 主要标准。

7. 美国心理学家弗雷德里克·赫茨伯格于1959年提出 ________ 理论。

8. 根据赫茨伯格的双因素理论，激励因素是以 ________ 为中心的，

而保健因素则与 ________ 有关。

9. 马斯洛的高层需要即赫茨伯格的主要 ________ 因素，而为了维持生活所必须满足的低层需要则相当于 ________ 因素。

10. 模型按作用可分为 ________ 和 ________；按变量种类可分为 ________ 和 ________。

11. 对比 X 理论和 Y 理论，可以看出，它们的差别在于对于工人的 ________ 看法不同，因此采用的 ________ 也不相同。

12. 系统理论认为企业是由 6 个要素构成的，即 ________、________、________、________、________、________。

13. 决策理论认为，企业中的决策可以分为 ________ 和 ________ 两类。

14. 威廉·大内指出了从美国式管理的组织——A 型组织向采用日本式管理的组织——Z 型组织转变的许多措施，其核心是 ________。

四、选择题

1. “科学管理理论”的创始人是 ________。

A. 泰罗　　B. 巴贝奇

C. 甘特　　D. 福特

2. 梅奥通过霍桑试验得出，企业的职工是 ________。

A. 经济人　　B. 社会人

C. 理性人　　D. 复杂人

3. 根据赫茨伯格的双因素理论，以下属于保健因素的是哪一个？______。

A. 工作上的成就感　　B. 提升

C. 工资　　D. 责任

4. 根据赫茨伯格的双因素理论，以下属于激励因素的有哪些？______。

A. 与同事的关系　　B. 提升

C. 个人发展的可能性　　D. 工资

E. 受到重视

5. 威廉·大内在分析研究了日本的企业管理经验之后，提出了______。

A. X 理论　　B. Y 理论

C. 超 Y 理论　　D. Z 理论

6. 根据麦格雷戈的理论，有人希望有正规化的组织与规章条例来要求自己的工作，而不愿参与问题的决策，这种人欢迎以 ________ 指导管理工作。

A. X 理论　　B. Y 理论

C. 超 Y 理论　　D. Z 理论

7. 根据麦格雷戈的理论，有的人需要更多的自治责任和发挥个人创造性的机会，这种人欢迎以 ________ 为指导的管理工作。

A. X 理论　　B. Y 理论

C. 超 Y 理论　　D. Z 理论

8. 根据威廉・大内的理论， ________ 认为企业管理当局与职工的利益是一致的，两者的积极性可以融为一体。

A. X 理论　　B. Y 理论

C. 超 Y 理论　　D. Z 理论

9. 下面哪些是人群关系学派的主要观点？ ________ 。

A. 企业的职工是社会人

B. 满足工人的社会欲望是提高生产效率的关键

C. 企业中实际存在着一种“非正式组织”

D. 人的行为都是由一定的动机引起的

E. 企业应采用新型的管理方法

10. 根据马斯洛的需要层次理论，下列哪一类人的主导需要可能是安全需要？ ________ 。

A. 总经理

B. 失业人员

C. 刚刚参加工作的大学生

D. 工厂的一线操作工人

11. 根据马斯洛的需要层次理论，下列需要哪项是按照从低到高的顺序排列的？ ________ 。

（1）就业保障；（2）上司对自己工作的赞扬；（3）工作的挑战性；（4）同乡联谊会；（5）满足标准热量摄入量的食品

A.（5）（1）（4）（2）（3）

B.（5）（4）（1）（3）（2）

C.（5）（4）（1）（2）（3）

D.（5）（1）（3）（4）（2）

12. 当代管理机构变革的一大趋势是 ________ 。

A. 管理层次复杂化

B. 组织结构扁平化

C. 管理幅度日益减少

D. 锥型结构更受欢迎

13. 双因素理论中的保健因素，指＿＿＿＿＿。

A. 能影响和促进职工工作满意度的因素

B. 能保护职工心理健康的因素

C. 能影响和预防职工不满意感发生的因素

D. 能预防职工心理疾病的因素

14. 现有很多公司实行了弹性工作制，员工可以自行安排工作时间，甚至有的从事特殊工作的人可以利用公司提供的互联网等资源在家里办公，这样他们对工作和个人的家庭、社交生活也有了较大的自由度。当然也有一些人是必须每天去公司上班的。你认为该公司的管理者所持有的对人的认识主要是倾向于哪一种？＿＿＿＿＿。

A. X 理论　　B. Y 理论

C. Z 理论　　D. 社会人

15. 某地新建一日用化工厂，当人们问及该厂厂长如何经营时，该厂长毫不犹豫地说："努力提高产品质量，降低成本，只要价廉物美，还怕卖不出去？"对该厂长的讲话应作何评价？＿＿＿＿＿。

A. "酒香不怕巷子深"，该厂长的话很有道理

B. 该厂长的话反映了他的生产导向性，最终会害了这个厂

C. 该厂长的话反映了他的营销导向性，最终会造福这个厂

D. 该厂长的话反映了他抓住了问题的要害

16. 某国有企业的管理部门每月均对工程师们的工作进行分等考评，并将考评结果与报酬挂钩。这样做最有可能产生的后果是什么？＿＿＿。

A. 获得高等级的优秀工程师们会再接再厉，而低等级的则会努力改进工作以求提高

B. 优秀工程师由于意识到了自己的价值而产生跳槽思想，差一些的则仍会留在企业

C. 对这种严格控制，工程师们很有意见，致使今后工作难以分配

D. 差一些的工程师，由于面子过不去而另谋职业出走，结果只留下优秀的工程师

17. 20 世纪 80 年代，面对日本所取得的经济成就，日本企业管理模式一时间引起了世界各国企业的关注和借鉴。但 20 世纪 90 年代，特别是东南亚金融风暴出现之后，一方面显示了美国经济的强大活力；另一方面也反映出了日本经济脆弱的一面。此时，许多人又下结论：日本企业管理模式已经过时，美国企业管理模式更加有效。对于这种情况，你赞同以下哪种说法？＿＿＿＿＿。

A. 对管理模式的评价必须随世界经济的发展而变

B. 每种管理模式都有其自身的环境适应性与局限性

C. 美国的管理模式长期以来都比日本的更优秀

D. 日本的管理模式不适应知识经济时代的需要

18. 俗话说:"一山难容二虎""一条船不能有两个船长"。从管理的角度看,对这些话的如下解释,你认为哪一种最恰当? __________ 。

A. 在领导班子中如果有多个固执己见的人物最终会降低管理效率

B. 对于需要高度集权管理的组织不能允许有多个直线领导核心

C. 一个组织中的能人太多必然会造成内耗增加从而导致效率下降

D. 组织中不能允许存在两种以上的观点,否则易造成管理混乱

五、是非判断题

1. 管理活动是管理思想的根基,管理思想来自管理活动中的经验,管理理论是管理思想的提炼、概括和升华。

2. 劳动分工可以使工人重复完成单项操作,从而提高劳动熟练程度,提高劳动效率。

3. 科学管理的根本目的是谋求最高工作效率。

4. 泰罗认为,达到最高工作效率的重要手段,是用科学的管理方法代替旧的经验管理。

5. 泰罗认为,实施科学管理的核心问题是,要求管理人员和工人双方在精神上和思想上来一个彻底的思想变革。

6. 泰罗的科学管理理论包括使管理和劳动分离,把管理工作称为组织职能,工人的劳动称为执行职能。

7. 泰罗的科学管理理论的人性假设是,人是经济人,是利己主义者。

8. 罗伯特•欧文认为,在工厂生产中要重视人的因素,如提高工资、改善工人住宅等。

9. 泰罗的科学管理理论是福特的大规模生产方式的理论基础。

10. 福特为了提高企业的竞争能力,对整个生产过程的生产效率进行了研究。

11. 泰罗认为,工厂管理中,个人的经验是第一位的,科学方法是第二位的。

12. 泰罗制适应了资本主义经济在其所处时期发展的需要。

13. 泰罗把工人看成会说话的机器,只能按照管理人员的决定、指示、命令进行行动。

14. 法约尔认为,企业经营的六个方面的职能分别是,技术、经营、财

务、安全、会计、管理。

15. 劳动分工是法约尔提出的管理十四条原则中的一条。

16. 根据法约尔的统一指挥原则，企业中董事长和总经理都可以做出决策，分别下达命令。

17. 法约尔的员工个人服从整体原则，要求员工绝对服从组织整体的要求。

18. 法约尔强调权力和责任的相伴性和对等性。

19. 梅奥的霍桑试验表明，职工是经济人，职工的工作是为了物质的回报。

20. 梅奥的霍桑试验表明，职工是社会人。

21. 根据梅奥的观点，提高职工的工作积极性，只需要考虑其金钱收入的需要。

22. 根据梅奥的观点，提高职工的工作积极性，还需要考虑其社会方面、心理方面的需求。

23. 按 X 理论，管理者就要创造一个能多方面满足工人需要的环境，使人类的智慧、能力得以充分地发挥。

24. 按 Y 理论，管理者就要创造一个能多方面满足工人需要的环境，使人类的智慧、能力得以充分地发挥。

25. 按 Z 理论，企业要多发挥个人决策的作用，尽可能减少集体决策的作用。

26. 按 Z 理论，企业要多发挥集体决策的作用，尽可能减少个人决策的作用。

27. 按 Z 理论，企业要多采取程序化管理方法，尽可能减少非程序化管理方法。

六、简答题

1. 泰罗所提出的科学管理制度有哪些主要内容？
2. 如何客观评价泰罗制？
3. 简述法约尔所提出的管理原则。
4. 简述马斯洛的需要层次理论的主要论点。
5. 简述 Z 理论的主要内容。
6. 试比较麦格雷戈的 X 理论和 Y 理论。
7. 简述超 Y 理论的主要观点。

七、问答题

1. 理解中国古代管理思想的要点，并思考对现代企业经营有何启示（比如，中国古代法制思想的基本原则是什么）？

2. 请综合分析斯密与巴贝奇关于劳动分工的研究。

3. 如何理解我国现代企业管理思想发展的历史？

4. 新经济时代或知识经济时代的主要特征是什么？如何理解知识经济时代管理原则的变革？

5. 解释厄威克的管理理论综合概念结构图。

6. 人际关系理论的主要内容是什么？行为科学研究的主要内容是什么？

7. 理解管理科学学派、决策理论学派的主要观点。

八、案例分析

案例一

绝地反击：飞鹤用高端品质逆袭洋品牌

市场研究机构欧睿国际的数据显示，2016年全年，飞鹤乳业总销量增长8%，高端系列增长80%；2017年上半年，飞鹤高端奶粉销售增长200%，销售额已经跃居亚洲第一。消费者的眼睛是雪亮的。产品销量，尤其是高端产品销量的飞跃，是飞鹤产品品质的最好证明。但在短时间内取得如此傲人的成绩，究竟是因为“二孩”政策的放开刺激了孕婴童市场的新增长，还是因为飞鹤对自身品牌进行了升级？飞鹤的产品品质究竟如何？它是如何让广大消费者认可自身品质的？

一、“飞鹤全产业链的品质要求比我格力还高”

飞鹤的崛起并非一朝一夕的事。“为了保证奶源质量的稳定，我们现在有8个大型专属牧场，6万头奶牛；为了让奶牛吃得好，飞鹤专属农场种植紫花苜蓿等优质饲草料；为了奶牛住得好，专属牧场均建设在世界公认的黄金奶源带、位于北纬47度的齐齐哈尔；为了保证奶牛的健康，专属牧场引进高科技，每头奶牛都有自己的标签；为了锁住原奶的新鲜度，我们实现了2小时生态圈，从牧场挤下来的牛奶最快2小时内便可运至工厂加工成粉……”对于全产业链上的每一个环节，飞鹤乳业董事长冷友斌都熟稔于心。

同为制造业代表的董明珠感慨道：“飞鹤全产业链的品质要求比我格力还高。”正是得益于此，飞鹤专属牧场的鲜奶品质在细菌总数、蛋白、脂肪、碳水化合物等指标方面都高于欧盟和美国的标准，这也为品牌升级和产品营销打下了牢固的品质根基。

二、“重建消费者信心比长征还难”

2008年“三聚氰胺”事件给国产奶粉带来的信任危机延续至今，雅培、美赞臣、惠氏等外资品牌迅速占领了国内高端奶粉品牌的高地，成为“安全”的代名词。当所有妈妈都想着如何从中国香港地区或澳大利亚购买奶粉的时候，喊出“一贯好奶粉”的飞鹤在消费者认同层面并不具备优势。

“重建消费者心智太难了，这比长征还要难。”冷友斌感叹。在已经拥有过硬品质的前提下，飞鹤需要解决的问题是如何吸引消费者了解其品质。带着这个问题，飞鹤与君智咨询进行了深入的探讨，重新审视了竞争环境和自身优势，找到了一把开启消费者心智的钥匙：“更适合中国宝宝体质”。“一方水土养一方人，因为饮食习惯、膳食结构不一样，中国人比较容易缺铁、缺锌、缺钙。拿铁的含量说，中国的标准下限是0.42，美国的标准下限是0.15，这就是中外体质差异最有力的证明。”冷友斌介绍。基于此，飞鹤开始实施差异化的产品品牌定位。“适合”这一价值点的确立，为飞鹤的品牌升级注入了一针强心剂。相对外资奶粉的“安全”，它找到了对手的薄弱环节，攻其不可守。

三、品牌升级后的转型阵痛

听起来只是简简单单一句话，但要想真正落实，就意味着要壮士断腕。

首先，要想聚焦高端（“星飞帆”系列），就要砍掉低端产品线（“飞慧”系列）。而此前，“飞慧”系列每年可实现几亿的销售额，带来几千万的利润。舍弃这条线就意味着92%的销售人员不能完成销售业绩。

其次，已经确定的产品包装、宣传、陈列都要配合新定位而重新更换，这对于集团来说也是一笔不小的开支。几次内部开会，团队都是近乎剑拔弩张的交流状态。

但最终，冷友斌还是坚定了信心：要做就做真正的一流品牌。“飞鹤就算做到100亿、150亿，只要拿不下一二线城市，一线城市中拿不下北上广，你还是个二线品牌。”冷友斌说，“我和我们团队真正的梦想，就是彻底打赢和外资品牌的这一场‘战役’，把飞鹤做到真正的第一品牌，中国宝宝的奶瓶子必须要握在中国人自己手里。”

资料来源：《新营销》，2017年第12期

思考题：

1. 结合第二章的相关知识点回答，飞鹤为什么能够逆袭？
2. 在中国奶粉市场不景气的情况下，飞鹤成功运用了哪些重要的管理思想？

案例二

良品铺子：零食王国的数据生态圈

当下业界言必称新零售，然而真正要将新零售落地，本质上是用数字化打通线上线下，实现对完整的消费者行为轨迹的跟踪研究，无限逼近了解消费者内心需求，从而围绕消费者需求，重构人货场，最终实现“以消费者体验为中心”的企业运营效率提升。

知名互联网分析师钱皓认为，从新零售定义角度审视休闲零食市场的竞争格局，目前良品铺子占据了领先地位。它是唯一已实现线上线下多渠道协同的品牌。而多渠道协同背后，必须有一套强大的信息化系统支撑，才能高效地管理库存管理、调度智能物流、打通会员体系。作为线下起步的企业，良品铺子的信息化布局几乎与企业发展同步。2008 年，成立不到两年、刚刚开到 100 家店，创始人就一次性拿出全部利润——1 000 万元，上线了门店信息化管理系统。这套系统实现了所有门店在商品、价格、订单上的统一管理，更支持良品铺子在未来 4 年从 100 家店增长到 1 000 家店。2009 年，良品铺子的门店增长到 300 家，遇到了快消企业最头疼的难题——补货。依靠一支笔、一张表格统计经营数据已经明显吃力，良品铺子又上线了仓库信息化管理系统，这套系统能够确保门店补货订单在 4 小时内得到响应，还能筛选出加急订单优先发货。现在良品铺子的自动补货系统，可通过大数据系统进行完全匹配。在门店管理系统中轻点鼠标，全国 2 000 多家门店库存信息便如同一张作战地图呈现在面前。每天早上，店员进入店铺、打开电脑时，自动补货系统会发送补货单，提醒门店补充已断货或临近断货的产品。

2012 年良品铺子天猫旗舰店上线，一天的订单常常能达到一家门店一个月的数量。很多企业在新零售实践中都会遇到这一问题，即线上的库存空了，可商品其实正在线下仓库里躺着。唯有一颗强有力的大脑，才能将零散的信息整合。这颗“最强大脑”，就是 2015 年 9 月良品铺子与 IBM 和 SAP 达成合作，共同建立的大数据后台系统。通过 IBM 来帮助良品铺子打通前中后端。这套系统帮助良品铺子整合了 10 多个系统、30 多线上线下平台，以及全渠道的交易信息和顾客数据，各渠道从以前割裂的状态，变成了一个信息互通的有机整体。依托这套系统，当年良品铺子启动了门店 O2O 业务，一年后就突破单月 3 000 万销售额。

目前，良品铺子的信息化系统已涵盖商品、营销、渠道、客户、供应链领域。2016 年，服务了众多知名企业的 IBM 公司，将良品铺子评选为内部服务的全球全渠道零售最佳案例公司。而这套数字化系统之所以能够在良品铺子顺畅地运行，则得益于“内功”的修炼。

良品铺子从 2013 年起就开始培养所有管理人员的互联网化思维，创始人每年亲自带队，拜访考察了数十家各领域最优秀的企业，如阿里、京东、华为、海尔、小米、海底捞、韩都衣舍、孩子王等，方便进行高管团队间的交流和碰撞。为了适应互联网短、平、快的思维特点，将组织架构简化为三层，并在 2016 年内部试推行小组制经营，将分公司管理层级取消，直接建立总部和最小经营单元的连接，建立了敏捷精干的内部响应机制。

资料来源：经济参考网

思考题：

1. 你认为创新在良品铺子成功中发挥着什么样的作用？
2. 如果你是良品铺子的总经理，你会采用什么样的古典管理思想帮助零食圈更好地发展？

习题答案

三、填空题

1. 治国学　治生学
2. 客观经济规律
3. 重人心向背　重人才归离
4. 技术职能　经营职能　财务职能　安全职能　会计职能　管理职能
5. 统一指挥
6. 效率　感情
7. 双因素
8. 工作　工作的外部环境
9. 激励　保健
10. 描述性的　规范性的　确定性模型　随机性模型
11. 需要　管理方法
12. 人　物资　设备　财　任务　信息
13. 程序性决策　非程序性决策
14. 信任和关心职工

四、选择题

1. A　2. B　3. C　4. BCE　5. D　6. A　7. B　8. D　9. ABCE　10. D
11. A　12. B　13. C　14. B　15. B　16. B　17. B　18. B

五、是非判断题

1. 是　2. 是　3. 是　4. 是　5. 是　6. 否　7. 是　8. 是　9. 是　10. 是
11. 否　12. 是　13. 是　14. 是　15. 是　16. 否　17. 否　18. 是　19. 否
20. 是　21. 否　22. 是　23. 否　24. 是　25. 否　26. 是　27. 否

六、简答题

1.（1）为每项工作开发科学的操作方法，制定科学的工艺规程和劳动时间定额；（2）科学地选择和培训工人，废除师傅带徒弟的落后制度；（3）采用计件工资制度，实现按劳分配；（4）把管理与劳动分离，管理者制定计划，劳动者执行计划，管理者与劳动者要密切合作，以保证按规定的科学程序完成所有工作。

2.（1）它冲破了一百多年沿袭下来的传统的落后的经验管理方法，将科学引进管理领域，是管理理论上的创新；（2）由于采用了科学的管理方法和科学的操作程序，使生产效率提高了两三倍，推动了生产的发展，适应了资本主义经济在这个时期发展的需要；（3）使管理理论的创立和发展有了实践基础；（4）把工人看作会说话的机器，是资本家最大限度压榨工人血汗的手段，对人的认识过于片面。

3. 劳动分工；权利与责任；纪律；统一指挥；统一领导；个人要服从整体；报酬；集权；等级链；秩序；公平；稳定性；主动性；团队精神。

4. 马斯洛将需要分为5级，即生理的需要、安全的需要、感情的需要、尊重的需要、自我实现的需要。

他的需要层次理论有两个基本论点：（1）人的需要取决于他已经得到了什么，尚缺少什么，只有尚未满足的需要才能够影响行为；（2）人的需要都有轻重层次，某一层的需要得到满足之后，另一个需要才出现。

5.（1）企业对职工的雇佣应该是长期而不是短期的；（2）上下结合制定决策，鼓励职工参与企业的管理工作；（3）实行个人负责制；（4）上下级之间关系要融洽；（5）对职工要进行知识全面的培训，使职工有多方面工作的经验；（6）相对缓慢的评价与稳步提拔；（7）控制机制要较为含蓄而不正规，但检测手段要正规。

6. X理论指：（1）人的本性是坏的，一般人都有好逸恶劳、尽可能逃避工作的特性；（2）对于大多数人来说，仅用奖赏的方法不足以战胜其厌恶工作的倾向，必须进行强制、监督、指挥以及惩罚进行威胁，才能使他们付出足够的努力去完成给定的工作目标；（3）一般人都胸无大志，通常满足于平平稳稳地完成工作，而不喜欢具有“压迫感”的创造性的困难工作。

Y理论指：（1）人并不是懒惰的，他们对工作的喜欢和憎恶取决于这工作对他是一种满足还是一种惩罚；（2）在正常情况下人们愿意承担责任；（3）人们都热衷于发挥自己的才能和创造性。

对比X理论和Y理论，可以看出，它们的区别在于对于个人的需要看法不同，因此采用的管理方法也不相同。按X理论来看待个人的需要，进行管理就要采取严格的控制、强制方式；按Y理论来看待个人的需要，管理者就要创造一个能多方面满足个人需要的环境，使人们的智慧、能力得以充分地发挥，以更好地实现组织和个人的目标。

7. 不同的人对管理方式的要求是不同的。有人希望有正规化的组织与规章条例来要求自己的工作，而不愿参与问题的决策，这种人欢迎以X理论指导管理工作。有的人却需要更多的自治责任和发挥个人创造性的机会，这种人欢迎以Y理论为指导的管理工作。此外，工作的性质、员工的素质也影响到管理理论的选择。不同的情况应采取不同的管理方式。

七、问答题

1. 中国传统的管理思想，分为宏观管理的治国学和微观管理的治生学。可以概括为以下要点：

（1）顺道；（2）重人；（3）求和；（4）守信；（5）利器；（6）求实；（7）对策；（8）节俭；（9）法治。

2.（1）斯密在分析增进“劳动生产力”的因素时，特别强调了分工的作用，他认为，分工的益处主要是：①可以使工人重复完成单项操作，提高劳动熟练程度，提高劳动效率；②减少由于变换工作而损失的时间；③使劳动简化，有利于创造新工具和改进设备。（2）巴贝奇赞同斯密的劳动分工能够提高劳动效率的论点，但认为斯密忽略了分工可以减少支付工资这个好处。他提出“边际熟练”原则，即对技艺水平、劳动强度定出界限，作为报酬的依据。

3.（1）中国现代管理思想形成的历史背景。①中国官僚资本企业和民族资本企业的管理；②我国革命根据地公营企业的管理；③全面学习苏联的管理模式；④探索中国现代管理模式。（2）社会主义经济管理体制改革。①扩大企业自主权，推行经济责任制和利改税；②以推行各种经营责任制，实现所有权和经营权分离为主要内容；③以理顺产权关系，转化企业经营机制和建立现代企业制度为主要内容。（3）中国现代管理思想发展的新阶段。

4. 人类已经进入新经济时代，新经济时代表现出如下特征：（1）信息化；（2）网络化；（3）知识化；（4）全球化。

新经济时代的上述特点影响着现代企业的管理，使企业管理正在朝着如下几个方面进行创新：

（1）管理思想创新；（2）管理原则创新；（3）经营目标创新；（4）经营战略创新；（5）生产系统创新；（6）企业组织创新。

5.（1）厄威克认为管理过程是由计划、组织和控制三个主要职能构成的；（2）科学调查和分析是一切管理职能的基本原则，并在此基础上确定了与主要职能相适应的三项指导原则——预测、协调和指挥；（3）厄威克还归纳出了管理的间接目标，即秩序、稳定、主动性和集体精神。

6. 人际关系学说的主要内容是：（1）企业的职工是社会人；（2）满足工人的社会欲望，提高工人的士气，是提高生产效率的关键；（3）企业中实际存在一种“非正式组织”；（4）企业应采取新型的领导方法。

行为科学是一门研究人类行为规律的科学。资本主义管理学家试图通过行为科学的研究，掌握人们行为的规律，找出对待工人、职员的新方法和提高工效的新途径。

7. 管理科学学派的主要观点为：（1）生产和经营管理各个领域的各项活动都以经济效果好坏为评价标准；（2）使衡量各项经济活动效果的标准定量化，并借助于数学模型找出最优的实施方案和描述事物的现状及发展规律；（3）依靠电子计算机进行各项管理；（4）特别是强调使用先进的科学理论和管理方法。

决策理论学派的主要观点为：（1）管理就是决策；（2）决策分为程序性决策和非程序性决策。

八、案例分析

案例一和案例二分析参考：

可以用中国传统文化中的管理思想来解释，如顺道、求实、利器、守信等等。飞鹤重拾国内奶业信心，重在顺道、求实与守信；良品铺子的发展，重在顺道与利器。当然，还有一些细节，可能案例中无法呈现出来，如法治、重人等。也可以用西方的管理思想和理论来解释，如良品铺子的生态系统建设，基于信息技术的平台化建设与管理。泰罗制和法约尔的管理思想可以解释飞鹤与良品铺子的发展。飞鹤和良品铺子都很重视科学管理，以科学方法代替想当然的个人经验，让管理知识化、流程化、制度化。这些都是稳定高质量地提供产品和服务的基础和保证。

第三章

管理的基本原理

一、复习要点

1. 管理原理的主要特征。
2. 系统的概念。
3. 系统的特征。
4. 系统原理的基本内容。
5. 对人的认识的三阶段。
6. 人本原理的基本内容。
7. 责、权、利和能力四者之间的关系。
8. 责任原理的基本内容。
9. 效益的概念。
10. 效益原理的基本内容。
11. 适度原理的基本内容。

二、关键概念

管理原理、系统、系统原理、人本原理、责权利、责任原理、效益、效益原理、适度、适度原理。

三、填空题

1. 管理原理的主要特征为 ________、________、________、________。

2. 任何社会组织都是由 ________、________、________ 组成的系统，任何管理都是对系统的管理。

3. 构成系统的子系统称为 ________。

4. 管理和战略，________ 告诉我们怎样“做正确的事”，________ 在解决如何“正确地做事”。

5. 企业的伦理经营意味着企业注重维护 ________ 的利益，从而要采取行动并付出一定的成本。

6. 管理原理中的 ________，________，________，________ 以及 ________ 构成了一个有机体系。

7. 系统从组成要素的性质来看，可以划分为 ______ 和 ______，管理系统属于 ________。

四、选择题

1. 系统有哪些特征？ ________。

A. 客观性　B. 集合性　C. 层次性

D. 相关性　E. 稳定性

2. 系统最基本的特征是 ________。

A. 集合性　B. 层次性　C. 相关性

3. 责任原理要求 ________。

A. 权力尽可能集中，管理者必须加强对企业的控制

B. 明确每个人的职责

C. 职位设计和权限委授要合理

D. 管理者要尽可能授予下属权力，以激发积极性

E. 奖惩要分明、公正而及时

4. ________ 指单位时间所取得的结果的数量。

A. 效益　B. 效果

C. 效率　D. 效用

5. ________ 是有效产出与投入之间的一种比例关系。

A. 效益　B. 效果

C. 效率　D. 效用

6. 伦理具有哪些特性？ ________。

A. 非强制性　B. 非官方性

C. 普适性　　D. 扬善性

7. 下面哪些不是人本管理的观点？________。

A. 职工是企业的主体

B. 人是“经纪人”，所以只要给予足够的物质激励，就能让他为企业卖力

C. 职工参与是有效管理的关键

D. 服务于人是管理的根本目的

E. 组织中存在非正式组织，对此管理者要给以压制

8. 职责界限要清楚，一般来说，在生产第一线的，应负哪些责任？________。

A. 直接责任　　B. 间接责任

C. 实时责任　　D. 事后责任

9. 大多数研究表明，企业的伦理经营和长期效益之间有________。

A. 正相关　　B. 负相关　　C. 不相关

10. 职责和权限、利益、能力之间的关系遵循等边三角形定理，______是三角形的三个边，它们是相等的。

A. 权限、利益、能力　　B. 职责、权限、利益

C. 职责、权限、能力　　D. 职责、利益、能力

11. 系统原理的要点包括________。

A. 整体性原理　　B. 动态性原理

C. 开放性原理　　D. 环境适应性原理

E. 综合性原理

12. “三个和尚没水喝”说明的是，人浮于事可能反而不如人少好办事。但是反过来，如果“三个和尚”都很负责，结果也许会造成水满为患。这两种不同的说法表明：________。

A. 管理工作的有效性需要考虑内外部环境各部分的整体效应

B. 即使管理无方，人多还是比人少好办事

C. 在不同的心态作用下会产生不同的群体合作结果

D. 纵使管理有方，也不一定是人多好办事

五、是非判断题

1. 管理原理的客观性是指，原理是对管理工作客观必然性的刻画，违背了原理必然会遭到客观规律的惩罚。

2. 管理原理的普适性是指，原理是高度的抽象，对不同的企业都是适用的，具有普遍的指导意义。

3. 管理原理的稳定性是指，原理是不会随着时代变化而改变的。

4. 系统是指由若干相互联系、相互作用的部分组成，在一定环境中具有特定功能的有机整体。

5. 系统的集合性表明的是，一个系统至少由两个或两个以上的子系统构成。

6. 任何系统都是有结构、有层次的。

7. 组织系统的各要素间是独立的。

8. 系统的功能取决于每个构成要素的功能的相加。

9. 企业是一个封闭的系统。

10. 人只是企业系统的构成要素之一，所以以人为本是不恰当的。

11. 任何组织都必须尽可能做到，权力、责任和利益，三者对等一致。

12. 奖罚分明不利于组织中人际和谐。

13. 适度原理要求事事折中，平均各种观点来决策。

14. 适度原理要求决策不走极端。

15. 适度原理认为，管理就是艺术。

六、简答题

1. 简要分析管理原理的主要特征。

2. 简述研究管理原理有何意义。

3. 如何理解管理的适度原理？

4. 什么是系统的整体性原理，有何含义？

5. 人本管理有何主要观点？

6. 简述实现有效管理有何途径，并比较其差别。

7. 分工明确，职责是否也会明确？要注意哪几点？

8. 列宁曾说：“管理的基本原则是——一定的人对所管的一定的工作完全负责。”怎样才能做到完全负责？

七、问答题

1. 什么是系统？系统有哪些基本特征？管理者可以从系统原理中得到哪些启示？

2. 如何理解责任原理？责任原理的本质是什么？管理者可以从责任原理中得到哪些启示？

3. 何谓“以人为主体的管理”？又如何实现“以人为主体的管理”？

4. 何谓效果结果、效率和效益？人类一切活动为何要遵循效益原理？

5. 管理有效性的实质是什么？管理者如何追求自身工作的效益？

6. 与法律相比，伦理有哪些特征？伦理与法律及效益的关系各是怎样的？

八、案例分析

案例一

林清轩：韧性应对危机，成就业界黑马

成立于2003年的林清轩，致力于以植物为原材料，制作天然、安全有效的优质护理品，是"国货新潮"优秀品牌的典型代表。新冠疫情发生后，林清轩线下门店业绩下浮90%，2 000名员工被隔离在家，每天亏损100多万元，资金链几近崩盘。然而，林清轩采取一系列自救行动，仅用22天就从濒临破产逆势反弹成为美妆界的"黑马"，整体业绩增长20%。

一、理性地主动试错

林清轩业务被迫全面转移到线上以后，面临最现实的问题是线下导购不熟悉线上业务，在危机发生之前从未在线上做过直播或利用抖音、小红书等平台卖过货，在不得不转移到线上时，大部分导购表示在最初阶段因为害怕失败而不知所措。为了改善这一局面，林清轩董事长及高管团队以身作则去进行试错，并告知组织成员要接受新方式未必奏效的事实，即使失败也不会受到责罚，而一旦在试错中有了新的发现，则会获得丰厚的奖励。正如受访对象所言："我们做了很多非常大胆的尝试，不怕出错，不怕亏钱，不要紧，继续去干，错了我来买单，对了就是你们的成绩。"

为了保障在危机中试错的效能，林清轩通过建立快速的反馈循环来识别有益知识并过滤错误知识，一旦发现可复制的成功经验，立刻进行推广，将个人经验转化为2 000多人的可学知识，实现几何级的增长。试错过程中所累积的错误知识集，会帮助林清轩认识到危机中哪些特定的行动方案不会成功，避免再次尝试，提高组织在危机中决策的准确性。

二、资源的重新配置

林清轩线下业务全面转移到线上以后，面临的难题是可供员工使用的线上推广素材极为匮乏。因此，林清轩快速成立"内容工厂"，发动所有人制作图片、文字、视频等素材，由市场部和公关部负责汇总和打包，形成一个统一的素材库，各个业务部门或线上员工可以随时调用内容工厂中的素材。在内容工厂的素材来源上，林清轩并没有进行限定，而是最大程度地吸纳资源，正如受访对象所言："我们发现有一个员工的老婆特别会写，在家里带孩子没事，马上来帮忙，发现很多非市场部的员工竟然写的内容还不错，马上征用，进入到我们内容工厂这个群里。"

线下业务转移到线上后，员工不具备拓展线上业务的知识储备，而组织内部更是没有相关资源可供使用和参考。因此，林清轩选择以"借力"的方式紧急求助阿里巴巴，借助外部资源补足自身资源空缺。在林清轩发出求救以后，阿里巴巴立刻与林清轩进行对接，开展公益直播培训，帮助林清轩解决燃眉之急，正如受访对象所言："他们拉了一个470人的群，在群里，用钉钉把这些导购当小孩一样，手把手地教，包括怎么申请达人号，直播注意事项，方方面面和我们对接。"

三、制度的适时调整

在旧制度改变的过程中，林清轩重点以线上管理规范为“锚”，锁定并调整不能适应危机变化的制度规则。例如，在进行KPI考核时，不再将绩效作为考核的唯一指标，更注重线上的互动效果，正如受访对象所言：“绩效考核的时候，不再以卖多少为标准，我们现在是以多少人围观，看多少时长，在直播间里多少人加购了，又有多少人跟你互动了，这些直播的效果来考核。”

同时，林清轩还迅速搭建线上运营机制并配套新的制度规范。林清轩建立了三套线上班底：一是运营班底，负责策划、运营、商品、时间和坑位；二是建立系统的直播培训体系，搭建主播团队，让员工成为主播，把直播作为内部新人培训的闭环；三是搭建直播售后团队，做好客服工作。此外，为了预防企业培养的主播爆红后流失，林清轩还成立了内部的MCN机构，设立红人制度来绑定员工，提升员工的契约精神。对于制度上的适时调整，正如受访对象所言：“（危机）之前的林清轩和（危机）以后的林清轩其实已经不是一个物种了，看起来还是这三个字，但从内在的组织文化，到制度的运用程度，都不一样了。”

资料来源：改编自单宇等，《数智赋能：危机情境下组织韧性如何形成？——基于林清轩转危为机的探索性案例研究》，《管理世界》，2021年第3期

思考题：

1. 林清轩是如何应对新冠疫情带来的危机的？
2. 你认为一个良性运转的组织系统应该具备哪些必要能力？

案例二

格力的“迷药”

朱江洪在讲领导者的威信问题时，提到以“诚”取威。诚就是诚实、守信。此乃管理者之本。实践证明，人无信不立，家无信不和，企无信不兴，国无信不宁。管理者，尤其是一把手，必须讲诚信，对班子成员以诚相待，这样他们就能大胆工作。如果对部下不诚信，讲话不算数，出尔反尔，在提拔上压着，相处上挑着，交往上冷着，关系上僵着，就必然失去自己的威信。对经销商，供应商，对合作伙伴不诚信，就会失去合作基础，工作难以展开，企业的生存和发展必然受到影响。管理者要学会在工作中淡化权力意识，把事情交给放心的部下去完成。出现问题及时纠正，指导他们，让他们在工作中总结提高，这是对他们的一种信任和尊重，反过来也会自然而然地提高自己的威望。

在商言商，自古以来，逐利是商业活动的本质，“没有永远的朋友，只有永恒的利益”。不可否认，厂商关系无论怎样变化，都离不开利益这条纽带的维系。但是，商人首先是人，人有七情六欲，人固然靠物质生存，但也靠精神来支撑，人非草木，孰能无情？在尔虞我诈、物欲横流的商业社会，真情、诚信尤显得珍贵，其能量甚至常常超越利益的吸引。

一位与格力合作多年的经销商这样说：“我先后做过几个品牌，其中格力是最令人轻松、放心的

一个。它的各种政策、返利、奖励等都没有文字记录，全凭格力公司口头通知就生效。开始我还很怀疑，专用一个本子记录何时、何地、因何事作出何种承诺，但后来我是彻底服了，因为有好几次发现账户余额在莫名其妙地增加，找到公司后才知道，原来我漏记的奖励，他们都主动给我兑现了。”

格力的成功，吸引了不少企业的关注，后来，一些企业也学习格力，成立了销售公司，但市场反应并不怎样。究其原因，他们学的只是格力模式的皮毛：它的组织结构，以及如何与客户搞好关系等，并未学到它的精神实质与精髓：诚信、共赢，以及格力的销售文化。一些企业的业务人员为了完成销售任务，让商家降价促销，并承诺损失部分给予补贴，但过后又不兑现，使商家吃尽苦头。如此这般，怎能赢得商家的信赖？

有一段时间，“诚信”二字在媒体出现的频率很高，一些企业赶时髦，也高喊诚信。但诚信是做出来的，不是喊出来的，而且必须天天做，月月做，年年做，不能有时诚信，有时不诚信，遇到小事时诚信，遇到大事就不诚信。有个经销商说：“你们昨天还骗了我，今天却喊诚信，谁信呀？”

资料来源：《朱江洪自传：我执掌格力的24年》，企业管理出版社，2017年

思考题：

1. 用人本原理来分析格力的“迷药”。
2. 如何做到以人为本？

习题答案

三、填空题

1. 客观性　普适性　稳定性　系统性
2. 人　物　信息
3. 要素
4. 战略　管理
5. 利益相关者
6. 系统原理　人本原理　责任原理　效益原理　适度原理
7. 自然系统　人造系统　人造系统

四、选择题

1. BCD　2. A　3. BCE　4. C　5. A　6. ABCD　7. BE　8. AC　9. A
10. B　11. ABCD　12. C

五、是非判断题

1. 是　2. 是　3. 否　4. 是　5. 是　6. 是　7. 否　8. 否　9. 否
10. 否　11. 是　12. 否　13. 否　14. 是　15. 否

六、简答题

1.（1）客观性，管理原理是对管理的实质和客观规律的表述，因此，它与管理工作中所确定的原则有严格区别；（2）普遍性，管理原理是对包含了各种复杂因素和复杂关系的管理活动客观规律的描述，或者说，是在总结大量管理活动经验的基础上，舍弃了各组织之间的差别，经过综合和概括得出的具有普遍性、规律性的结论；（3）稳定性，管理原理能够被人们正确认识和利用，从而指导管理实践活动取得成效；（4）系统性。

2.（1）掌握管理原理有助于提高管理工作的科学性，避免盲目性；（2）研究管理原理有助于掌握管理的基本规律；（3）对于管理原理的掌握有助于迅速找到解决问题的途径和手段。

3. 良好的管理要求管理者在处理组织内部各种矛盾、协调各种关系时要把握好度的问题。管理活动中存在许多相互矛盾的选择。比如，在业务活动范围的选择上专业化与多元化的对立。适度管理的根本原因可能在于管理所面对的不确定性以及与这种不确定性相关的管理实践的艺术性特征。

4. 整体性原理指系统要素之间的相互关系及要素与系统之间的关系以整体为主进行协调，局部服从整体，使整体效果为最优。实际上就是从整体着眼，部分着手，统筹考虑，各方协调，达到整体的最优化。

从系统目的的整体性来说，局部与整体存在着复杂的联系和交叉效应。大多数情况下，局部与整体是一致的。当局部和整体发生矛盾时，局部利益必须服从整体利益。从系统功能的整体性来说，系统的功能不等于要素功能的简单相加，而是往往要大于各个部分功能的总和，即整体大于各个孤立部分的总和。

5. 人本管理主要包括下述主要观点：（1）职工是企业的主体；（2）职工参与是有效管理的关键；（3）使人性得到最完美的发展是现代管理的核心；（4）服务于人是管理的根本目的。

6. 有效管理的关键是职工参与。实现有效管理有两条完全不同的途径。（1）高度集权、从严治厂，依靠严格的管理和铁的纪律，重奖重罚取得企业目标统一，行动一致，从而实现较高的工作效率。（2）适度分权、民主治厂，依靠科学管理和职工参与，使个人利益与企业利益紧密结合，使企业全体职工为了共同的目标而自觉地努力奋斗，从而实现高度的工作效率。

两条途径的根本不同之处在于：前者把企业职工视作管理上的客体，职工处在被动被管的地位；后者把企业职工视作管理的主体，使职工处于主动地参与管理的地位。当企业职工受到饥饿和失业的威胁时，或受到政治与社会的压力时，前一种管理方法可能是有效的；而当职工经济上已比较富裕，基本生活已得到保证，就业和流动比较容易，政治和社会环境比较宽松时，后一种方法就必然更为合理、更为有效。

7. 一般说来，分工明确，职责也会明确。但是实际上两者的对应关系并不这样简单。这是因为分工一般只是对工作范围作了形式上的划分，至于工作的数量、质量、完成时间、效益等要求，分工本身还不能完全体现出来。所以，必须在分工的基础上，对每个人的职责作出明确规定。（1）职责界限要清楚;(2)职责中要包括横向联系的内容;(3)职责一定要落实到每个人。

8. 一定的人对所管的一定的工作能否做到完全负责，基本上取决于3个因素。(1)权限。明确了职责，就要授予相应的权利。(2)利益。任何管理者在承担风险时，都自觉不自觉地要对风险与收益进行权衡。(3)能力。这是完全负责的关键因素。职责和权限、利益、能力之间的关系应遵守等边三角形定理，职责、权限、利益是三角形的三个边，它们是相等的，能力是等边三角形的高，根据具体情况，它可以略小于职责。这样，就使得工作富有挑战性，从而能促使管理者自觉地学习新知识，注意发挥智囊的作用，使用权限也会慎重些，获得利益时还会产生更大的动力，努力把自己的工作做得更好。但是，能力也不可过小，以免形成“挑不起”职责的后果。

七、问答题

1. 系统是指由若干相互联系、相互作用的部分组成，在一定环境中具有特定功能的有机整体。就其本质来说，系统是“过程的复合体”。系统具有集合性、层次性和相关性等特点。

从系统原理的要点中管理者可以得到如下启示:(1)整体性原理。当整体利益和局部利益发生矛盾时，局部利益必须服从整体利益。(2)动态性原理。研究系统的动态规律，可以使我们预见系统的发展趋势，树立起超前观念，减少偏差，掌握主动，使系统向期望的目标顺利发展。(3)开放性原理。明智的管理者应当从开放性原理出发，充分估计到外部对本系统的种种影响，努力从开放中增加本系统从外部吸入的物质、能量和信息。(4)环境适应性原理。作为管理者既要看到能动地改变环境的可能，又要看到自己的局限，才能科学地决策，保证组织的可持续发展。

2. 管理是追求效率和效益的过程。在这个过程中，要挖掘人的潜能，就必须在合理分工的基础上明确规定这些部门和个人必须完成的工作任务和必须承担的与此相应的责任。责任原理的本质是:(1)明确每个人的职责;(2)职位设计和权限委授要合理;(3)奖惩要公正、分明、及时。

3. 人本原理就是以人为主体的管理思想。这是管理理论发展百年来的主要特点。

人本原理主要包括下述主要观点：职工是企业的主体；职工参与是有效管理的关键；使人性得到最完美的发展是现代管理的核心；服务于人是管理的根本目的。

4. 效益是与结果、效果以及效率既相互联系、又相互区别的概念。结果，是指由投入经过转换而产出的成果，其中有的是有效益的，有的是无效益的。效果是指那些有效的结果。效率是指单位时间内所取得的结果的数量，反映了劳动时间的利用状况，与效益有一定的联系。在实践中，效益与效率并不一定是一致的。效益是有效产出与投入之间的一种比例关系。

效益是管理的重要目的。管理就是对效益的不断追求。

5. 效益是管理的永恒主题，任何组织的管理都是为了获得某种效益，效益的高低直接影响企业的生存和发展。对效益的追求是有规律可循的。

(1)在实际工作中，管理效益的直接形态是通过经济效益而得到表现的。综合评价管理效益，首先从管理主体的劳动效益及所创造的价值来考虑。(2)影响管理效益的因素很多，其中主体管理思想正确与否占有相当重要的地位。管理效益总是与管理主体的战略联系在一起的。(3)追求局部效益必须与追求全局效益协调一致。(4)管理应追求长期稳定的高效益。

6. 伦理是指人与人相处的各种道德准则。而法律是指一整套前后一致的、公开的、被广泛接受的、带有强制性的普遍规则，这些规则规定人们应该或不应该如何行动。而为了了解伦理的特性，需要对伦理与法律进行比较。(1)非强制性。伦理靠社会舆论、传统习惯和内心信念起作用，体现了自觉性和内在性。(2)非官方性。伦理是约定俗成的，不像法律那样需要通过行政命令或法定程序来制定或修改。个人的伦理评判也无须官方的批准。(3)普适性。除了少数不具备行为意识的人(如精神病患者和婴幼儿)，所有人都要受伦理的指导、调节和约束。(4)扬善性。伦理既指出什么是恶的、不应该的，也指出什么是善的、应该的。它不仅对不符合伦理的行为予以批评、谴责，也对符合伦理的行为，尤其是高尚的行为，予以褒奖、鼓励。

伦理与法律不仅有前述的区别，也有一定的联系。伦理与法律在内容上相互渗透。伦理是不成文的法律，法律是最低程度的伦理。伦理规范往往是法律制定、修改、废止的依据。许多法律起初只是伦理规范，后来随着问题的严重和公众呼声的提高，这些伦理规范就升格为法律。

伦理与法律在作用上相互补充。伦理可以引导人们遵守法律，而法律可以作为维护伦理的威慑力量。伦理可以用来防范尚未发生的违法行为，而法律可以用来制止已经发生的违法行为。正是在这个意义上，我们才说，伦理、法律是调节和规范非经济组织行为的三个必不可少的手段。

企业的伦理经营不仅使除所有者之外的利益相关者(如债权人、员工、顾客、供应者、竞争对手、社区和政府等)的利益得到不同程度的增进，而且使企业自身的效益得到提高。(1)企业的伦理经营意味着企业注重维护利益相关者的利益，从而需要采取行动并付出一定的成本。(2)伦理与效益的关系在某种程度上得到了实证研究的支持。尽管在伦理与效益的度量上存在一些困难，但大多数研究表明，在企业的伦理经营与长期效益之间有某种程度的正的相关关系。(3)周祖诚对美国、日本、中国已被历史证明的、长期成功的优秀企业或企业家所做的个案研究表明，效益与伦理具有兼得的可能性。(4)厉以宁对效率与道德的关系有如下的看法：“效率实际上有两个基础，一个是物质技术基础，一个是道德基础。只具备效率的物质基础，只能产生常规效率。有了效率的道德基础，就能产生超常规的效率”。这说明，效率与道德可以而且应当结合在一起。

八、案例分析

案例一分析参考：

1. 可以结合案例，具体从环境适应、认知重构、资源重构、制度重构等角度展开回答。如林清轩在应对新冠疫情危机时，通过不断调整组织的资源配置与制度安排来适应危机变化的节奏，缓冲不利事件给组织带来的负面冲击。理性地主动试错通过急速调整认知，积极从失败中学习并建立快速的反馈循环；资源的重新配置强调创造性地配置组织可触达的资源模块，挖掘资源的新用途并激发不同资源模块间的协同效应；制度的适时调整通过改善旧制度与建立新制度间的迭代循环，打造动态灵活的制度秩序，突破刚性的制度束缚。

2. 可以基于系统原理的要点，从整体性、动态性、开放性、环境适应性和综合性等角度思考。

案例二分析参考：

分析格力共赢的销售文化、诚信的守则、领导者的以身作则等，这既是人本原理的内容，也是实现以人为本的重要基础。

第四章

管理道德与社会责任

一、复习要点

1. 理想类型论的概念。
2. 文化矛盾论的概念。
3. 最强动力—最好动力论的概念。
4. 竞争力论的概念。
5. 推己及人道德观的基本观点
6. 功利主义道德观的基本观点。
7. 权利至上道德观的基本观点。
8. 公平公正道德观的基本观点。
9. 社会契约道德观的基本观点。
10. 道德管理的基本特征。
11. 影响管理道德的因素。
12. 道德发展所经历的三层次和六阶段的基本内容。
13. 改善企业道德行为的途径。
14. 企业社会责任的体现。

二、关键概念

功利主义道德观、权利至上道德观、公平公正道德观、社会契约道德观、道德发展阶段、个人特性、组织结构、组织文化、问题强度、道德守则、决策规则、推己及人道德观。

三、填空题

1. 有关道德的观点包括 __________ 、__________ 、__________ 、__________ 和 __________ 。

2. 企业管理之所以需要伦理道德，不只是因为现代企业的经济运行面临诸多伦理困境与道德风险，或是伦理道德作为有效的文化工具可以帮助企业更好地达到经济目的，最根本的是 __________ 是现代企业的核心价值构件，具有特殊的管理意义和文明意义。

3. 一般认为，之所以需要企业伦理与管理道德，是因为如果企业没有良好的 __________ 与 __________ ，会引起社会负面的评价，使企业因深陷伦理困境与道德风险而降低经济运行的效率和效益。

4. 在经典也是古典的功利主义传统，功利主义的所谓最大利益是 __________ ，功利主义的核心是 __________ 。

5. 在权力至上道德观中，权利的基本意义是 __________ ，权利是相互的，肯定自己是人，并尊敬他人为人，是“法”的绝对命令，这两个方面结合起来，才构成权利的基本内涵。

6. 公平公正道德观所谓的公平公正，主要是指支付薪酬的依据应当只是员工的 __________ 、__________ 、__________ 或 __________ 等因素，而不是其他各种似是而非的因素。

7. 社会契约道德观的实质上是 __________ 的变种。

8. 综合中西方管理学理论，管理道德受五种因素的影响最大，分别为：__________ 、__________ 、__________ 、__________ 和 __________ 。

9. 道德发展要经历三个层次，分别为：__________ 、__________ 和 __________ 。

10. 管理者的 ________ 对组织的管理道德有着直接的影响，________ 会直接影响管理者的决策。

11. 改善企业道德行为一般有 8 种途径，分别为：挑选高道德素质的员工、建立 ______________ 、在道德方面领导员工、设定工作目标、对员工进行道德教育、对绩效进行全面评价、进行独立的社会审计、提供正式的保护机制。

12. __________ 是企业追求有利于社会长远目标的一种义务，它超越法律与经济对企业所要求的义务。社会责任是企业管理道德的要求，完全是企业出于义务的自愿行为。

13. 循环经济理论和现代企业以 ________ 取代传统的线性模式，就是基于对企业“伦理实体”与“社会公器”的定位而取得的觉悟和进步。

14. 企业的价值观的内涵由主体所处的 ________、________、________ 等诸多因素影响所决定，因此是一个不断发展变化的历史范畴。

四、选择题

1. 在社会体系中，以下不属于伦理体系的三大基本形态的是 ________ 。

A. 个人　　B. 家庭

C. 民族　　D. 市民社会

2. 以下属于管理道德中的外部伦理的是 ________ 。

A. 个体与企业　　B. 个体与个体

C. 个体与社会　　D. 企业与社会

3. 以下关于功利主义道德观的认识错误的是 ________ 。

A. 能给行为影响所及的大多数人带来最大利益的行为才是善的

B. 为了实现最大利益，可能采取了不公平、不道德的手段

C. 可能小部分人获得大部分利益，大部分人获得小部分利益

D. 功利主义是支持个人主义的

4. 以下属于权利至上道德观的是 ________ 。

A. 不管白猫、黑猫，能抓到老鼠就是好猫

B. 依据员工技能、经验、绩效、职责等因素支付报酬

C. 尊重和保护人权

D. 在相同工作条件下，美国公司本土员工比美国公司中国籍雇员工资高5—10倍

5. 以下不属于道德管理特征的是 ________ 。

A. 为了社会整体，可牺牲组织的短期利益

B. 组织的行为是为了利润

C. 超越了法律的要求

D. 以组织的价值观为行为导向

6. 以下属于道德发展层次的是 ________ 。

A. 义务层次　　B. 后惯例层次

C. 责任层次　　D. 原则层次

7. 以下属于道德发展阶段的惯例层次的是 ________ 。

A. 只有在符合你的直接利益时才遵守规则

B. 通过履行你允诺的义务来维持平常秩序

C. 尊重自己选择的伦理准则，即使这些准则违背了法律

D. 遵守规则以避免受到物质惩罚

8. 中国企业家史玉柱在巨人集团破产后东山再起时，坚持要还清欠债。这一行为属于道德发展的 ________ 阶段。

A. 遵守规则以避免受到物质惩罚

B. 通过履行你允诺的义务来维持平常秩序

C. 尊重自己选择的伦理准则，即使这些准则违背了法律

D. 做你周围人所期望的事

9. 以下不利于改善企业道德行为途径的是 ________ 。

A. 给员工设置明确和现实的目标

B. 随机进行财务审计

C. 仅以经济成果来衡量绩效

D. 严惩错误行为当事人，并把事实公布于众

10. 下列组织中，社会责任比较模糊的是 ________ 。

A. 政府　　B. 企业

C. 非营利组织　　D. 家庭

11. 伦理实体的三大基本形态的三大形态中不包括 ________ 。

A. 家庭　　B. 民族

C. 市民社会　　D. 国家

12. 克制冲动并遵守内心信念的可能性最大的人是 ________ 的人。

A. 自我强度高　　B. 自我强度低

C. 具有内在控制中心　　D. 具有外在控制中心

13. 市场经济中要提倡“以义治商”和“以义取利”，这里的“义”指的是 ________ 。

A. 义气　　B. 法律

C. 和气　　D. 伦理道德

五、是非判断题

1. 企业管理不需要伦理道德。

2. 功利主义道德观认为，能给行为影响所及的所有人带来最大利益的行为才是最善的。

3. 功利主义道德观中的“最大利益”是指最大的财富回报。

4. 功利主义道德观的核心“有用性”仅指对象对主体或财富对个人或社会的有用性。

5. 权利至上道德观认为，能尊重和保护个人基本权利的行为才是善的。

6. 权利至上道德观认为，权利是相互的，既肯定自己是人也尊敬他人为人。

7. 公平公正道德观提倡，按照同工同酬的原则和公平公正的标准向员工支付薪酬。

8. 公平公正的道德观认为，支付薪酬的依据应当是员工的技能、经验、绩效或职责因素。

9. 某企业排斥聘用女性员工符合公平公正道德观。

10. 社会契约道德观认为，只要按照企业所在地区政府和员工都能接受的社会契约所进行的管理行为就是善的。

11. 社会契约道德观与权利至上道德观和公平公正道德观的观点不相符。

12. 社会契约道德观实质上是功利主义道德观的变种。

13. 社会契约道德观的基本原则，能大幅度降低企业人力资源的成本，增加企业的利润。

14. 换位思考、将心比心、设身处地不符合推己及人道德观。

15. 合乎道德的管理仅从组织自身角度的角度看问题。

16. 合乎道德的管理善于处理利益相关者之间的关系。

17. 合乎道德的管理虽不把组织自身利益放在第一位，但常常会取得卓越的成就。

18. 合乎道德的管理以组织的价值观为行为导向，并且有时可以取代法律对组织的行为做出判断。

19. 道德的发展经历三个层次，每个层次又分为两个阶段。

20. 道德发展的前惯例层只受个人利益的影响。

21. 道德发展的原则层只受他人期望的影响。

22. 道德发展的原则层只受个人伦理准则的影响，而且这些准则可能与法律、社会规则不相同。

23. 影响道德管理的个人特性是指管理者的个人特性，与员工的个人特性无关。

24. 影响道德的管理仅受五个因素的影响：道德发展阶段、个人特性、组织结构、组织文化和问题强度。

25. 只要为员工设立明确的目标就能帮助改善企业的道德行为。

26. 管理者可以通过奖惩机制来影响员工的道德行为。

27. 做正确的事比正确地做事更有助于改善企业的道德行为。

28. 关于道德观的运用，任何组织往往是根据具体事情和具体情况综合运用，不可能“从一而终”。

29. 道德发展的最高层次是惯例层次。

30. 企业价值观越向高级阶段发展越重视企业的社会责任。

31. 从历史的观点来看，企业的价值观经历了三个阶段的发展。

32. 把企业做大、做强、做好，并不是企业履行社会责任的体现。

33. 如果仅以经济成果衡量绩效，有可能产生不符合道德的行为。

34. 企业对待社会责任的态度，可以作为有效衡量企业价值观发展阶段的最好标志。

35. 注重绿色发展是企业履行社会责任的表现，而且绿色管理的最高方式是市场的方式。

36. 企业的价值观是一个不断发展变化的历史范畴。

37. 企业不仅是一个经济实体，而且是一个伦理实体。

六、简答题

1. 简要说明社会契约道德观的基本内容。
2. 简要说明公平公正道德观的内容。
3. 简述道德发展阶段如何影响个人伦理。
4. 个人特性如何影响管理伦理?
5. 简述企业价值观的作用。
6. 简述企业价值观的发展。

七、问答题

1. 请说明几种相关的道德观的特点。
2. 合乎道德的管理有哪些特征?
3. 影响管理道德的因素有哪些?
4. 说明道德发展阶段所经历的三个层次和六个阶段。
5. 改善企业道德行为的途径有哪些?

八、案例分析

案例一

德芳农场的战略性企业责任管理

德芳农场的衍生源自一个很小的个人因素，随着与两岸业内专家学者们的交流，何董事长逐渐确定了成立国内首家大型有机农产品企业的目标。

何董事长致力于人们生活环境和品质的改善与提高，在江苏省成立了“华光现代农业发展有限公司”，投资建设“德芳农场”。本着“绿色环保”“循环经济”“节能减炭”的策略，结合海峡两岸的技术支持及国际相关领域专家的参与，引进“绿色农业”“人道饲养”“动物福利”等先进理念，目标是将德芳农场建设成一个具有前瞻性、领导型的现代高科技农场。农场位于淮河下游的江苏省盱眙县，该农场总用地面积10.60平方千米，其中建设用地面积3.14平方千米，预计建设完成后的人口规模约1万人，总投资约20亿。何董事长准备用10年时间，将德芳农场打造成全国首个大规模有机生态农场。

德芳农场的经营遵循如下理念：追求场内资源循环利用，节能减碳，农场内将建设沼气发电系统，生产绿色能源，提供场内加温及其他动力；固体废弃物则用于生产有机肥，再度回田作为有机质肥料；采用先进的设备，引进优良的技术，结合动物福利与环境保护政策，在生产优质安全的绿色有机食品过程中做到零污染、零消耗：力争达到国际最高有机标准并通过专业认证机构的认证，实现产业发展和生态旅游的协调；企业不仅致力于健康食品的生产，并将通过企业的网络平台全方位介绍德芳农场的绿色建设及有机生产模式，展示现代农业的原理，促进中国有机农业进步并为中国农业迈向国际做出准备；响应国家“十二五”农业政策，加强农产品质量的严格安全管控，推进发展真正的绿色有机农业，追求绿色有机农业的可持续，将德芳农场建设为国内唯一的、现代化、极具规模的高科技有机农场。希望通过德芳农场的成功，向国人展示现代农业的理念及其带来的高经济回报。

企业理想：通过改善人与自然的关系，提升每个人的生活水准。我们对大自然充满爱与敬意，我们感激并珍重土地、水、空气、植物和动物，我们与自然和谐相处，大自然便会将健康和快乐回赠予我们。希望通过德芳农场展示现代农业的原理，进而回归到人与自然最初的简单关系。

为达到农业生产与加工的一体化，德芳农场自行建设烘干厂及碾米厂，烘干厂设备采用世界粮食干燥领导者美国捷赛GSS低温连续式稻谷烘干机，处理量100吨/日。碾米厂设备采用日本最先进米技术领导者佐竹SATAKE，处理量100吨/日。德芳农场生产的有机米在2015年10月通过有机认证，进入市场。

资料来源：改编自赵何琍琍，《德芳农场战略性企业社会责任管理案例研究》，大连理工大学硕士论文，2015年3月

思考题：

1. 结合德芳农场的案例说明企业社会责任的体现。
2. 分析德芳农场是如何履行企业社会责任的？

案例二

电商扶贫：京东撬动饶河黑蜂蜂蜜产业

和种植农产品相比，养蜂是饶河当地收益不错的一项产业。通向饶河东北黑蜂国家级自然保护区深处的道路有些泥泞，通行的路上不时会蹦出几只野鸡、溜达出几只野猪来，但在这片27万公顷的保护区内，更多的是穿行林地间的黑蜂，以及路边放养黑蜂的蜂农们。每年的7月，便是黑蜂采集椴树蜜的季节。

当地著名品牌北大荒黑蜂公司销售负责人申志佺介绍，在2011年，该公司东北黑蜂产品销售额仅仅数十万元，而在2016年，这一数字达到了数千万元。其中，包括京东在内的电商平台扮演了重要角色。如今，该公司线上的销售额已经远超线下。

与此同时，饶河作为国家级贫困县，通过京东商城的拉动，包括北大荒黑蜂公司、当地蜂农合作社以及县内多方，均积极吸纳当地贫困户加入养蜂行列中来，以帮助低收入人群获得更高的劳动回报。

一、电商驱动

如今，东北的优质蜂蜜，正通过以京东为主的电商平台，销售到北上广甚至更远的城市。要知道，在七八年前，品质独特的黑蜂蜂蜜是无法触达其他城市的。即便是在东北，饶河所处的位置也颇为偏僻，位于我国东北角的大山里，当地没有火车飞机，只能通过汽车将蜂蜜运出去，成本较高。

“2011年北大荒东北黑蜂蜂蜜销售，全国线上线下加到一起也不到100万元的销售额。”申志佺介绍，其中当时电商占比数额仅三四十万元。但从第二年开始，销售额逐年翻番：2012年，东北黑蜂蜂蜜销售总额达到两百多万元，其中京东的销售数额达到一百多万元，当时线下也不过一百多万元。而到了2016年，“北大荒”东北黑蜂产品在京东平台上的销售额已经接近2 000万元。该品牌东北黑蜂在京东的评价超过了十万条，东北黑蜂椴树雪蜜成了京东上的爆款，而线上电商销售也成为东北黑蜂绝对的销售主力渠道。

二、“养蜂”扶贫

“北大荒”蜂蜜产业链是：蜂农—蜂农合作社—公司—销售渠道。在销售渠道方面，东北黑蜂一方面借助“北大荒”旗下的线下店，另一方面则是通过包括京东、天猫在内的电商渠道。北大荒黑蜂公司负责人侯树建介绍，在京东牵头下，合作社和公司为饶河当地的贫困户提供了“一站式”的解决方法，除了教授养蜂技巧、统一采购农资、统一回采购蜂蜜，甚至还为贫困户提供贷款支持。上述做法直接降低了贫困户养蜂的门槛，此外通过互相帮扶，使多数养蜂户摘掉了“贫困户”的帽子。

资料来源：改编自汪传鸿，《电商扶贫：京东撬动饶河黑蜂蜂蜜产业》，《21世纪经济报道》，2017年7月26日

思考题：

1. 结合案例分析企业的社会责任的体现。
2. 企业如何履行社会责任？

习题答案

三、填空题

1. 功利主义道德观　权力至上道德观　公平公正道德观　社会契约道德观　推己及人道德观
2. 伦理道德
3. 伦理形象　管理道德
4. 最大福利　有用性
5. 正确和正当
6. 技能　经验　绩效　职责
7. 功利主义道德观
8. 道德发展阶段　个人特性　组织结构　组织文化　问题强度
9. 前惯例层次　惯例层次　原则层次
10. 个人特性　道德问题强度
11. 道德守则和决策规则
12. 社会责任
13. 循环生产模式
14. 社会历史条件　社会地位　教育水平

四、选择题

1. A　2. D　3. D　4. C　5. B　6. D　7. B　8. C　9. C　10. B
11. D　12. A　13. D

五、是非判断题

1. 否　2. 否　3. 否　4. 否　5. 是　6. 是　7. 是　8. 是　9. 否　10. 是
11. 是　12. 是　13. 是　14. 否　15. 否　16. 是　17. 是　18. 是　19. 是
20. 是　21. 否　22. 是　23. 否　24. 否　25. 否　26. 是　27. 是　28. 是

29. 否　30. 是　31. 否　32. 否　33. 是　34. 是　35. 否　36. 是　37. 是

六、简答题

1. 这种观点认为，只要按照企业所在地区政府和员工都能接受的社会契约所进行的管理行为就是善的。契约论的道德观有其深刻的局限性。因为契约具有很强的情境特征，在很多场合是利益博弈的结果，与合理性无关。

2. 这种观点认为，管理者不能因种族、性别、个性、个人爱好、国籍、户籍等因素歧视部分员工，那些按照同工同酬的原则和公平公正的标准向员工支付薪酬的行为是善的。

3. 国外学者的研究表明，道德发展要经历三个层次，即前惯例层次、惯例层次和原则层次。每个层次又分两个阶段。随着阶段的上升，个人的伦理判断越来越不受外部因素的影响。道德发展的最低层次是前惯例层次。在这一层次，个人只有在其利益受到影响的情况下才会作出伦理判断。道德发展的中间层次是惯例层次。在这一层次，伦理判断的标准是个人是否维持平常的秩序并满足他人的期望。道德发展的最高层次是原则层次。在这一层次，个人试图在组织或社会的权威之外建立伦理准则。

4. 管理者的个人特性对组织的管理道德有着直接的影响。这里所讲的个人特性主要是指管理者的个人价值观（包括道德观）、自信心和自控力。人们的价值观是受家庭、朋友、社区环境、教育环境、生活和工作经历等因素影响而逐渐形成的。由于每个人所遇到的这些因素千差万别，因而每个人判断是非善恶的标准就不可能完全相同。每个人对待权力、财富、爱情、家庭、子女、社会、人生以及个人责任等的态度也各式各样。所以，在同样的管理道德问题面前，每个管理者作出的决策不可能完全相同，甚至可能完全相反。管理者个人的自信心和自控力与管理道德也有很大的关系。自信心和自控力强的人，一般都会深信自己的判断是正确的，因而通常都能坚持去做自己认为正确的事。他们也会听取不同的意见，但自己确定的方向和底线不会轻易改变。

5. 企业价值观主要表现在全体成员对本企业“应当是什么”和“应当做什么”的高度认同。它有利于指导管理者的决策和行为，有利于塑造员工的行为，有利于建立团队精神，也有利于创造优秀的经营绩效。

6. 在工业化初期，企业的目标是股东利润最大化；在工业化中期，企业的目标是在企业利润最大化的基础上兼顾员工利益；在工业化后期，企业的目标是追求相关利益者价值最大化；在后工业化时期，企业的目标是在追求企业相关利益者价值最大化的同时要保护和增进社会福利。

七、问答题

1.（1）功利主义道德观。这种观点认为，能给行为影响所及的大多数人带来最大利益的行为才是善的。这是一种完全根据行为结果即所获得的功利来评价人类行为善恶的道德观。

（2）权利至上道德观。这种观点认为，能尊重和保护个人基本权利的行为才是善的。所谓基本权利，就是人权，只要是人，就应当平等地享有人的基本权利（如生存权、言论自由权、受教育权、医疗保障权、工作权等）。这些权利不是某个权威赐予的，而是人与生俱有的。

（3）公平公正道德观。这种观点认为，管理者不能因种族、性别、个性、个人爱好、国籍、户籍等因素歧视部分员工，那些按照同工同酬的原则和公平公正的标准向员工支付薪酬的行为是善的。

（4）社会契约道德观。这种观点认为，只要按照企业所在地区政府和员工都能接受的社会契约所进行的管理行为就是善的。契约论的道德观有其深刻的局限性。因为契约具有很强的情境特征，在很多场合是利益博弈的结果，与合理性无关。

（5）推己及人道德观。推己及人道德观所追求的结果不是经济利益，而是“无怨”的“和为贵”，也就是我们今天所讲的“合作”“和谐”“双赢”的结果。

2.（1）合乎道德的管理不仅把遵守道德规范视作组织获取利益的一种手段，而且更视其为组织的一项责任。（2）合乎道德的管理不仅从组织自身角度更应从社会整体角度看问题。有时，为了社会整体的利益，甚至不惜在短期内牺牲组织自身的利益。（3）合乎道德的管理尊重所有者以外的利益相关者的利益，善于处理组织与利益相关者的关系，也善于处理管理者与一般员工及一般员工内部的关系。合乎道德的管理者知道，组织与利益相关者是相互依存的。（4）合乎道德的管理不仅把人看作手段，更把人看作目的。组织行为的目的是为了人。（5）合乎道德的管理超越了法律的要求，能让组织取得卓越的成就。法律是所有社会成员必须共同遵守的最起码的行为规范。（6）合乎道德的管理具有自律的特征。有时，社会舆论和内心信念能唤醒人们的良知和羞耻感、内疚感，从而对其行为进行自我调节。（7）合乎道德的管理以组织的价值观为行为导向。组织的价值观不是个人价值观的简单汇总，而是组织所推崇的并为全体（或大多数）成员所认同的价值观。

3. 影响管理道德的因素有道德发展阶段、个人特征、结构因素、组织文化和问题强度。

4. 道德发展的最低层次是前惯例层次。在这一层次，个人只有在其利益受到影响的情况下才会作出道德判断。道德发展的中间层次是惯例层次。在这一层次，道德判断的标准是个人是否维持平常的秩序并满足他人的期望。道德发展的最高层次是原则层次。在这一层次，个人试图在组织或社会的权威之外建立道德准则。

5.（1）挑选高道德素质的员工；（2）建立伦理守则和决策规则；（3）在道德方面领导员工；（4）设定工作目标；（5）对员工进行道德教育；（6）对绩效进行全面评价；（7）进行独立的社会审计；（8）提供正式的保护机制。

八、案例分析

案例一分析参考：

1. 办好企业，把企业做强、做大、做久；企业一切经营管理行为符合道德规范；社区福利投资；社会慈善事业；自觉保护生态环境，减少企业活动对生态的破坏。

2. 德芳农场的公司理念、绿色养殖方法、有机食品的供应等方面。

案例二分析参考：

1. 解决社会问题来创业，企业不仅盈利，而且能够更加长久。这需要很好的商业创新。

2. 结合利益相关者群体的观点以及利益相关者的管理作答。

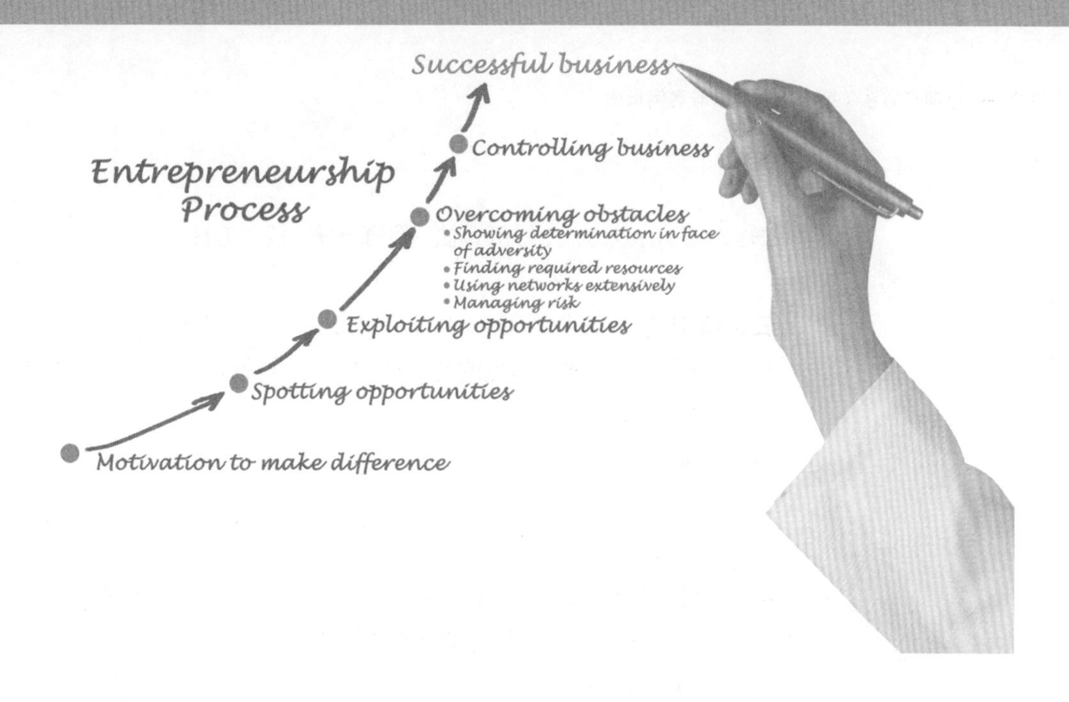

第五章 管理的基本方法

一、复习要点

1. 管理的法律方法的内容与实质。
2. 管理的法律方法的特点与作用。
3. 如何正确运用法律方法?
4. 管理的行政方法的内容与实质。
5. 管理的行政方法的特点与作用。
6. 如何正确运用行政方法?
7. 管理的经济方法的内容与实质。
8. 管理的经济方法的特点。
9. 如何正确运用经济方法?
10. 管理的教育方法的实质与内容。
11. 管理的技术方法的内容与实质。
12. 管理的技术方法的特点与作用。
13. 如何正确运用技术方法?

二、关键概念

管理方法、管理哲学、管理辩证法、管理认识论、管理文化、管理价值观、法律方法、行政方法、经济方法、教育方法、技术方法。

三、填空题

1. 作为管理方法体系前提的是管理方法论，也就是 ________ 问题。

2. 管理哲学由 ________、________、________ 和 ________ 这些方面构成。

3. 管理方法一般可分为 ________、________、________、________ 和 ________。

4. 管理的经济方法的实质是围绕着 ________，运用各种经济手段处理好国家、集体与个人三者之间的经济关系。

5. 经济仲裁分为 ________ 和 ________。

6. 按照管理对象的范围，管理方法可以分成 ________、________ 和 ________。

7. 按照运用方法的量化程度，管理方法可以划分为 ________ 和 ________。

8. 建立健全各种法律法规，最根本的一点是要 ________。

9. 行政方法是指依靠组织的 ________，运用各种行政手段，按照行政系统和层次，以 ________ 和 ________ 为前提，直接指挥下属工作的管理方法。

10. 奖励与惩罚最重要的是要 ________。

四、选择题

1. 下列关于法律方法，说法正确的是 ________。

A. 仲裁是一种司法活动，其判定可以强制执行

B. 法律方法只有积极作用，不存在消极影响

C. 就企业管理而言，只要掌握与企业生产经营活动直接相关的法律就可以了

D. 法律具有严肃性

2. 行政方法的运用，一般是 ________。

A. 自上而下　　B. 自下而上

C. 横向　　D. 纵横结合

3. 下列说法中正确的是 ________。

A. 行政方法的管理效果与领导者水平无关

B. 经济方法的运用由于借助了职位的权力，因此对下属来说有较强的约束力

C. 法律方法要求有一个灵敏、有效的信息管理系统

D. 行政方法的运用有助于组织内部统一目标

4. 关于奖金的说法不正确的是 ________ 。

A. 奖金的名目应尽量多，以最大地提高职工积极性

B. 奖金的数额不宜过小，以提高奖励的效价

C. 奖金取得的条件不宜过严或过宽，以保证必要的期望值

D. 奖金发放还要密切联系企业或部门的经济效益

5. 管理的技术方法具有哪些特点？ ________ 。

A. 客观性　　B. 强制性　　C. 规律性

D. 精确性　　E. 动态性

6. 某公司在年终时向职员发放了优厚的奖金，这是运用了 ________ 。

A. 法律方法　　B. 经济方法　　C. 技术方法

D. 行政方法　　E. 教育方法

7. 下列方法中，客观性与精确性最强的是 ________ 。

A. 法律方法　　B. 经济方法　　C. 技术方法

D. 行政方法　　E. 教育方法

8. 下列方法中， ________ 是实施其他各类管理方法的必要手段。

A. 法律方法　　B. 经济方法　　C. 技术方法

D. 行政方法　　E. 教育方法

9. 下列说法中正确的是 ________ 。

A. 每个企业都应该选择一种最适合自己的管理方法

B. 多劳多得，经济方法是不承认平等性的

C. 罚款是一种很好的经济约束，企业应该多使用这种方法

D. 行政方法的运用有助于企业内部统一目标

10. 下列方法中具有垂直性和强制性的是 ________ 。

A. 法律方法　　B. 经济方法　　C. 技术方法

D. 行政方法　　E. 教育方法

11. 某化工企业的目标是追求尽可能大的长期利润，下列哪项可能削弱这一目标？ ________ 。

A. 资助教育事业

B. 对销售人员采用极具刺激性的激励政策，即大幅度提高销售人员的销售额提成比例，以便迅速提高企业的销售量

C. 调整组织结构，使之适应管理信息系统的建立

D. 增加职工工资和福利待遇

12. 美国管理大师彼得·德鲁克说过，如果你理解管理理论，但不具备管理技术和管理工具的运用能力，你还不是一个有效的管理者；反过来说，如果你具备管理技巧和能力，但是不掌握管理理论，那么充其量你只是一个技术员。这句话说明：__________。

A. 有效的管理者应该既掌握管理理论，又具备管理技巧与管理工具的运用能力

B. 是否掌握管理理论对管理者工作的有效性来说无足轻重

C. 如果理解管理理论，就能成为一名有效的管理者

D. 有效的管理者应该注重管理技术与管理工具的运用能力，而不必注意管理理论

13. 某公司新近从基层提拔了一批管理人员担任中层管理工作，上岗之前，公司要对他们进行培训，你认为培训的重点应该放在__________。

A. 总结他们在基层工作的经验教训

B. 熟悉公司有关中层管理人员的奖惩制度

C. 促进他们重新认识管理职能的重点所在

D. 帮助他们完成管理角色的转变

14. 某企业为了建设企业文化，组织员工去天安门广场观看升国旗，唱国歌，这属于管理的__________方法。

A. 法律　　B. 行政

C. 教育　　D. 方法

五、是非判断题

1. 管理思想和管理理论来源于管理实践。

2. 管理思想和理论形成后，反过来又能动地指导管理实践，并接受管理实践的检验。

3. 管理文化是指将一个组织的管理者结合在一起的行为方式和标准。

4. 管理活动主要是物化要素的组织和协调。

5. 脱离管理的文化发展以及脱离文化的管理发展都是不可能的。

6. 一般的管理方法体系主要包括：管理的法律方法、行政方法、经济方法、教育方法以及技术方法。

7. 按照管理方法的适用普遍程度可划分为一般管理方法和具体管理方法。

8. 管理的法律方法是指建立和健全各种法规。

9. 管理的法律方法主要的特点是严肃性、规范性、强制性。

10. 管理的法律方法具有双重作用问题，既可以起促进作用，也可以起

阻碍作用。

11. 管理的法律方法由于缺少灵活性和弹性，易使管理僵化，而且有时会不利于企业发挥其主动性和创造性。

12. 管理的行政方法是指依靠行政组织的权威，运用命令、规定、指示、条例等行政手段，按照行政系统和层次，以权威和服从为前提，直接指挥下属工作的管理方法。

13. 管理的行政方法的实质是指依靠职务和职位权利与个人权利进行管理。

14. 管理的行政方法的特点是：权威性、强制性、垂直性、具体性、无偿性。

15. 管理的行政方法的效果会为领导水平所限制。

16. 管理的行政方法的本质是服从。

17. 行政方法的时效性强，能及时对具体问题发出命令和指示，便于处理特殊问题。

18. 管理的行政方法是实施其他管理方法的必要手段。

19. 管理的经济方法是指根据客观经济规律，运用各种经济手段，调节各种不同经济主体之间的关系，以获取较高的经济效益与社会效益的管理方法。

20. 管理的经济方法中常用的经济手段主要有价格、税收、信贷、工资、利润、奖金、罚款以及经济合同等。

21. 管理的经济方法的特点有利益性、关联性、灵活性、平等性。

22. 管理的首要任务是提高人的素质，充分调动人的积极性、创造性。

23. 管理的教育方法的特点是随意性、示范性、群体性、个体性、自主性。

24. 管理的教育方法的应用方式有专业式教育、情景式教育、启发式教育、互动式教育。

25. 管理的技术方法是指基层管理者根据活动的需要，自觉地运用自己或他人掌握的各类技术，以提高管理的效率和效果。

26. 管理的技术方法是指产品的生产技术。

27. 管理的技术方法的特点是客观性、规律性、精确性和静态性。

28. 信息技术的采用可以提高信息获取的速度与信息的质量。

29. 决策技术可以提高决策的速度和质量。

30. 信息技术贯穿于其他各类技术的运用中。

31. 各种管理方法都不是万能的，管理者应该把各种管理方法结合起来使用。

32. 管理者使用技术方法的前提是努力学习新技术的应用方法。

六、简答题

1. 什么是管理方法？管理方法有何重要性？
2. 什么是管理哲学？它由几个方面构成？
3. 如何正确运用奖金与罚款这两种经济手段？

七、问答题

1. 管理的法律方法的内容和实质是什么？有何特点和作用？如何正确运用？
2. 管理的行政方法的内容和实质是什么？有何特点和作用？如何正确运用？
3. 管理的经济方法的内容和实质是什么？有何特点？如何正确运用？
4. 管理的教育方法的内容和实质是什么？如何正确运用？
5. 管理的技术方法的内容是什么？有何特点？如何正确使用？

八、案例分析

案例一

京东的组织管控方法

京东将其管控方法细化成愿意决策、能够决策、会决策。为了实现这个构想，京东提出了“授权、赋能、激活”的组织管控。

一、授权：让战斗在一线的人能够决策

作为一线业务部门，需要更敏捷、更快速地适应瞬息万变的市场。如何让事业部更快地向前奔跑？如何获得更多的发展机会？

（1）主动下放经营权力。基于公司整体利益权利，京东做了两层下移，总部对BG授权，BG对BU授权，授予一线管理者更多参与决策的权力，实现决策的决断，促进效益提升。

（2）明确授权边界和管理边界。基于集团的战略定位，总部在人事、财务、业务三个方面给事业部授权，把一切有利于业务发展的激励和资源分配，都充分下放到事业部，由其在预算内自主决策。

财务权：事业部可以在预算费用内自主调配，在预算内可以决定其员工入职定薪、薪酬调整，可以自主支配相应的奖金等激励资源的使用；而集团则负责对事业部的资源总包的控制及对重大预算调整的审核。

人事权：总部只是对高管进行人事管理，事业部可以自主决定总监及以下人员的人事管理。对人员调配，总部对高管具有随时调配的权力，总监以及总监以下全部由各个事业部调配，总部不插手。

业务权：事业部可以自主制定经营策略、分配营销资源和负责业务的日常管理，总部则负责战略制定、风险把控和跨BG重大资源调配。

二、赋能：授人以鱼不如授人以渔

事业部承担同品类业务整合、拓展的任务，需要面向市场更为独立的发展，因此，京东大幅向员工实现赋能，总部支持各事业部不断优化其业务构架设置，增加业务运营分析与支持的职能，实现对管理价值链的全覆盖，强化区域采销团队的建设，提升业务管理的专业性。为了实现这些功能，京东把赋能划分为四个方面：机制赋能、组织赋能、实践赋能、专业赋能。

机制赋能：京东建立了完备的机制来支持运作：管控机制、内部结算交易机制、沟通机制、数据监测、预警与改进机制。京东建立了平台对话这样的沟通机制，促进内部的沟通和协同，并搭建了监控数据的平台，每周对各区域数据进行监测，统计出异常数据，发给该区域相关负责人进行核对修改，以数据为基础，通过系统中的分析工具，帮助员工做出科学决策、把控风险。

组织赋能：业务配备了HR，财务配备了BP，研发配有专属团队，实现闭环管理。

实践赋能：当业务较小的时候全面托管，业务相对成熟后再独立接管，提供教练式的帮扶带动，参与并辅导重大事项的开展与决策。

专业赋能：京东协调体系、制度、平台三方面来提升员工的专业度，并结合工具、信息系统作数据分析，通过会议沟通、项目共享等方式做上下拉通，而且还打造专家团队，提供培训、专业咨询，充分利用专业资源。

三、激活：通过授权、赋能激发组织活力

京东内部通过对各个BG和BU的授权，经过机制赋能、专业赋能、实践赋能、组织赋能，从事前定规则、事中反馈、事后复盘，让事业部愿意决策、能够决策，减少前后端的协调，激发组织活力。

通过授权、激活、赋能，让战斗在一线的人愿意决策、能够决策、会决策，尽情激发组织活力。

资料来源：HR实名俱乐部（HR-club）

思考题：

1. 结合案例分析京东的管理方法？
2. 如何正确运用管理的教育方法？

案例二

海底捞的KPI之道

海底捞董事长张勇说，“我不想因为考核利润导致给客人吃的西瓜不甜、擦手的毛巾有破洞、卫生间的拖把没毛了还继续用。在KPI上，海底捞也走过不少弯路。”

一、KPI弯道

（1）KPI并非越细越好。海底捞曾尝试细化KPI，规定：杯子里的水不能低于多少，客人戴眼镜一定要给眼镜布，否则扣0.05分。最后的结果是：来一个人都送眼镜布；客户说豆浆我不喝了，不用加了，不行，必须给你加上；最好笑的是手机套，有的客人说不用，服务员说我给你套上吧，客人说真不用，结果他趁你不注意的时候，把手机抓过去给你套上。

（2）考核翻台率。海底捞不考核你赚多少钱，考核你的翻台率是多少。考核之后就发现一种现象：“你不订是绝对没位置的！你订了座晚去几分钟，也是没位置的！”而这种现象的问题出在考核指标。因为预订客人不一定准点来，但现场还有客人在排队，空台等你的话，翻台率就少了一轮，就少赚了钱，而这并没有维护消费者的权益。

二、KPI之道

（1）去掉所有KPI，只考核一个柔性指标。顾客满意度没办法用具体指标去描述，但是大家可以感知。包括人的努力程度也是，没有办法用指标去证明，但是顾客、同事，包括去检查的人，都可以感知到。所以，海底捞改用考核的方法：一个副总组织一堆神秘人去考。

所有的店分成ABC三级，A级是要表彰的，B级你就在这儿待着，C级需要辅导，但是不会扣钱，会给你一定的辅导期，超过这个辅导期依然干不好，这个店长就要被淘汰了。

（2）在餐饮行业，引进了计件工资。根据国外的服务小费原则，海底捞将这个“小费”，进行计件。

（3）授权。海底捞的核心是授权，这是其企业文化的一大核心。海底捞的服务员，有权给任何一桌客人免单，送菜、送东西之类的就更别提了。

（4）待遇。很多餐饮企业服务员住的是地下室，吃的是店里的伙饭。海底捞的宿舍一定是有物管的小区，虽然挤一点，但是档次是高的。海底捞的服务员不用自己洗衣服，有阿姨洗；吃饭也不在店里，是由阿姨做菜。海底捞的新员工培训，包括如何使用ATM机，如何乘坐地铁：买卡、充值等。这家企业，在帮助自己的员工（多数都是农民）去融入一个城市。

（5）尊重。尊重不仅仅来自待遇，而且是尊重每一个想法。现在被诸多火锅店抄袭的眼镜布、头绳、塑料手机套，这样的一个个的想法，竟然是出自一些没有什么文化的服务生。并且，这一个个点子，就如此复制到了每一家店面。

（6）承诺。在海底捞有个说法，叫“嫁妆”。一个店长离职，只要任职超过一年以上，给8万块的嫁妆，就算是这个人被小肥羊挖走了，也给。如果是小区经理（大概管5家分店左右）走，给20

万；大区经理走，送一家火锅店，大概800万。海底捞至今十几年的历史，店长以上干部上百，从海底捞拿走“嫁妆”的，只有三个人。

在张勇看来，餐饮这个行业竞争了几千年后，一直建立不起一套现代化的管理机制，就是因为它的劳动密集特质、低附加值特质、“碎片化”特质。怎么解决这个问题？组织和激励是途径之一。而其中，考核至关重要。张勇说，海底捞丢掉了所有的硬性KPI，海底捞既要正式化管理也要非正式化管理，其实是在强调——管理有模式，无定式，讲严谨性，也讲艺术性。因为在这背后，绕不开人性。

资料来源：餐饮老板内参（cylbnc）

思考题：

1. 结合案例分析海底捞的管理方法。
2. 企业实施管理的方法有哪些？

习题答案

三、填空题

1. 管理哲学
2. 管理辩证法　管理认识论　管理文化　管理科学价值观
3. 法律方法　行政方法　经济方法　教育方法　技术方法
4. 物质利益
5. 经济合同仲裁　涉外仲裁
6. 宏观管理方法　中观管理方法　微观管理方法
7. 定性方法　定量方法
8. 遵循事物自身的客观规律
9. 权威　权威　服从
10. 严明

四、选择题

1. D　2. A　3. D　4. A　5. ACDE　6. B　7. C　8. D　9. D　10. D
11. B　12. A　13. D　14. C

五、是非判断题

1. 是　2. 是　3. 否　4. 否　5. 是　6. 是　7. 是　8. 否　9. 是　10. 是
11. 是　12. 是　13. 否　14. 是　15. 是　16. 否　17. 是　18. 是　19. 是
20. 是　21. 是　22. 是　23. 否　24. 是　25. 否　26. 否　27. 否　28. 是
29. 是　30. 是　31. 是　32. 是

六、简答题

1. 管理方法是在管理活动中为实现管理目标、保证管理活动顺利进行所采取的具体方案和措施。管理原理必须通过管理方法才能在管理实践中发挥作用。管理方法是管理理论、原理的自然延伸和具体化、实际化，是管理原理指导管理活动的必要中介和桥梁，是实现管理目标的途径和手段，它的作用是一切管理理论、原理本身所无法代替的。

2. 管理哲学就是关于管理的世界观和方法论，管理主客体矛盾运动规律的科学。管理哲学主要由以下几个方面构成：(1)管理辩证法；(2)管理认识论；(3)管理文化；(4)管理的科学价值观。

3. 奖金的名目不宜过多，以免分散目标；奖金的数额不宜过小，以提高奖励的效价；奖金取得的条件不宜过严或过宽，以保证必要的期望值；奖金发放还要密切联系企业或部门的经济效益，同样的超额劳动，在不同效益的企业里奖金数量可能不同。这样，奖金才能起到调动职工积极性的作用。罚款的名目和数额要适当，不能滥用。要防止用罚款代替管理工作、代替思想工作的倾向，以免招致职工的不满和反对。奖励与惩罚最重要的是严明，该奖即奖，当罚则罚，激励正气，祛除邪气。只有这样，才能使奖金与罚款真正成为有效的管理手段。

七、问答题

1. 管理的法律方法是指国家根据广大人民群众的根本利益，通过各种法律、法令、条例和司法、仲裁工作调整社会经济的总体活动和各企业、单位在微观活动中所发生的各种关系，以保证和促进社会经济发展的管理方法。法律方法具有严肃性、规范性和强制性。法律方法从本质上讲是通过上层建筑的力量来影响和改变社会活动的方法。这里有双重作用问题，既可以起促进作用，也可以起阻碍作用。在管理活动中，各种法规要综合运用、相互配合，因为任何组织的关系都是复杂的、多方面的。就企业管理而言，法律方法不仅要求企业掌握和运用企业法以及与企业生产经营活动直接相关的经济法律，而且也要掌握和运用民法赋予的权利和义务。企业应根据国家、政府的有关法律、法规制定自己的管理规范，保证必要的管理秩序，有效地调节各种管理因素之间的关系，使宏观法规在本单位得以顺利地贯彻执行，避免与法律、法规有悖而造成不必要的损失。

2. 管理的行政方法是指依靠行政组织的权威，运用命令、规定、指示、条例等行政手段，按照行政系统和层次，以权威和服从为前提，直接指挥下属工作的管理方法。行政方法的实质是通过行政组织中的职务和职位来进行管理。它特别强调职责、职权、职位，而并非个人的能力或特权。行政方法具有权威性、强制性、垂直性、具体性和无偿性。

行政方法是实现管理功能的一个重要手段，但只有正确运用，不断克服其局限性，才能发挥它应有的作用。(1)管理者必须充分认识行政方法的本质是服务。(2)行政方法的管理效果为领导者水平所制约。因为它更多的是人治，而不是法治。(3)信息在运用行政方法过程中是至关重要的。行政方法要求有一个灵敏、有效的信息管理系统。(4)行政方法的运用由于借助了职位的权力，因此，对行政下属来说有较强的约束力，较少遇到下属的抵制，这种特点可能使得上级在使用行政方法时忽视下属的正确意见和合理的要求，从而容易助长官僚主义作风，不利于充分调动各方面的积极性。所以，不可单纯依靠行政方法，要在客观规律的基础上，把行政方法和管理的其他方法，特别是经济方法有机地结合起来。

3. 管理的经济方法是根据客观经济规律，运用各种经济手段，调节各种不同经济主体之间的关系，以获取较高的经济效益与社会效益的管理方法。这里所说的各种经济手段，主要包括价格、税收、信贷、工资、利润、奖金、罚款以及经济合同等。不同的经济手段在不同的领域中，可发挥各自不同的作用。管理的经济方法的实质是围绕着物质利益，运用各种经济手段正确处理好国家、集体与劳动者个人三者之间的经济关系，最大限度地调动各方面的积极性、主动性、创造性和责任感。正确运用要求：(1)要注意将经济方法和教育等方法有机结合起来。(2)要注意经济方法的综合运用和不断完善。

4. 教育是按照一定的目的、要求对受教育者从德、智、体诸方面施加影响的一种有计划的活动。包括人生观及道德，爱国主义和集体主义，民主、法制、纪律，科学文化，组织文化。教育方法的实质是要提高人的素质。我国企业在长期进行的思想政治工作中积累了丰富的经验，近年来行为科学在我国企业中的应用和发展，又给教育方法增添了新的经验。教育方式正在发生着深刻的变化。人们普遍认识到，对于思想性质的问题，必须采取讨论的方法、说理的方法、批评和自我批评的方法进行疏导，而不应依靠粗暴的训斥、压制和简单的惩罚来解决。对于传授知识和技能方面的教育，也不宜全部采用以讲授为中心的教育方法。因为在讲授方式中，受教育者处于被动状态，接受知识的效率并不高，所以应当减少讲授方式，而较多地采用有目的、有指导的小组讨论、现场实习和体验学习等方法，让受教育者按他们自己创造的学习方法去学习，这样会取得更好的效果。国内外许多企业在这种新的教育思想指导下创造了多种行之有效的教育方式，诸如案例分析法、业务演习法、事件过程分析法、角色扮演法、拓展训练等，都有较好的效果，可供各企业选择采用。总之，教育的方式应灵活方便，讲求实效。

5. 管理的技术方法是指组织中各个层次的管理者(包括高层管理者、中层管理者和基层管理者)根据管理活动的需要，自觉运用自己或他人所掌握的各类技术，以提高管理的效率和效果的管理方法。它具有客观性、规律性、精确性、动态性的特点。管理者要想正确运用技术方法，必须注意以下几点：(1)技术并不是万能的，并不能解决一切问题。在某些场合，技术可能很管用，但在其他场合，技术可能不管用。管理者既不能否定技术的重要性，也不能盲目迷信技术。(2)既然技术不是万能的，管理者在解决管理问题时，就不能仅仅依靠技术方法。相反，应该把各种管理方法结合起来使用，"多管齐下"，争取收到较好的效果。(3)管理者使用技术方法有一定的前提，即他本人必须或多或少掌握一些技术，知道技术的价值所在和局限所在，并在可能的情况下，让组织内外的技术专家参与进来，发挥他人的专长，来弥补自身某些方面的不足。

八、案例分析

案例一分析参考：

1. 从管理的法律、经济、教育以及技术等方面分析。
2. 专业式教育、情景式教育、启发式教育、互动式教育等应用的方法。

案例二分析参考：

1. 管理的法律方法、经济方法和教育方法。
2. 简述管理的法律、方法行政方法、经济方法、教育方法以及技术方法。

第二篇 决 策

DIERPIAN JUECE

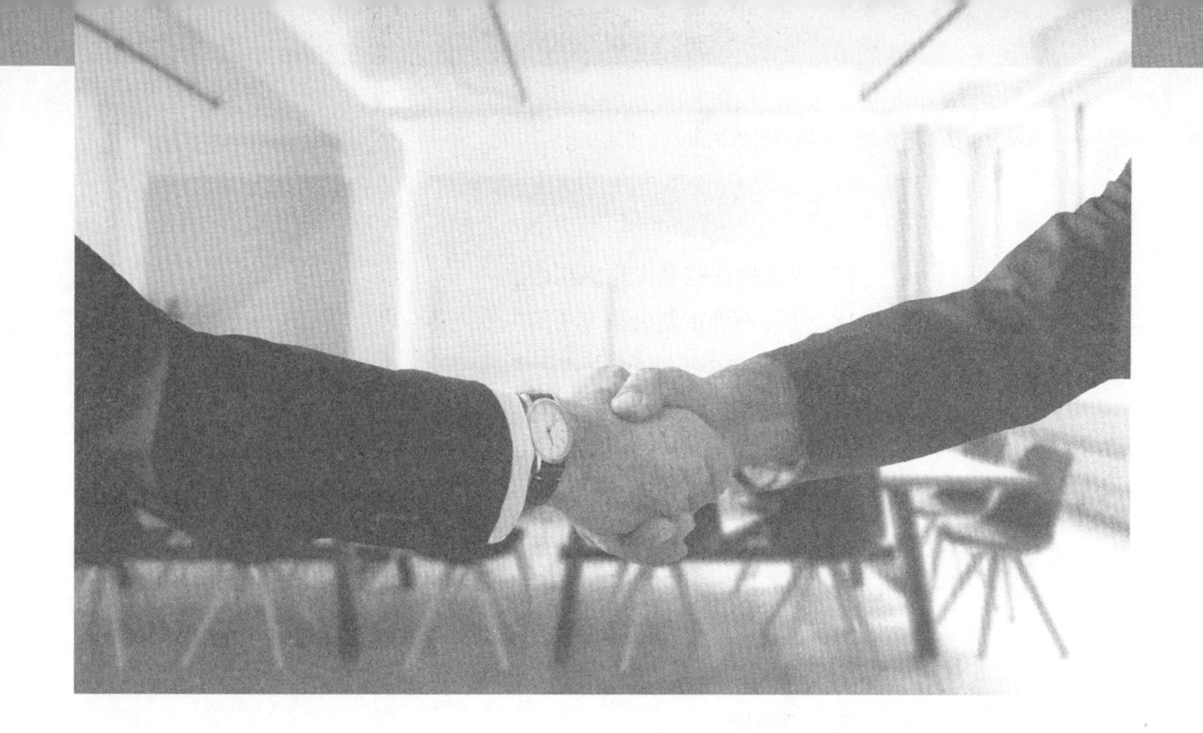

第六章

决　策

一、复习要点

1. 决策的定义、原则和依据。
2. 决策的类型。
3. 决策的特点。
4. 古典决策理论的基本思想和主要内容。
5. 行为决策理论的基本思想和主要内容。
6. 回溯决策理论的基本思想和主要内容。
7. 决策的过程。
8. 决策的影响因素。
9. 决策的方法。
10. 头脑风暴法的基本思想和主要内容。
11. 名义小组技术的基本思想和主要内容。
12. 德尔菲法的基本思想和主要内容。
13. 经营单位组合分析法的基本思想和主要内容。
14. 政策指导矩阵的基本思想和主要内容。
15. 线性规划的主要步骤。
16. 量本利分析法的基本思想和方法。

17. 决策树法的基本思想和方法。

18. 几种不确定型决策方法的主要内容。

二、关键概念

决策、长期决策、短期决策、战略决策、战术决策、业务决策、集体决策、个人决策、初始决策、追踪决策、程序化决策、非程序化决策、确定型决策、风险型决策、不确定型决策、古典决策理论、行为决策理论、头脑风暴法、名义小组技术、德尔菲法、政策指导矩阵、线性规划、量本利分析法、决策树、小中取大法、大中取大法、最小最大后悔值法。

三、填空题

1. 决策是指__________。

2. 决策遵循的是________原则，而不是________。

3. __________决策旨在实现组织中各环节的高度协调和资源的合理使用。

4. 从决策的__________看，可把决策分为集体决策和个人决策。

5. 赫伯特 · A. 西蒙根据问题的性质把决策分为________和________。

6. 从环境因素的可控程度看，可把决策分为__________、__________和__________。

7. 程序化决策涉及的是__________，而非程序化决策涉及的是__________。

8. 古典决策理论认为，应该从经济的角度来看待决策问题，即决策的目的在于__________。

9. 对古典决策理论的“经济人”假设发难的第一人是赫伯特 · A. 西蒙，他提出了__________标准和__________原则。

10. 行为决策理论抨击了把决策视为定量方法和固定步骤的片面性，主张把决策视为一种__________。

11. 除了赫伯特 · A. 西蒙的“有限理性”模式，林德布洛姆的________模式也对“完全理性”模式提出了挑战。

12. 赫伯特 · A. 西蒙决策理论的核心是__________。

13. 决策过程的第一步是__________。

14. 美国学者威廉 · R. 金和大卫 · I. 克力兰把决策划分为__________决策和__________决策。

15. 政策指导矩阵从__________和__________来分析企业各个经营单位的现状和特征。

16. 常用的确定型决策方法有 ________ 和 ________ 。

四、选择题

1. 下列选项中不属于企业的短期决策的是 ________ 。

A. 投资方向的选择　　B. 人力资源的开发

C. 组织规模的确定　　D. 企业日常营销

2. ________ 是日常工作中为提高生产效率、工作效率而作出的决策，牵涉范围较窄，只对组织产生局部影响。

A. 战略决策　　B. 战术决策

C. 管理决策　　D. 业务决策

3. 集体决策的缺点包括 ________ 。

A. 花费较多的时间　　B. 产生群体思维

C. 产生的备选方案较少　　D. 责任不明

4. 下列选项属于例外问题的是 ________ 。

A. 组织结构变化　　B. 重大投资

C. 重要的人事任免　　D. 重大政策的制定

5. 决策者只寻求满意结果的原因有 ________ 。

A. 只能满足于在现有方案中寻找

B. 决策者能力的缺乏

C. 选择最佳方案需要花大量的时间和金钱

D. 决策者只需要有满意的结果

6. 通过 ________ 等方法可以提出富有创造性的方案。

A. 独自思考　　B. 头脑风暴法

C. 名义小组技术　　D. 德尔菲技术

7. 过去的决策会影响现在的决策是因为 ________ 。

A. 过去的决策是正确的

B. 过去的决策是目前决策的起点

C. 过去的决策都是现在的管理者制定的

D. 过去的决策给组织内外部的环境带来了某种程度的变化

8. 喜好风险的人往往会选取风险程度 ________ 而收益 ________ 的行动方案。

A. 较高，较高　　B. 较高，较低

C. 较低，较低　　D. 不确定

9. 知识敏感型决策是指那些对时间要求 ________ ，而对质量要求 ________ 的决策。

A. 不高，较高　　B. 较高，也较高

C. 较高，不高　　D. 不高，也不高

10. 头脑风暴法实施的原则有 ________ 。

A. 对别人的建议不作任何评价

B. 建议越多越好，想到什么就说什么

C. 鼓励每个人独立思考

D. 可以补充和完善已有的建议使它更具说服力

11. 在经营单位组合分析法中，具有较高业务增长率和较低市场占有率的经营单位是 ________ 。

A. 金牛　　B. 明星

C. 幼童　　D. 瘦狗

12. 保本产量是 ________ 和 ________ 交点所对应的产量。

A. 总固定成本曲线，总成本曲线

B. 总收入曲线，总成本曲线

C. 总固定成本曲线，总收入曲线

D. 总变动成本，总收入曲线

13. 常用的不确定型决策方法有 ________ 。

A. 小中取大法　　B. 大中取大法

C. 大中取小法　　D. 最小最大后悔值法

14. 下列属于非例行活动的是 ________ 。

A. 新产品的开发　　B. 品种结构的调整

C. 工资制度的改革　　D. 生产规模的扩大

五、是非判断题

1. 决策的唯一目的就是解决问题。

2. 决策者在决策过程中遵循“满意原则”。

3. 决策者在决策过程中要不计成本地去获取信息，信息越多越好。

4. 决策者在决策过程中获取信息时要进行成本－收益分析。

5. 长期决策与短期决策的划分只与决策涉及的时间相关。

6. 战略决策对组织而言最为重要，涉及组织的方方面面，具有长期性和方向性。

7. 业务决策牵涉的范围较窄，只对组织产生局部影响。

8. 战术决策属于战略决策执行过程中的具体决策。

9. 集体决策能够大范围地汇总信息，获得更多组织成员的认同，因此各方面都优于个人决策。

10. 初始决策就是决策者最开始制定的决策。

11. 程序化决策和非程序化决策分别对应组织中的例行问题和例外问题。

12. 从环境因素的可控程度看，可把决策分为确定型决策与不确定型决策。

13. 决策的特点包括目标性、可行性、选择性、满意性、过程性、动态性。

14. 古典决策理论是基于“经济人”假设提出来的。

15. 古典决策理论认为，应该从经济的角度来看待决策问题，即决策的目的在于为组织获取最大的经济利益。

16. 古典决策理论认为作为决策者的管理者是完全理性的，因此该理论能更好地指导实际的决策活动。

17. 古典决策理论考虑到了非经济因素在决策中的作用。

18. 赫伯特 • A. 西蒙认为理性的和经济的标准都无法确切地说明管理的决策过程，进而提出“有限理性”标准和“满意度”原则。

19. 行为决策理论认为影响决策者进行决策的不仅有经济因素，还有其个人的行为表现，如态度、情感、经验和动机等。

20. 决策者在决策中往往只求满意的结果，而不愿费力寻求最佳方案。

21. 在风险型决策中，与经济利益的考虑相比，决策者对待风险的态度起着更为重要的作用。

22. 回溯决策理论说明，决策事实上只是为已经做出的直觉决策证明其合理性的一个过程。

23. 目标能够指导决策者选择合适的行动路线，因此决策过程的第一步就是识别目标。

24. 过去的决策对目前决策的影响取决于过去的决策与现任决策者的关系情况。

25. 时间敏感型决策是指那些必须迅速做出的决策。

26. 头脑风暴法是常用的集体决策方法，它能够最大限度地提高成员间的相互讨论程度。

27. 在名义小组技术中，管理者最终将采用最后赞成人数最多的备选方案。

28. 为了更好地集思广益，德尔菲技术中的专家数量越多越好。

29. 波士顿矩阵根据相对竞争地位和业务增长率两个标准，把企业的经营单位分成四大类。

30. “金牛”经营单位的特征是市场占有率较高且业务增长率高。

31. “幼童”经营单位的业务增长率较高，因此企业应投入大量资金支持该类业务增长。

32. 市场前景取决于盈利能力、市场增长率、市场质量和法规限制等因素。

33. 根据未来情况的可控程度，可把有关活动方案的决策方法分为三大类：确定型决策方法、风险型决策方法和不确定型决策方法。

34. 线性规划是在一些线性等式或不等式的约束条件下，求解线性目标函数的最大值或最小值的方法。

35. 常用的不确定型决策方法有小中取大法、大中取大法和最小最大后悔值法。

六、简答题

1. 如何理解决策的定义？
2. 集体决策的优点有哪些？
3. 什么叫风险型决策？
4. 古典决策理论的主要内容是什么？
5. 什么叫量本利分析法？
6. 德尔菲法运用的关键是什么？

七、问答题

1. 如何理解决策遵循的是满意原则而不是最优原则？
2. 决策有哪些特点？
3. 行为决策理论的主要内容是什么？
4. 简述决策的过程。
5. 决策的影响因素有哪些？

八、案例分析

案例一

58赶集的“合”与“分”

在58同城和赶集网合并的前一年，姚劲波就对杨浩涌展开了“追求”。这样的“追求”，终于在2015年4月17日有了美满的结果：58赶集正式联姻。

一、从激战到不得不“合”

2005年3月和12月，杨浩涌创立的赶集网和姚劲波创立的58同城相继问世。经过10年的发展，58同城和赶集网分别占据市场的第一、第二位，而它们的模式高度一致，提供的服务高度雷同，用户群体也高度重合。

这意味着双方必须在战场正面较量，而较量首先就是比拼流量。流量通常要靠铺天盖地的广告以及巨额的市场费用来获取。为了打败对方，双方均在市场宣传方面砸下重金，签娱乐明星代言，在央视和分众投入巨额广告，导致营销费用节节攀升。

正在58同城和赶集网的竞争白热化之际，市场却发生了变化。垂直领域O2O模式兴起，而58同城和赶集网因争夺地盘，谁也不肯放弃市场营销，更无暇深耕O2O。

姚劲波看到了这种变化，试图促进与赶集网合并。

2014年下半年，赶集网推出了“赶集好车”“蓝领招聘”等O2O业务，显然，这些新业务需要更多的资金和精力。然而，2015年的第一季度，58同城竞争的营销费用却达到了10年来的最高点。

而O2O领域的竞争同样激烈，如果再不停止这种烧钱行为，赶集网旗下的新业务是否还能成功？面对姚劲波锲而不舍的“追求”，从起初的不理不睬到最后的“可以谈谈”，杨浩涌终于松了口。

2015年4月17日，合并后的58赶集，立即带来了利好。首先，双方的市场推广费用下降，双方的成本结构明显改善。其次，从之前紧咬不放的对手到如今的一家人，没有了竞争对手，似乎不用担心后院起火，也敢于投资新的业务。再次，在业务上也能互补。2014年，58同城和赶集网均在布局新的业务，58同城的58到家以及房产、汽车业务与赶集网在二手车市场及房产市场业务，均能形成互补。

二、从合并到分拆

尽管事业群有利于资源的集中利用，但作为一家有着2万多名员工的互联网公司，大企业的通病也必然存在。相较于创新型小企业，大企业拥有更丰富的资源，但组织和流程也更为臃肿，对市场的反应和决策速度更为缓慢。

从另一方面来说，创新业务的商业模式也将与大企业主营业务的商业模式有所不同，商业模式不同，组织结构也必须有所改变。

58赶集并没有止步于仅通过设立事业群来调整组织结构，而是将创新的业务以独立公司的名义分拆出去，并吸纳新的投资。

2015年11月，58赶集宣布分拆瓜子二手车业务，而新成立的斗米兼职，同样是以独立公司的名义运营。商业地产O2O平台好租也同样被分拆。而在此前，58到家在合并之前就已被分拆独立。

可见，58赶集在未来将会有更多的新业务被重新整合。

“只有分拆出去的独立公司才能给员工更好的激励，直面市场的竞争，更加快速地发展。”杨浩涌这样总结分拆的意义。

资料来源：杨筱卿，《58赶集的“合”与“分”》，《中外管理》，2016年第1期

思考题：

1. 58和赶集为什么会做出合并的决策？
2. 如何解释58赶集从合并到分拆？

案例二

长城汽车的“阿喀琉斯之踵”？

靠着朴素的商业逻辑，长城汽车从名不见经传的保定小厂走到了世界皮卡销量第一、SUV前三的。但随着企业日益壮大，它会遭遇自己的“阿喀琉斯之踵”吗？

几乎不用动脑子，各界对长城汽车的疑问，首先就是产能不足问题。但长城汽车董事长魏建军不为所动。他始终坚持的经营理念是：第一目标不是数量目标，而是在保证质量的前提下，所有新车必须赚钱。不是说今年销量60万辆，明年要卖到100万辆。他所追求的是扎扎实实发展，要求产品不出问题，同时每一步都要盈利。

长城汽车的SUV哈弗系列红火已有时日。但无论在生产还是营销网络扩张方面，长城汽车依旧相当谨慎。直到今天，魏建军仍表示“长城很少探讨产能”。这也让经验丰富的经销商心里感到踏实。“有些同行企业盲目追求规模优势，赢得市场份额，但却忽略了新车投入市场后的反应是需要一段时间才能展现出来的。”长城汽车在北京最大的经销商赵保中说：“当消费者反馈回来一些不足时，负面的口碑其实已经形成了，此时想挽回往往为时已晚。经销商常常为这种浮躁付出代价。”在这一点上，他特别欣赏长城汽车的谨慎和直觉。

如果说，坚持盈利是长城汽车如今一骑绝尘的重要理念导引，那么强大的执行力就是其实现这一点不可忽视的助推力。而这在很大程度上是通过半军事化管理实现的。为此，长城汽车获得的评价褒贬不一。但随着时代的发展，新生代员工进入职场，对这种严格的制度开始表现出一些不适。

对于90后员工能否适应长城的管理制度，长城汽车总裁王凤英如此回应：“这个现象是不容忽视的。90后员工不愿意当操作工，我们应该改善和优化工作环境，改革工艺和工程，在制造技术上进行创新，并实现更多的自动化、现代化、数据化，以减少用人数量。”运用精益管理优化员工的工作方法，让员工工作起来更轻松，也许是一个办法。而这就意味着长城汽车现有的制度和文化将要进行与时俱进的调整和创新。

其实，眼下长城汽车面临更大的挑战是：伴随产品开始向高端市场进发，长城汽车拿什么吸引与之匹配的高端人才？这些高素质的人才，能否适应为产业工人而生的长城管理制度？而他们是否原意“屈就”保定？

对此，长城汽车亦有所考虑。长城汽车提出，将在保定市打造更高端的生活圈和汽车产业新城，并将医院、学校和生活娱乐设施配套起来。“不到北京、上海去投资。我们就在保定，把这个产业链打造得更加完善，更具规模。这同样是一种创新探索。”他们期待着，这种氛围将对吸引高端人才有所裨益。当然，长城汽车更大的底气来源于自己将提供各种创新的机会和平台。

资料来源：白静恩，《长城汽车的“阿喀琉斯之踵”？》，《中外管理》，2013 年第 7 期

思考题：

1. 如何评价长城汽车的宁可产能不足也要保证赚钱的决策？
2. 长城严格的管理制度是否过时？

习题答案

三、填空题

1. 管理者识别并解决问题以及利用机会的过程
2. 满意　　最优原则
3. 战术
4. 主体
5. 程序化决策　　非程序化决策
6. 确定型决策　　风险型决策　　不确定型决策
7. 例行问题　　例外问题
8. 为组织获取最大的经济利益
9. 有限理性　　满意度
10. 文化现象
11. 渐进决策
12. 决策贯穿于整个管理过程　　决策程序就是整个管理过程
13. 诊断问题　　识别机会
14. 时间敏感型　　知识敏感型
15. 市场前景　　相对竞争能力
16. 线性规划　　量本利分析法

四、选择题

1. ABC　2. D　3. ABD　4. ABCD　5. ABC　6. BCD　7. BD　8. A
9. A　10. ABCD　11. C　12. B　13. ABD　14. ABCD

五、是非判断题

1. 否 2. 是 3. 否 4. 是 5. 否 6. 是 7. 是 8. 是 9. 否 10. 否
11. 是 12. 否 13. 是 14. 是 15. 是 16. 否 17. 否 18. 是 19. 是
20. 是 21. 是 22. 是 23. 否 24. 是 25. 是 26. 否 27. 否 28. 否
29. 是 30. 否 31. 否 32. 是 33. 是 34. 是 35. 是

六、简答题

1.（1）决策的主体是管理者；（2）决策的本质是一个过程，这一过程由多个步骤组成；（3）决策的目的是解决问题和利用机会。

2.（1）能更大范围地汇总信息；（2）能拟定更多的备选方案；（3）能得到更多的认同；（4）能更好地沟通；（5）能作出更好的决策。

3. 风险型决策也称随机决策，在这类决策中，自然状态不止一种，决策者不能知道哪种自然状态会发生，但能知道有多少种自然状态以及每种自然状态发生的概率。

4.（1）决策者必须全面掌握有关决策环境的信息情报。（2）决策者要充分了解有关备选方案的情况。（3）决策者应建立一个合理的自上而下的执行命令的组织体系。（4）决策者进行决策的目的始终都是使本组织获取最大的经济利益。

5. 量本利分析法又称保本分析法或盈亏平衡分析法，是通过考察产量（或销售量）、成本和利润的关系以及盈亏变化的规律来为决策提供依据的方法。

6.（1）选择好专家，这主要取决于决策所涉及的问题或机会的性质。（2）决定适当的专家人数，一般10—50人较好。（3）拟定好意见征询表，因为它的质量直接关系到决策的有效性。

七、问答题

1. 首先，要想决策达到最优，必须满足以下几个要求：

（1）容易获得与决策有关的全部信息。

（2）真实了解全部信息的价值所在，并据此制定所有可能的方案。

（3）准确预期到每个方案在未来的执行结果。

但是在现实中，这些条件往往得不到满足，具体来说：

（1）组织内外存在的一切对组织的现在和未来都会直接或间接地产生某种程度的影响，但决策者很难搜集到反映这一切情况的信息。

（2）对于搜集到的有限信息，决策者的利用能力也是有限的，从而决策时只能制定数量有限的方案。

（3）决策所预测的未来状况可能与实际的未来状况有出入，人们对未来的认识是不全面的，对未来的影响也是有限的。

2.（1）目标性。任何决策都包含着目标的确定。

（2）可行性。方案的实施需要利用一定的资源。在决策过程中，决策者不仅要考虑采取某种行动的必要性，而且要注意实施条件的限制。

（3）选择性。企业要提供可以相互替代的多种方案进行选择，决策的关键是选择。

（4）满意性。决策的原则是“满意”而不是“最优”。

（5）过程性。组织中的决策并不是单项决策，而是一系列决策的综合。在这一系列决策中，每个决策本身就是一个过程。

（6）动态性。决策不仅是一个过程，而且是一个不断循环的过程，是动态的。

3.（1）人的理性介于完全理性和非理性之间，即人是有限理性的，这是因为在高度不确定和极其复杂的现实决策环境中，人的知识、想象力和计算力是有限的。

（2）决策者在识别和发现问题的过程中，容易受知觉上的偏差的影响，而在对未来的状况作出判断时，知觉的运用往往多于逻辑方法的运用。

（3）由于受决策时间和可利用资源的限制，决策者即使充分了解和掌握有关决策环境的信息情报，也只能做到尽量了解各种备选方案的情况，而不可能做到全部了解，决策者选择的理性是相对的。

（4）在风险型决策中，与经济利益的考虑相比，决策者对待风险的态度起着更为重要的作用。

（5）决策者在决策中往往只求满意的结果，而不愿费力寻求最佳方案。

4.（1）诊断问题，识别机会；

（2）识别目标；

（3）拟定备选方案；

（4）评估备选方案；

（5）作出决定；

（6）选择实施战略；

（7）监督和评估。

5.（1）环境。环境的特点影响着组织的活动选择；对习惯的反应模式也影响着组织的活动选择。

（2）过去的决策。在大多数情况下，组织中的决策不是在一张白纸上进行的初始决策，而是对初始决策的完善、调整或改革。

（3）决策者对风险的态度。决策者对风险的态度会影响其对方案的选择。

（4）伦理。决策者是否重视伦理以及采用何种伦理标准会影响其对待行为或事物的态度，进而影响其决策。

（5）组织文化。不同的组织文化会影响到组织成员对待变化的态度，进而影响到一个组织对方案的选择与实施。

（6）时间。

八、案例分析

案例一分析参考：

1. 58同城和赶集网分别占据市场的第一、第二位，而它们的模式高度一致，提供的服务高度雷同，用户群体也高度重合。双方通常要靠铺天盖地的广告以及巨额的市场费用来抢占市场份额。正在58同城和赶集网的竞争白热化之际，市场却发生了变化。垂直领域O2O模式兴起，而58同城和赶集网因争夺地盘，无暇顾及O2O。合并后的58赶集，立即带来了利好。首先，双方的市场推广费用下降，双方的成本结构明显改善。其次，没有了竞争对手，似乎不用担心后院起火，也敢于投资新的业务。再次，在业务上也能互补。

2. 合并是为了避免恶意竞争、携手对外，而分拆又是为了保护创新的业务，使其顺利健康地成长。

案例二分析参考：

1. 企业盲目追求规模优势，赢得市场份额，但当消费者反馈回来一些不足，形成负面的口碑，往往就为时已晚。长城汽车在这方面表现得谨慎且小心。

2. 结合案例从以下两方面分析：（1）严格的管理制度可以促生强大的执行力；（2）当代的90后和高素质的人才未必能够适应为产业工人而生的长城管理制度。

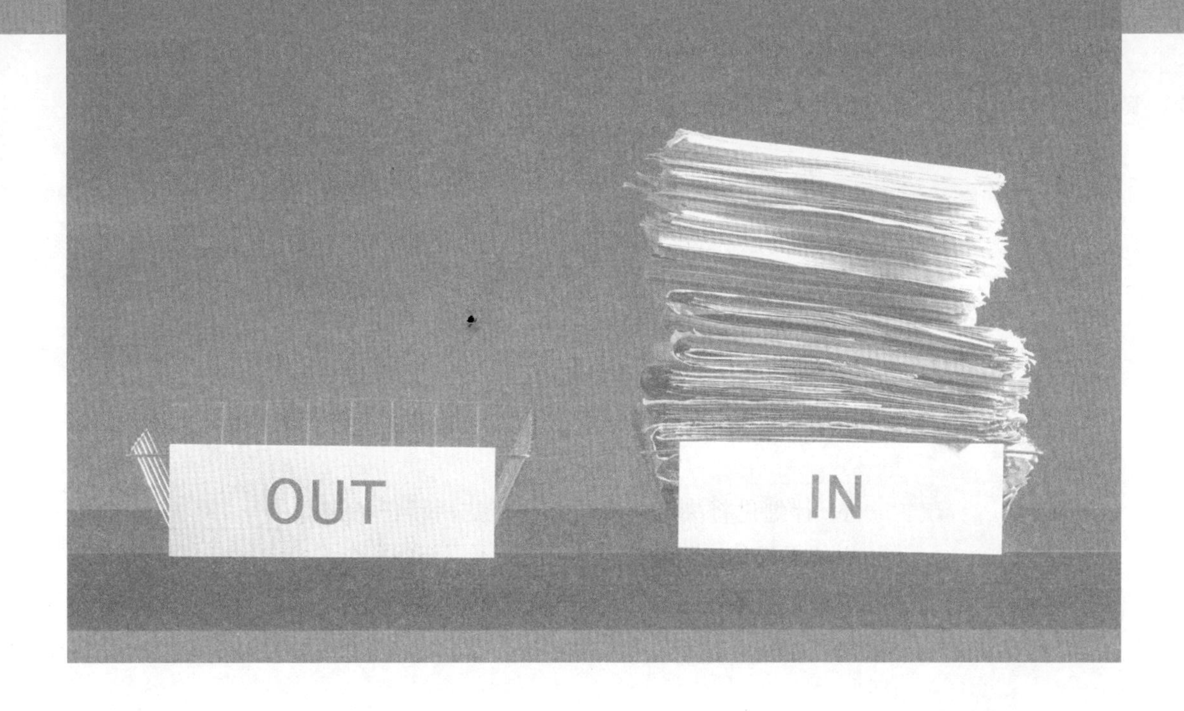

第七章

计划与计划工作

一、复习要点

1. 计划的概念及其内容。
2. 计划与决策的关系。
3. 计划的性质。
4. 计划的类型。
5. 计划的层次体系。
6. 计划编制过程。

二、关键概念

计划、长期计划、短期计划、业务计划、财务计划、人事计划、战略性计划、战术性计划、具体性计划、指导性计划、程序性计划、非程序性计划、使命、目标、战略、政策、程序、规划、方案、预算。

三、填空题

1. 决策是计划的前提，计划是决策的 __________ 。

2. 计划的编制过程，既是决策的 __________ ，也是决策的更为详细的检查和修订的过程。

3. 所有层次的、不同职能的管理人员都要做计划工作，这反映了计划的 ________ 性；同时计划工作要求纵向层次性和横向协作性，这反映了计划工作的 ________ 性。

4. 计划工作的目的就是使 ________ ，促使组织目标实现。

5. 在衡量代价时，不仅用时间、金钱或者生产等来衡量，而且还要衡量 ________ 。

6. 计划是将决策实施所需完成的活动任务进行 ________ 上的分解，以便将其具体地落实到组织中的不同部门和个人。

7. 根据综合性程度标准，可以把计划分为 ________ 和 ________ 。

8. 根据 ________ 标准，可以把计划分为业务计划、财务计划、人事计划。

9. 战略性计划是战术性计划的 ________ 。

10. 战术性计划是在战略性计划的指导下制定的，是战略性计划的 ________ 。

11. 常规计划包括 ________ 、________ 和 ________ ，所有这些都是准备用来处理常发性问题的。

12. ________ 和 ________ 是计划的两大显著特征。

13. 目标结构描述了组织中各层次目标间的 ________ 。

四、选择题

1. ________ 的计划是有效率的。

A. 能得到最大的剩余　　B. 能以合理的代价实现目标

C. 成本等于收益　　D. 详细

2. 根据计划的明确性，可以把计划分类为 ________ 。

A. 长期计划和短期计划

B. 战略性计划和战术性计划

C. 具体性计划和指导性计划

D. 程序性计划和非程序性计划

3. 财务计划和人事计划与业务计划的关系是 ________ 。

A. 财务计划和人事计划是为业务计划服务的

B. 财务计划和人事计划是围绕着业务计划展开的

C. 财务计划研究如何从资本的提供和利用上促进业务活动的有效进行

D. 人事计划分析如何为业务规模的维持或扩大提供人力资源的保证

4. 计划是 ________ 。

A. 面向未来的　　B. 过去的总结

C. 现状的描述　　D. 面向行动的

5. 评价行动计划，要注意 ＿＿＿＿＿ 。

A. 认真考察每一个计划的制约因素和隐患

B. 要用总体的效益观点来衡量计划

C. 既要考虑有形的可用数量表示的因素，又要考虑到许多无形的不能用数量表示的因素

D. 要动态地考察计划的效果，不仅要考虑计划执行带来的利益，还要考虑计划执行带来的损失

6. 拟定和选择可行性行动计划包括 ＿＿＿＿＿ 等内容。

A. 拟定可行性行动计划　　B. 评估计划

C. 修改计划　　D. 选定计划

五、是非判断题

1. 从名词意义上说，计划是指为了实现决策所确定的目标，预先进行的行动安排。

2. 无论在名词意义上还是在动词意义上，计划的内容都包括“5W1H”。

3. 决策过程是计划的组织落实过程，计划是决策的前提，决策是计划的逻辑延续。

4. 决策为计划的任务安排提供了依据，计划则为决策所选择的目标活动的实施提供了组织保证。

5. 在实际工作中，决策与计划是相互渗透，有时甚至是不可分割地交织在一起的。

6. 计划工作是组织、领导、控制和创新等管理活动的基础。

7. 计划工作是对决策工作在时间和空间两个维度上进一步的展开和细化。

8. 计划工作的目的就是使所有的行动保持同一方向，促使组织目标实现。

9. 只有最高层的管理人员才需要做计划工作。

10. 在高层管理计划组织总方向时，下面各层级的管理人员只需要按照总计划的描述执行。

11. 可以用计划对组织的目标的贡献来衡量一个计划的效率。

12. 如果计划能按合理的代价实现目标，那么这样的计划是有效率的。

13. 可以根据计划的明确性程度将计划分类为程序性计划和非程序性计划。

14. 战略性计划是指规定总体目标如何实现的细节的计划。

15. 战略性计划是战术性计划的依据，战术性计划是在战略性计划指导下制定的，是战略性计划的落实。

16. 战术性计划两个显著的特点是长期性与整体性。

17. 财务计划与人事计划是为业务计划服务的，也是围绕着业务计划而展开的。

18. 具体性计划更易于计划的执行、考核及其控制，因此优于指导性计划。

19. 指导性计划只规定某些一般的方针和行动原则，给予行动者较大自由处置权，因此优于具体性计划。

20. 对于非例行活动，没有一成不变的方法和程序。

21. 计划与未来有关，是面向未来的，而不是过去的总结，也不是现状的描述。

22. 组织的目的或使命往往太抽象、太原则化，它需要进一步具体为组织一定时期的目标和各部门的目标。

23. 战略是为了达到组织总目标而采取的行动和利用资源的总计划，详尽地描述了组织未来的执行细节。

24. 政策支持了分权，同时也支持了上级主管对该项分权的控制。

25. 所有的政策都是陈述书。

26. 规则详细地阐明明确的必需行动或非必需的行动，它没有酌情处理的余地。

27. 预算是一份用数字表示预期结果的报表。

28. 确定目标是决策工作的主要任务。

29. 要尽可能多地拟订可行性行动计划，可供选择的行动计划数量越多，被选计划的相对满意程度就越高，行动就越有效。

30. 最常见的对重要前提条件预测的方法是头脑风暴法。

六、简答题

1. 解释计划内容的 5W1H。

2. 决策与计划的关系是怎么样的？

3. 计划工作在时间维度上进一步展开和细化指的是什么？

4. 计划工作在空间维度上进一步展开和细化指的是什么？

5. 什么叫战略性计划？

6. 什么叫战术性计划？

7. 战略性计划显著的特点是什么？

8. 比较具体性计划和指导性计划的区别。
9. 规则与程序的区别是什么?

七、问答题

1. 计划的性质是什么?
2. 简述计划的编制过程。
3. 孔茨和韦里克的计划层次体系包括哪些内容?

八、案例分析

案例一

中央企业公司制改制工作实施方案

经过多年改革,全国国有企业公司制改制面已达到90%以上,有力推动了国有企业政企分开,公司法人治理结构日趋完善,企业经营管理水平逐渐提高,但仍有部分国有企业特别是部分中央企业集团层面尚未完成公司制改制。《中共中央 国务院关于深化国有企业改革的指导意见》提出,到2020年在国有企业改革重要领域和关键环节取得决定性成果。中央经济工作会议和《政府工作报告》要求,2017年底前基本完成国有企业公司制改制工作。按照党中央、国务院有关部署要求,为加快推动中央企业完成公司制改制,制定本实施方案。

一、目标任务

2017年底前,按照《中华人民共和国全民所有制工业企业法》登记、国务院国有资产监督管理委员会监管的中央企业(不含中央金融、文化企业),全部改制为按照《中华人民共和国公司法》登记的有限责任公司或股份有限公司,加快形成有效制衡的公司法人治理结构和灵活高效的市场化经营机制。

二、规范操作

(1)制定改制方案。中央企业推进公司制改制,要按照现代企业制度要求,结合实际制定切实可行的改制方案,明确改制方式、产权结构设置、债权债务处理、公司治理安排、劳动人事分配制度改革等事项,并按照有关规定起草或修订公司章程。

(2)严格审批程序。中央企业集团层面改制为国有独资公司,由国务院授权履行出资人职责的机构批准;改制为股权多元化企业,由履行出资人职责的机构按程序报国务院同意后批准。中央企业所属子企业的改制,除另有规定外,按照企业内部有关规定履行审批程序。

(3)确定注册资本。改制为国有独资公司或国有及国有控股企业全资子公司,可以上一年度经审计的净资产值作为工商变更登记时确定注册资本的依据,待公司章程规定的出资认缴期限届满前进行资产评估。改制为股权多元化企业,要按照有关规定履行清产核资、财务审计、资产评估、进场交易等各项程序，并以资产评估值作为认缴出资的依据。

三、政策支持

（1）划拨土地处置。经省级以上人民政府批准实行授权经营或具有国家授权投资机构资格的企业，其原有划拨土地可采取国家作价出资（入股）或授权经营方式处置。全民所有制企业改制为国有独资公司或国有及国有控股企业全资子公司，其原有划拨土地可按照有关规定保留划拨土地性质。

（2）税收优惠支持。公司制改制企业按规定享受改制涉及的资产评估增值、土地变更登记和国有资产无偿划转等方面税收优惠政策。

（3）工商变更登记。全民所有制企业改制为国有独资公司或国有及国有控股企业全资子公司，母公司可先行改制并办理工商变更登记，其所属子企业或事业单位要限期完成改制或转企。全民所有制企业改制为股权多元化企业，应先将其所属子企业或事业单位改制或转企，再完成母公司改制并办理工商变更登记。

（4）资质资格承继。全民所有制企业改制为国有独资公司、国有及国有控股企业全资子公司或国有控股公司，其经营过程中获得的各种专业或特殊资质证照由改制后公司承继。改制企业应在工商变更登记后1个月内到有关部门办理变更企业名称等资质证照记载事项。

四、统筹推进

（1）加强党的领导。中央企业党委（党组）要切实加强对改制工作的组织领导，按照有关规定落实党的建设同步谋划、党的组织及工作机构同步设置、党组织负责人及党务工作人员同步配备、党的工作同步开展的“四同步”和体制对接、机制对接、制度对接、工作对接的“四对接”要求。要充分发挥企业党组织的领导核心和政治核心作用，确保党的领导、党的建设在企业改制中得到充分体现和切实加强。要依法维护职工合法权益，处理好企业改革发展稳定的关系。改制过程中的重大事项应及时报告党中央、国务院。

（2）建设现代企业制度。改制企业要以推进董事会建设为重点，规范权力运行，实现权利和责任对等，落实和维护董事会依法行使重大决策、选人用人、薪酬分配等权利。要坚持两个“一以贯之”，把加强党的领导和完善公司治理统一起来，处理好党组织和其他治理主体的关系，明确权责边界，做到无缝衔接，形成各司其职、各负其责、协调运转、有效制衡的公司治理机制。

（3）完善市场化经营机制。改制企业要不断深化劳动、人事、分配三项制度改革，建立健全与劳动力市场基本适应、与企业经济效益和劳动生产率挂钩的工资决定和正常增长机制，完善市场化用工制度，合理拉开收入分配差距，真正形成管理人员能上能下、员工能进能出、收入能增能减的市场化选人用人机制。

（4）防止国有资产流失。公司制改制过程中，要按照法律法规和国有企业改制、国有产权管理等有关规定规范操作，严格履行决策程序。完善金融支持政策，维护利益相关方合法权益，落实金融债权。加强对改制全流程的监管，坚持公开透明，严禁暗箱操作和利益输送。做好信息公开，加强事中事后监管，自觉接受社会监督。

中央党政机关和事业单位所办企业的清理整顿和公司制改制工作，按照国家集中统一监管的要求，另行规定执行。各省级人民政府参照本实施方案，指导地方国有企业公司制改制工作。

资料来源：《中央企业公司制改制工作实施方案》（国办发〔2017〕69号）

思考题：

1. 通过阅读本方案，列出工作实施方案的“5W1H”。
2. 中央企业公司制改制宗旨是如何体现在本计划中的？

案例二

铱星的陨落

2000年3月17日，纽约曼哈顿的一家破产法院正式宣布铱星公司结束破产保护，进入清算程序。一个现代高科技童话，在短短9年的时间内，就在人们的惋惜声中破灭了。

1991年，摩托罗拉公司正式决定建立由77颗低轨道卫星组成的移动通信网络，并以在元素周期表上排第77位的金属铱来命名该系统。后来，虽然卫星的数量减少到了66颗，但铱星公司的名称仍被沿用。该系统旨在突破现有基于地面的移动通信的限制，通过太空向所有地区的人提供语言、数据、传真及寻呼信息的服务。它所瞄准的用户群体是经常进行国际旅行的人，如公司管理人员、政府官员、救援人员、新闻记者、探险及野外工程人员等，以及缺乏通信手段的边远地区居民。1997年6月，铱星公司的股票正式上市，受到投资者的热烈追捧。其原因是，与传统卫星通信相比，铱星系统有两个明显优势：一是由于卫星运行轨道低，克服了高轨道卫星信号较弱的缺点，易于实现全球个人卫星移动通信；二是覆盖面广，由于采用多颗卫星进行组网传输，使地球两极地区也被纳入它的覆盖范围。1998年5月，最后一颗卫星升空，铱星计划宣告完成。同年11月，铱星公司正式投入商业运营。

然而，高科技并不一定带来高回报，在很大程度上，它是与高风险相伴而行的。铱星公司经营不到6个月，就因客户寥寥欠下了40多亿美元的债务，每月光是利息就达4 000多万美元。1999年5月14日，铱星公司宣布它难以按期偿还将于月底到期的8亿美元债务，并已聘请唐纳森–勒夫金–詹雷特证券公司帮助重新安排债务。消息公布后，投资者对铱星公司的发展前景产生了怀疑，铱星公司的股票价格也从一年前的每股60多美元跌到了10美元。1999年9月17日，无力回天的铱星公司向纽约法庭请求批准它终止向5万多名客户提供通信服务，并摧毁围绕地球运转的卫星。

分析家们认为，铱星公司陷入这样的难堪境地，主要是由对普通移动电话技术及其市场发展速度判断失误所致。铱星电话虽然在克服地域限制方面优于普通电话，但和普通电话相比存在更严重的缺点。从市场定位开始，受限于其性能，铱星电话抓住的市场群体就是少数群体，难以形成规模效应，更难以补偿固定的巨额成本投入。地处偏远地区的人们极少有雄厚的经济实力来承担巨大的消费，难以形成有效需求。摩托罗拉公司没有很全面地分析宏观和微观环境，就注定了这一投资的失败。

此外，铱星电话对其竞争对手——普通移动电话，也没有做出积极的防御措施。铱星系统在初期投入商业运营时，未能向零售商们供应充足的铱星电话机，客户需求无法得到满足，等到它清醒时，它的商业用户和公司经理们早已被普通移动电话公司拉走。开业近 10 个月，铱星公司的客户还是只有两万多个，其中一部分使用的还是铱星公司赠送出去的手机，而该公司要实现盈利至少需要 65 万个用户。

美国的两位市场营销专家从 4 个“A”，即可接受性（Acceptability）、可承受性（Affordability）、可获得性（Availability）和认知度 (Awareness）方面，剖析了铱星公司的种种不足。认知度指公司是否充分向客户宣传了某种商品或服务，这是铱星公司做得最好的一个方面。然而，在其他三个方面，铱星公司仍有很大改善空间。在可接受性方面，铱星手机重达 1 磅（合 0.453 6 千克），与普通手机相比较为笨重，其通话可靠性和清晰度也较差，早期阶段在室内和车内都不能通话；在可承受性方面，与一部几十美元的普通手机相比，铱星公司的手机价格和通话费用都显得过于昂贵而不实用；在可获得性方面，铱星公司在同一时间只能为 2.5 万个用户提供服务，其营销人员不足，服务也有待改善。

此外，铱星公司的资本运作是失败的，它缺少良好的资产负债比例，沉重的债务负担是导致铱星陨落的直接导火索。整个卫星系统耗资达 50 多亿美元，虽然摩托罗拉等公司提供了投资，发行股票筹集了资金，但铱星公司还是借了约 30 亿美元的债务。公司的销售收入不能抵偿其成本，导致了财务危机的发生。最终，铱星公司不得不宣布破产。

市场的驱动应该始终是任何产业或创意的价值核心，只是给少数人享受、缺乏大规模的市场需求，势必难有强大的生命力。尽管铱星公司命运多舛，卫星移动通信业的前景仍然乐观。在吸取铱星公司经验教训的基础上，已经有其他的“星星”升上天空，实现了让人们无限沟通的梦想。

资料来源：张红，《沟通会无限——〈“铱星”的陨落〉案例分析》，《江苏商论》，2004 年第 11 期，以及相关公开资料报道

思考题：

1. 试对铱星公司的内外部环境进行分析。
2. 请结合铱星公司的内外部环境分析，谈谈铱星公司为什么会失败。

习题答案

三、填空题

1. 逻辑延续
2. 组织落实过程
3. 普遍　秩序
4. 所有的行动保持同一方向
5. 个人和集体的满意程度
6. 时间和空间
7. 战略性计划　战术性计划
8. 职能空间
9. 依据
10. 落实
11. 政策　标准方法　常规作业程序
12. 面向未来　面向行动
13. 协作关系

四、选择题

1. AB　2. C　3. ABCD　4. AD　5. ABCD　6. ABD

五、是非判断题

1. 否　2. 是　3. 否　4. 是　5. 是　6. 是　7. 是　8. 是　9. 否　10. 否
11. 是　12. 是　13. 否　14. 否　15. 是　16. 否　17. 是　18. 否　19. 否
20. 是　21. 是　22. 是　23. 否　24. 是　25. 否　26. 是　27. 是　28. 是
29. 是　30. 否

六、简答题

1.（1）What，做什么？目标与内容。
（2）Why，为什么做？原因。
（3）Who，谁去做？人员。
（4）Where，何地做？地点。
（5）When，何时做？时间。

（6）How，怎样做？方式、手段。

2.（1）决策是计划的前提，计划是决策的逻辑延续。决策为计划的任务安排提供了依据，计划则为决策所选择的目标活动的实施提供了组织保证。

（2）在实际工作中，决策与计划是相互渗透，有时甚至是不可分割地交织在一起的。

3. 计划工作在时间维度上进一步展开和细化指的是，计划工作把决策所确立的组织目标及其行动方式分解为不同时间段（如长期、中期、短期等）的目标及其行动安排。

4. 计划工作在空间维度上进一步展开和细化指的是，计划工作把决策所确立的组织目标及其行动方式分解为不同层次、不同部门、不同成员的目标及其行动安排。

5. 战略性计划是指应用于整体组织的、为组织未来较长时期（通常为5年以上）设立总体目标和寻求组织在环境中的地位的计划。

6. 战术性计划是指规定总体目标如何实现的细节的计划，其需要解决的是组织的具体部门或职能在未来各个较短时期内的行动方案。

7.（1）长期性。是指战略性计划涉及未来较长时期。

（2）整体性。是指战略性计划是基于组织整体而制定的，强调组织整体的协调。

8.（1）具体性计划具有明确规定的目标，不存在模棱两可。

（2）指导性计划只规定某些一般的方针和行动原则，给予行动者较大自由处置权，它指出重点，但不把行动者限定在具体的目标上或特定的行动方案上。

（3）具体性计划更易执行、考核及控制，但是缺少灵活性，它要求的明确性和可预见性条件往往很难满足。

9.（1）规则是指导行动但不说明时间顺序。

（2）可以把程序看作是一系列的规则，但是一条规则可能是或可能不是程序的组成部分。

七、问答题

1.（1）计划工作是为实现组织目标服务。

（2）计划工作是管理活动的基础。

（3）计划工作具有普遍性和秩序性。

（4）计划工作要追求效率。

2.（1）确定目标。

（2）认清现在。

（3）研究过去。

（4）预测并有效地确定计划重要前提条件。

（5）拟定和选择可行性行动计划。

（6）制定主要计划。

（7）制定派生计划。

（8）制定预算，用预算使计划数字化。

3.（1）目的或使命；

（2）目标；

（3）战略；

（4）政策；

（5）程序；

（6）规则；

（7）方案（或规划）；

（8）预算。

八、案例分析

案例一分析参考：

1. 结合案例从以下5方面分析：（1）Why——为什么干这件事？（目的）；（2）What——做什么？（对象）；（3）Where——在什么地方执行？（地点）；（4）When——什么时间执行？什么时间完成？（时间）；（5）Who——由谁执行？（人员）；（6）How——怎样执行？采取那些有效措施？（方法）。

2. 主要体现在what，who和how之中。what是改革具体内容和目标，who是改革主体和公司治理结构，how是改革具体措施和方法。

案例二分析参考：

1. 结合PEST分析方法从政治与法律环境、经济环境、社会与文化环境、技术环境四个方面进行一般环境分析，结合五力模型从行业中现有的其他企业、供应商、顾客、其他行业的潜在进入者和替代产品进行具体环境分析，结合SWOT进行内外部环境综合分析。

2. 可以从外部环境分析铱星公司对于技术发展速度的错误估计、市场定位错误、未对竞争对手进行充分分析、与下游零售商没有很好地沟通等问题；从内部环境剖析铱星公司的产品设计接受度低、财务风险意识不足、成本过高、资产负债比不合理、产品自身性能不足、营销活动缺失等问题。

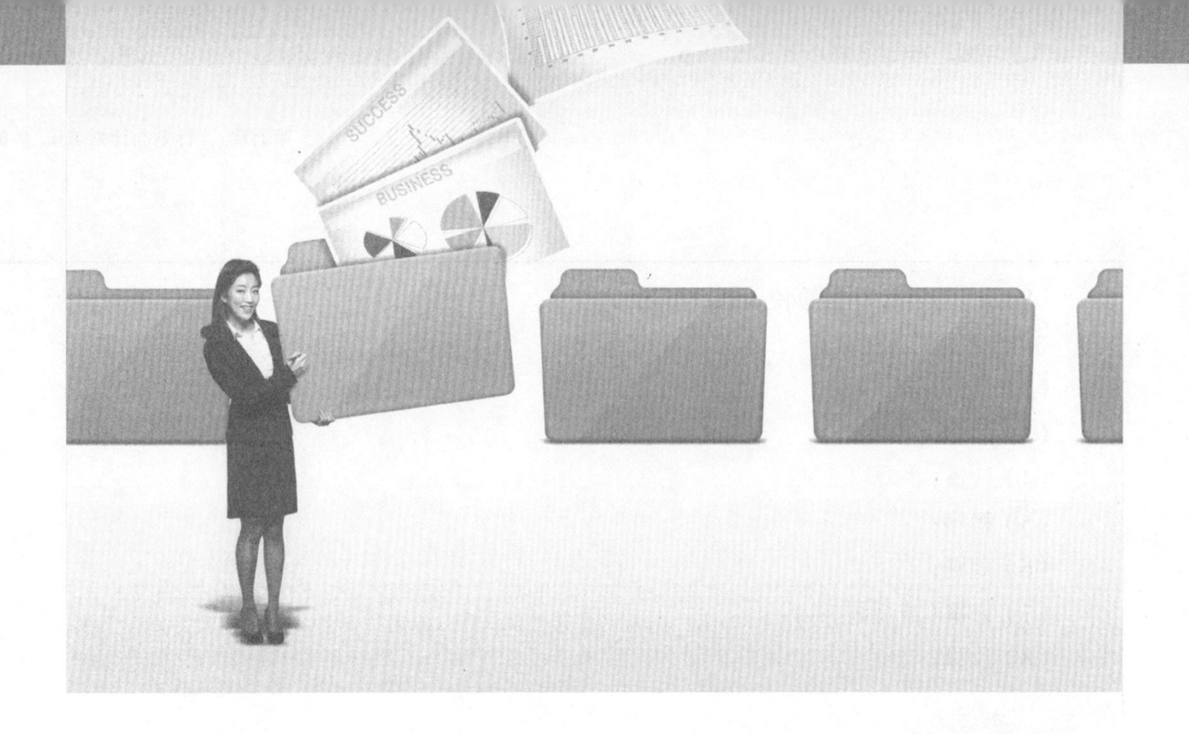

第八章

计划的实施

一、复习要点

1. 计划实施的任务。
2. 目标管理的基本思想。
3. 目标的性质。
4. 目标管理的过程。
5. 滚动计划法的基本思想。
6. 滚动计划法的优缺点。
7. 网络计划技术的基本步骤。
8. 网络图的基本构成及绘制方法。
9. 网络计划技术的优缺点。
10. 业务流程再造的概念及组成。
11. 观念再造的步骤。
12. 流程再造的步骤。
13. 组织再造的步骤。
14. 试点和切换的步骤。

二、关键概念

战略性计划、目标管理、滚动计划法、网络计划技术、网络图、工序、事项、路线、关键路线、业务流程再造。

三、填空题

1. 目标管理是美国管理学家 ________ 于 1954 年提出的。

2. 实践中计划组织实施行之有效的方法主要有 ________ 、 ________ 和 ________ 。

3. 滚动计划法是一种 ________ 。

4. 滚动计划法的具体做法是: ________ 。

5. 目标管理是一种程序,使一个组织中的上下各级管理人员统一起来制定共同的目标,确定彼此的成果责任,并以此项责任来作为 ________ 。

6. 作为任务分配、自我管理、业绩考核和奖惩实施的目标具有如下特征:层次性、网络性、多样性、 ________ 、 ________ 、 ________ 和伴随信息反馈性。

7. 根据期望理论,期望值指人们对 ________ 的估计。

8. 期望理论认为人们在工作中的积极性或努力程度,激发力量是 ________ 的乘积。

9. 根据期望理论,效价指一个人对 ________ 的评价。

10. 流程再造应围绕 ________ 进行组织。

11. 业务流程再造强调 ________ 为改造对象和中心、以 ________ 为目标。

12. 整个 BPR 实施体系由 ________ 、 ________ 、 ________ 、 ________ 与 ________ 等五个关键阶段组成。

四、选择题

1. 把战略性计划所确定的目标在时间和空间两个维度展开, ______ 。

A. 具体地规定了组织的各个部门在目前到未来的各个较短的时期阶段,特别是最近的时段中应该从事何种活动

B. 从事该种活动应达到何种要求

C. 为各组织成员在近期内的行动提供了依据

D. 保证了组织目标的实现

2. 实践中对计划组织实施行之有效的方法主要有 ______ 等方法。

A. 决策树法　　B. 滚动计划方法

C. 网络计划技术　　D. 目标管理

E. 业务流程再造

3. 关于关键路线，下列说法正确的是 ______ 。

A. 一个网络图中只有一条关键路线

B. 关键路线的路长决定了整个计划任务所需的时间

C. 关键路线上各工序完工时间提前或推迟都直接影响整个活动能否按时完工

D. 确定关键路线，据此合理地安排各种资源，对各工序活动进行进度控制，是利用网络计划技术的主要目的

4. 目标网络的内涵是 ______ 。

A. 组织制订各种目标时，必须要与许多约束因素相协调

B. 目标和计划很少是线性的

C. 主管人员必须确保目标网络中的每个组成部分要相互协调

D. 组织中的各个部门在制订自己部门的目标时，必须要与其他部门相协调

5. 目标定量化 ______ 。

A. 是目标考核的途径

B. 往往会损失组织运行的一些效率

C. 有利于组织活动的控制

D. 能给成员的奖惩带来很多方便

6. 设置目标一般要求 ______ 。

A. 目标的数量不宜太大

B. 如有可能，也应明示所期望的质量和为实现目标的计划成本

C. 能促进个人和职业上的成长和发展，对员工具有挑战性

D. 适时地向员工反馈目标完成情况

7. 成果评价 ______ 。

A. 是实行奖惩的依据

B. 是上下左右沟通的机会

C. 是自我控制和自我激励的手段

D. 既包括上级对下级的评价，也包括下级对上级、同级关系部门相互之间的评价以及各层次自我的评价

8. 组织对不同成员的奖惩 ______ 。

A. 是以各种评价的综合结果为依据的

B. 可以是物质的，也可以是精神的

C. 公平合理的奖惩有利于维持和调动组织成员饱满的工作热情和积极性

D. 奖惩有失公正，则会影响这些成员行为的改善

9. 滚动计划法的作用是 ______ 。

A. 计划更加切合实际，并且使战略性计划的实施也更加切合实际

B. 使长期计划、中期计划与短期计划相互衔接

C. 使短期计划内部各阶段相互衔接

D. 大大加强了计划的弹性

10. 团队组建到正常工作一般要经过 ______ 阶段。

A. 组建阶段　　B. 规范阶段

C. 动荡阶段　　D. 功能发挥阶段

五、是非判断题

1. 实践中计划组织实施行之有效的方法主要有目标管理、滚动方式计划、网络计划技术和企业业务流程再造等方法。

2. 组织目标形成一个有层次的体系，范围从广泛的组织战略性目标到特定的个人目标。

3. 在组织的层次体系中的不同层次的主管人员参与不同类型目标的建立。

4. 目标考核的途径是将目标量化。

5. 目标定量化往往会损失组织运行的一些效率。

6. 目标定量化对组织活动的控制、成员的奖惩会带来很多方便。

7. 只要有可能，我们就规定明确的、可考核的目标。

8. 对一个目标完成者来说，目标超过其能力所及的范围越大，目标的激励作用越大。

9. 如果一项工作很容易完成，接受者也会去努力完成该项工作。

10. 在考虑追求多个目标时，必须对各目标的重要程度进行区分。

11. 信息反馈在目标管理过程中对于员工工作表现的提升没有多大帮助。

12. 目标管理的过程是一个由下至上的过程。

13. 目标管理的第一步就是制定目标，包括确定组织的总体目标和各部门的分目标。

14. 在制定目标系列时，主管人员和下级应该一起行动，而不应该强制下级制定各种目标。

15. 理想的情况是，每个目标和子目标都应明确对应某一个人的责任。

16. 目标管理的成果评价是指上级对下级评价。

17. 目标网络中目标与计划都是线性的，即一个目标实现后接着去实

现另一个目标。

18. 目标的接受性和挑战性是对立的关系，在实际工作中我们必须把它们区分开来。

19. 滚动计划法能够使短期计划、中期计划有机地结合起来。

20. 滚动计划法的具体做法是用近细远粗的办法制订计划。

21. 滚动计划方法使得计划编制和实施工作的任务量加大，故而最好不要使用。

22. 网络计划技术使得计划更加切合实际，并且使战略性计划的实施也更加切合实际。

23. 滚动计划方法加强了计划的弹性，大大提高了组织的应变能力。

24. 网络图是网络计划技术的基础。

25. 网络计划技术可对工程的时间进度与资源利用实施优化。

26. 网络计划技术易于操作，并具有广泛的应用范围，适用于各行各业以及各种任务。

27. 业务流程再造法只适用于单独的一个流程，不适用于整个组织。

28. 整个业务流程再造实施体系由观念再造、流程再造、组织再造、试点与切换以及实现战略等五个关键阶段组成。

29. 业务流程再造过程中以流程再造为主导。

30. 流程再造是指对企业的现有流程进行调研分析、诊断、再设计，然后重新构建新的流程的过程。

六、简答题

1. 什么叫均衡地完成计划？
2. 目标具有哪些特征？
3. 目标网络的内涵是什么？
4. 简述期望理论。
5. 什么叫信息反馈？
6. 什么叫目标管理？
7. 网络计划技术的原理是什么？

七、问答题

1. 目标管理的基本思想是什么？
2. 简述目标管理的过程。
3. 滚动计划法的基本思想是什么？
4. 如何评价滚动计划法？

5. 网络计划技术有什么优点?
6. 简述业务流程的再造过程。

八、案例分析

案例一

A公司的目标管理

A公司是一家以完成上级指令性计划任务为主的印制类中型国有企业，现有员工1 500余名，作为特殊行业的国有企业，A公司的首要任务就是完成总公司每年下达的国家指令性计划，并在保证安全生产、质量控制的前提下，按时按质按量地完成总公司交给的各项任务，支持国家宏观经济的正常运转。A公司自2010年开始实行目标管理，其目标管理的现状如下:

一、目标的制定

总公司制定的印制企业管理绩效评价内容主要包括四个方面：企业成本费用控制状况、企业专业管理能力状况、企业资产效益状况、企业发展能力状况。A公司每年的企业总目标是根据总公司下达的考核目标，结合企业长远规划，并根据企业的实际，兼顾特殊产品要求，总目标主要体现在A公司每年的行政报告上。依据厂级行政报告，A公司将企业目标逐层向下分解，将细化分解的数字、安全、质量、纪律、精神文明等指标，落实到具体的处室、车间，明确具体的负责部门和责任承担人，并签署《企业管理绩效目标责任状》以确保安全、保质、保量、按时完成任务，此为二级目标即部门目标。然后部门目标进一步向下分解为班组和个人目标，此为三级目标，由于班组的工作性质，不再继续向下分解。部门内部小组(个人)目标管理，其形式和要求与部门目标制订相类似，签订班组和员工的目标责任状，由各部门自行负责实施和考核。具体方法是：先把部门目标分解落实到职能组，任务再分解落实到工段、工段再下达给个人。要求各个小组(个人)努力完成各自目标值，保证部门目标的如期完成。

二、目标的实施

《企业管理绩效目标责任状》实行承包责任人归口管理责任制，责任状签订后，承包方签字人为承包部门第一责任人，负责组织在部门内部进行目标分解，细化量化指标，进行第二次责任落实，实行全员承包。各部门可以根据具体情况在部门内部制定实施全员交纳风险抵押金制度。各部门的第二次责任分解可根据具体情况按两种形式进行：部门负责人直接与全员签字落实责任；部门负责人与班组长签字落实责任，班组长再与全员签字落实责任。管理绩效目标责任状签订并经主管人员批准后，一份存上一级主管部门，一份由制订单位或个人自存。承包方责任人负责组织进行本部门日常检查管理工作；专业部门负责人负责组织进行本专业日常检查管理工作；企管处负责组织对处室、车间的日常检查管理工作。在此基础上还实行了承包责任人交纳风险抵押金制度。副主办以上责任承包人依据级别的不同，分别向厂交纳一定数额的责任风险抵押金，并在目标达成后给予一定倍数的返还。

三、目标考评

在考评机构上，A公司成立了专门负责考核工作的厂绩效考核小组，厂长任组长，三位副厂级领导任组员，共由9位管理部门的相关人员组成。厂考核领导小组下设部门绩效考核小组。考核领导小组、部门考核工作组负责对各自处室、车间的结果进行考评。在考评周期上，企业对部门的考核周期是一年，平时有日常考核和月度报告，对班组和管理技术人员的综合考核一般也是在年底，平时主要是日常出勤的考核。在办法上，A公司对绩效目标落实情况每月统计一次，年终进行总考评，并根据考评结果与奖惩挂钩。各部门于每季度末将其完成管理绩效目标责任状情况的季度工作总结与下一季度的工作计划交与相关部门。各专业处室按照绩效目标责任状中本专业的管理目标和工作要求，对车间及有关部门进行每半年一次的专业考评。在考评方式上，考核中采用了“自我评价”和上级部门主观评价相结合的做法，在每季度末月的29日之前，将本部门完成管理绩效目标责任状、行政工作计划情况的季度工作总结与下一季度的工作计划一并报企管处。企管处汇总核实后，由考核工作组给予恰当的评分。在考评处理上，对日常考核中发现的问题，由相应主管负责人实施相应奖惩。年终，企管处汇总各处室、车间的考核目标完成情况，上报厂级考核小组，由其根据各部门的重要性和完成情况，确定奖惩标准。各处室、车间内部根据企业给予本部门的奖惩情况，确定所属各部门或个人的奖惩标准。考评结果一般不公开，对奖惩有异议的可以层层向上一级主管部门反映。

资料来源：纳税服务网，http://www.cnnsr.com.cn/

思考题：

1. A公司实行目标管理中总体上存在的问题有哪些？
2. 结合案例分析目标管理的步骤有哪些。

案例二

A医院在新护士临床带教中的目标管理

新护士是护理队伍的新生力量，但她们由于缺乏工作经验、沟通技巧、应急能力等，因此需要对新护士进行系统、规范的培训，这不仅是护理人才选拔和培养的基础，也是对患者在住院期间的安全性和舒适性的保证。基于此，A医院准备对新护士带教实行目标管理。下面是A院关于新护士带教的目标管理章程。

一、目标制定

制定的目标包括护理部的新护士带教总目标、各科室带教目标和个人目标。护理部教育管理委员会负责新护士带教总目标的制定，包括管理要求、实施方案、风险控制、考核办法、激励措施等，下发到各科室。护理部还建立《新护士临床带教本》，内容包括各阶段的培训计划、预期目标、实际完成目标情况、参加的培训及考核记录、新护士自评及科室对新护士的考评等，新护士人手一册；各科室根据护理部总目标和专科特点，制定新护士带教计划，内容包括教学目标、教学内容、风险防范、阶段安排、出科理论考试范围、操作考试项目等；新护士根据护理部总目标、轮转科室特点及自身特长定出个人目标及完成时间。所有目标经护理部审核并备份，对照目标定期考核。

二、目标实施

岗前培训阶段两组新护士统一参加由医院人事科、护理部组织的为期2周的岗前培训，内容包括医院的历史及其发展规划、服务宗旨、医院规章制度和护理部核心制度、护理风险防范及护理基本操作等，培训后进行理论、操作考核，成绩合格后分配到各科室轮转1年，在轮转期间，护理部统一安排三轮培训（全年40学时）。

临床轮转阶段新护士进入临床后均实行一对一带教，观察组对带教质量实行目标管理，带教情况及时记录在《新护士临床带教本》上。新护士进入轮转科室的第1天，护士长及带教老师根据护理部总目标、科室目标及新护士的个人意愿一起制定个体化的带教计划及目标，将理论知识、临床技能等学习任务有计划地分解成4个阶段，将每个阶段的学习目标、完成时间列成表格，学习内容由易到难不断递进，新护士必须完成上一阶段的目标，经带教老师在表格上签名确认后才能进入下一阶段进行学习。对照组采取传统跟班式的一对一带教方法完成带教任务，两组新护士完成3个月科室学习后，出科时均进行理论及操作考核。护理部每季召开新护士及带教老师座谈会，及时发现教学中存在的问题，并提出相应的改进措施。

三、目标评价

护理部教育管理委员会每季组织理论考试，每月进行规定项目的护理操作考核，1年轮转期结束后对新护士进行综合考评，考评总分为100分，其中，理论考试30分、操作考核20分、应急能力20分、护士素质10分、沟通能力10分、病历书写10分，成绩≥70分为合格。综合考评不合格者，3个月后补考，成绩合格后续聘。护理部对新护士及带教老师发放双向评价表，调查带教满意情况。

四、目标激励

一年带教结束后，根据目标完成情况、综合考评成绩、护理安全、新护士与带教老师的双向评价结果等评选星级带教老师及优秀新护士，进行精神和物质奖励，并优先安排外出学习机会。

资料来源：章红萍，《目标管理在新护士临床带教中的应用效果》，《护士进修杂志》，2012年第8期

思考题：

1. 结合案例分析目标管理的优点有哪些？
2. 分析并预测A医院在实施目标管理中可能遇到的问题。

习题答案

三、填空题

1. 彼得·德鲁克
2. 目标管理　　滚动计划法　　网络计划法　　业务流程再造
3. 定期修订未来计划的方法
4. 采用近细远粗的办法制订计划
5. 指导业务和衡量个人贡献的准则
6. 可考核性　　可实现性　　富有挑战性
7. 工作目标能够实现概率
8. 效价和期望值
9. 工作目标有用性（价值）
10. 结果而不是任务
11. 以业务流程　　关心客户的需求和满意度
12. 观念再造　　流程再造　　组织再造　　试点和切换　　实现远景目标

四、选择题

1. ABC　　2. BCDE　　3. BCD　　4. ABCD　　5. ABCD　　6. ABCD　　7. ABCD
8. ABCD　　9. ABCD　　10. ABCD

五、是非判断题

1. 是　2. 是　3. 是　4. 是　5. 是　6. 是　7. 是　8. 否　9. 否　10. 是
11. 否　12. 否　13. 是　14. 是　15. 是　16. 否　17. 否　18. 否　19. 是
20. 是　21. 否　22. 否　23. 是　24. 是　25. 是　26. 是　27. 否　28. 是
29. 是　30. 是

六、简答题

1. 所谓均衡地完成计划，是指要根据时段的具体要求，做好各项工作，按年、季、月甚至旬、周、日完成计划，以建立正常的活动秩序，保证组织稳步的发展。

2.（1）层次性；

（2）网络性；

（3）多样性；

（4）可考核性；

（5）可实现性；

（6）挑战性；

（7）伴随信息反馈性。

3.（1）目标和计划很少是线性的，即并非当一个目标实现后接着去实现另一个目标，如此等等。目标和规划形成一个互相联系着的网络。

（2）主管人员必须确保目标网络中的每个组成部分要相互协调。不仅执行各种规划要协调，而且完成这些规划在时间上也要协调。

（3）组织中的各个部门在制订自己部门的目标时，必须要与其他部门相协调。

（4）组织制订各种目标时，必须要与许多约束因素相协调。

4. 根据美国管理心理学家维克多·弗鲁姆的期望理论，人们在工作中的积极性或努力程度（激发力量）是效价和期望值的乘积，其中效价指一个人对某项工作及其结果（可实现的目标）能够给自己带来满足程度的评价，即对工作目标有用性（价值）的评价；期望值指人们对自己能够顺利完成这项工作可能性的估计，即对工作目标能够实现概率的估计。因此，一个目标对其接受者如果要产生激发作用的话，那么对于接受者来说，这个目标必须是可接受的、可以完成的。对一个目标完成者来说，如果目标超过其能力所及的范围，则该目标对其是没有激励作用的。

5. 信息反馈是把目标管理过程中，目标的设置、目标实施情况不断地反馈给目标设置和实施的参与者，让人员时时知道组织对自己的要求及自己的贡献情况。

6. 孔茨认为，目标管理是一个全面的管理系统，它用系统的方法，使许多关键管理活动结合起来，并且有意识地、有效地、高效地实现组织目标和个人目标。

7. 网络计划技术的原理是，把一项工作或项目分成各种作业，然后根据作业顺序进行排列，通过网络图对整个工作或项目进行统筹规划和控制，以便用最少的人力、物力、财力资源，以最高的速度完成工作。

七、问答题

1.（1）企业的任务必须转化为目标，企业管理人员必须通过这些目标对下级进行领导并以此来保证企业总目标的实现。

（2）目标管理是一种程序，使一个组织中的上下各级管理人员统一起来制定共同的目标，确定彼此的成果责任，并以此项责任来作为指导业务和衡量个人贡献的准则。

（3）每个企业管理人员或工人的分目标就是企业总目标对他的要求，同时也是这个企业管理人员或工人对企业总目标的贡献。

（4）管理人员和工人是靠目标来管理，以所要达到的目标为依据，进行自我指挥、自我控制，而不是由他的上级来指挥和控制。

（5）企业管理人员对下级进行考核和奖惩也是依据这些分目标的。

2.（1）制定目标。包括确定组织的总体目标和各部门的分目标。

（2）明确组织的作用。

（3）执行目标。

（4）成果评价。成果评价既是实行奖惩的依据，也是上下左右沟通的机会，还是自我控制和自我激励的手段。

（5）实行奖惩。组织对不同成员的奖惩，是以上述各种评价的综合结果为依据的。奖惩可以是物质的，也可以是精神的。

（6）制定新目标并开始新的目标管理循环。

3. 这种方法根据计划的执行情况和环境变化情况定期修订未来的计划，并逐期向前推移，使短期计划、中期计划有机地结合起来。由于在计划工作中很难准确地预测将来影响企业经营的经济、政治、文化、技术、产业、顾客等的各种变化因素，而且随着计划期的延长，这种不确定性就越来越大，因此，若机械地按几年以前的计划实施，或机械地、静态地执行战略性计划，则可能导致巨大的错误和损失。滚动计划法可以避免这种不确定性可能带来的不良后果。具体做法是，采用近细远粗的办法制定计划。

4. 滚动计划法虽然使得计划编制和实施工作的任务量加大，但在计算机时代的今天，其优点十分明显。

（1）计划更加切合实际，并且使战略性计划的实施也更加切合实际。战略性计划是指应用于整体组织的，为组织未来较长时期（通常为5年以上）设立总体目标和寻求组织在环境中的地位的计划。由于人们无法对未来的环境变化作出准确的估计和判断，所以计划针对的时期越长，不准确性就越大，其实施难度也越大。滚动计划相对缩短了计划时期，加大了计划的准确性和可操作性，从而是战略性计划实施的有效方法。

（2）滚动计划法使长期计划、中期计划与短期计划相互衔接，短期计划内部各阶段相互衔接。这就保证了即使由于环境变化出现某些不平衡时也能及时地进行调节，使各期计划基本保持一致。

（3）滚动计划法大大加强了计划的弹性，这对环境剧烈变化的时代尤为重要，它可以提高组织的应变能力。

5.（1）该技术能把整个工程的各个项目的时间顺序和相互关系清晰地表明，并指出了完成任务的关键环节和路线。因此，管理者在制订计划时可以统筹安排，全面考虑，又不失重点。在实施过程中，管理者可以进行重点管理。

（2）可对工程的时间进度与资源利用实施优化。在计划实施过程中，管理者调动非关键路线上的人力、物力和财力从事关键作业，进行综合平衡。这既可节省资源又能加快工程进度。

（3）可事先评价达到目标的可能性。该技术指出了计划实施过程中可能发生的困难点，以及这一困难点对整个任务产生的影响，准备好应急措施，从而减少完不成任务的风险。

（4）便于组织与控制。管理者可以将工程特别是复杂的大项目，分成许多支持系统来分别组织实施与控制，这种既化整为零又聚零为整的管理方法，可以达到局部和整体的协调一致。

（5）易于操作，并具有广泛的应用范围，适用于各行各业以及各种任务。

6. 业务流程再造的过程如下：

（1）观念再造。

① 组建 BPR 小组；

② 制定计划和开展必要的培训和宣传；

③ 找出核心流程；

④ 设置合理目标；

⑤ 建立项目实施团队。

（2）流程再造。

① 培训团队；

② 找出流程的结果和联系；

③ 分析并对现有流程进行量化；

④ 再造活动效益判断和标杆瞄准最佳实践；

⑤ 业务流程的再设计；

⑥ 新设计的业务流程的审评和实施。

（3）组织再造。

① 审评组织的人力资源：结构、能力和动机；

② 审评技术结构与技术能力；

③ 设计新的组织形式；

④ 建立新的技术基础结构和技术应用。

（4）试点和切换。

① 选定试点流程和组建试点流程团队；

② 约定参加试点流程的顾客和供应商；

③ 启动试点，对试点进行监督并提供支持；

④ 审评试点和来自其他流程团队的反馈；

⑤ 安排切换次序，在整个组织范围内分段实施。

（5）实现远景目标。

八、案例分析

案例一分析参考：

1. 总体上存在以下问题：缺乏明确量化的厂级目标体系；目标值的制定缺乏系统明确的量化方法体系；考核工作主观化，负激励明显；部门之间协调困难、目标管理组织体系不全面。

2. 结合案例可以从制定目标、执行目标、评价成果、实行奖惩、制定新目标并开始新的目标管理循环来分析。

案例二分析参考：

1. 结合案例从以下几个方面分析：（1）带来良好的绩效。（2）有助于改进组织的结构和职责分工。（3）启发自觉，进一步调动职工的主动性、积极性，提高士气。（4）表现出良好的整体性。

2. 在目标制定、实施、评价和激励各阶段都可能遇到问题。比如，目标制定阶段，护士部总目标如何分解成各护士的分目标，以及如何考虑各护士的特点分解目标，这需要较为细致的工作，了解细节情况。

第三篇
组　织

DISANPIAN ZUZHI

第九章 组织设计

一、复习要点

1. 管理幅度、管理层次与组织结构的基本形态。
2. 扁平结构的基本特点。
3. 锥形结构的基本特点。
4. 影响管理幅度的因素。
5. 组织设计的任务。
6. 组织设计的原则。
7. 组织设计的影响因素。
8. 外部环境如何影响组织设计？
9. 经营战略如何影响组织设计？
10. 企业技术类型与组织结构特征间的相互关系。
11. 信息技术对组织结构的影响。
12. 企业发展阶段与组织结构特征间的关系。
13. 规模如何影响组织设计？
14. 职能部门化的依据、优点和局限性。
15. 产品部门化的依据、优点和局限性。
16. 区域部门化的依据、优点和局限性。

17. 矩阵组织的依据、优点和局限性。

18. 权力的性质和特征。

19. 集权与分权的相对性。

20. 组织中集权倾向的产生原因。

21. 组织过分集权的弊端。

22. 判断分权程度的标准。

23. 组织中促进分权及不利于分权的因素。

24. 制度分权与授权的概念以及两者间的区别。

二、关键概念

组织设计、管理幅度、管理层次、组织结构、扁平结构、锥形结构、因事设职、因人设职、权责对等、命令统一、保守型战略、风险型战略、分析型战略、组织发展五阶段理论、Parkinson 法则、部门化、横向分工、纵向分工、职能部门化、产品部门化、区域部门化、矩阵组织、权力、集权、分权、制度分权、授权。

三、填空题

1. 组织设计的实质是对管理人员的管理劳动进行 __________ 和 __________ 的分工。

2. 管理中的组织职能就是在 __________ 的基础上，设计出组织所需的 __________ 及其之间的关系。

3. 组织结构的必要性和重要性是随着 __________ 和 __________ 而不断提高。

4. 管理层次受到 __________ 和 __________ 的影响。它与组织规模成 __________ 比，在组织规模已定的条件下，它与管理幅度成 __________ 比。

5. 组织设计的任务是提供企业的 __________ 和编制 __________ 。

6. 组织设计的根本目的是为了保证组织目标的实现，是使目标活动的每项内容都落实到具体的部门和岗位，即 __________ ，而非 __________ 。

7. 组织的经营环境按照对组织的影响程度不同，可以分成 __________ 和 __________ ，其中 __________ 主要作用于对组织实现其目标具有直接影响的部门。

8. “统一命令”或“统一指挥”的原则指的是 __________ 。

9. 环境的复杂性提高，使得组织的复杂程度也随之 __________ ，组织的集权化程度也必然 __________ 。

10. 从企业经营领域的宽窄来分，企业经营战略可以分为 __________

和 ________ 。

11. 按企业对竞争的方式和态度分，其经营战略可以分为 ________ 、________ 及 ________ 。

12. 我们可以把技术分成作用于资源转换的物质过程的 ________ 技术和主要对物质生产过程进行协调和控制的 ________ 技术。

13. 伍德沃德把企业生产组织的形式分成 ________ 、________ 和 ________ 。

14. 信息技术的发展使得组织结构呈现 ________ 的趋势。

15. 美国学者 J. Thomas Cannon 提出了组织发展五阶段的理论，即 ________ 、________ 、________ 、________ 、________ 。

16. 管理劳动的分工，包括横向和纵向两个方面，________ 分工的结果是部门的设置，________ 分工是责任分配基础上的管理决策权限的相对集中和分散。

17. 组织设计中经常运用的部门划分的标准是：________ 、________ 和 ________ 。

18. 职能部门化是根据业务活动的 ________ 来设立管理部门。

19. 随着通信条件的改善，________ 方面的理由取代交通和沟通的困难成为区域部门化的主要理由。

20. 矩阵组织是一种由纵横两套系统交叉形成的复合结构组织。纵向的是 ________ ；横向的是为完成某项专门任务（如新产品开发）而组成的 ________ 。

21. 定义为影响力的权力主要包括三种类型：________ 、________ 与 ________ 。

22. 作为赋予管理系统中某一职位的权力，制度权的实质是决策的权力，即：决定 ________ 的权力，决定 ________ 的权力，以及决定 ________ 的权力。

四、选择题

1. 影响有效管理幅度的因素主要有 ________ 。

A. 管理者和被管理者的工作内容

B. 管理者和被管理者的工作能力

C. 管理者和被管理者工作环境

D. 管理者和被管理者工作报酬

E. 管理者和被管理者工作条件

2. 下列因素中有助于管理幅度扩大的因素是哪些？ ________ 。

A. 主管所处的管理层次较高

B. 计划制定得详尽周到

C. 主管的综合能力、理解能力、表达能力强

D. 下属的工作地点在地理上比较分散

E. 工作环境稳定，变化不大

3. 组织设计的原则包括 ________ 。

A. 因人设职与因事设职相结合

B. 命令统一

C. 人人有事做

D. 尽量减轻主要管理者的压力，多设副职

E. 权责对等

4. 保守型战略的企业多采取 ________ ，风险型战略的企业多采取 ________ ，分析型战略的企业则采取 ________ 。

A. 刚性结构

B. 柔性结构

C. 兼具刚性和柔性的结构

5. 下列三种战略中，对计划管理要求最严格的是 ________ 。

A. 保守型战略　　B. 风险型战略　　C. 分析型战略

6. 下列三种战略中，以分权为主的是 ________ 。

A. 保守型战略　　B. 风险型战略　　C. 分析型战略

7. 下列三种战略中，高层管理人员以工程师和成本专家为主的是 ________ 。

A. 保守型战略　　B. 风险型战略　　C. 分析型战略

8. 采取分析型战略的企业，对 ________ 部门实行详细而严格的计划管理，而对产品的 ________ 部门实行较为粗泛的计划管理。

A. 研究开发　　B. 生产　　C. 市场营销

9. 成功的 ________ 的组织具有柔性结构，成功的 ________ 的组织具有刚性结构。

A. 单件小批生产　　B. 大批大量生产　　C. 连续生产

10. 规模的扩大对组织结构的影响包括 ________ 。

A. 分权化

B. 集权化

C. 规范化

D. 专职管理人员的数量增加

E. 复杂性提高

11. 下列哪些指标能够用来对组织的分权程度作出判断？ ________ 。

A. 决策的频度 B. 决策的幅度

C. 决策重要性 D. 对决策的控制程度

12. 下列因素中对分权有促进作用的是 ________ 。

A. 组织的规模 B. 政策的统一性

C. 培训管理人员的需要 D. 活动的分散性

E. 缺乏受过良好训练的管理人员

13. 下列关于产品部门化的优势，不正确的说法是 ________ 。

A. 有利于促进企业内的竞争

B. 有利于节约成本，减少机构的重复设置

C. 有利于企业及时调整生产方向

D. 有利于维护最高行政指挥的权威，有利于维护组织的统一性

E. 有利于高层管理人才的培养

14. 下列技术类型中，集权程度比较高的是 ________ 。

A. 单件小批生产 B. 大批大量生产 C. 连续生产

15. 扁平结构的组织具有的优点有 ________ 。

A. 信息传递速度快

B. 每位主管能够对下属进行详尽的指导

C. 有利于下属发挥主动性和首创精神

D. 信息失真的可能性小

16. 下列哪类企业最适合采用矩阵式组织结构？ ________ 。

A. 纺织厂 B. 医院

C. 电视剧制作中心 D. 学校

17. 矩阵式组织的主要缺点是 ________ 。

A. 分权不充分 B. 多头领导

C. 对项目经理要求高 D. 组织稳定性差

18. 企业的组织结构必须与其战略相匹配，企业战略对组织结构设计的影响是 ________ 。

A. 战略不同，要求开展的业务活动也会不同，从而会影响部门设置

B. 不同的战略有不同的重点，会影响各部门与职务的相对重要性及相互关系

C. AB 都对

D. AB 都不对

19. 一家产品单一的跨国公司在世界许多地区拥有客户和分支机构，该公司的组织结构应考虑按什么因素来划分部门？ ________ 。

A. 职能　　B. 产品

C. 地区　　D. 矩阵结构

20. 某企业的员工在工作中经常接到来自上边的两个有时甚至是相互冲突的命令，以下哪种说法指出了导致这种现象的本质原因？__________。

A. 该公司在组织设计上采取了职能结构

B. 该公司在组织运作中出现了越权指挥的问题

C. 该公司的组织层次设计过多

D. 该公司组织运行中有意或无意地违背了统一指挥的原则

21. 企业中管理干部的管理幅度，是指他__________。

A. 直接管理的下属数量

B. 所管理的部门数量

C. 所管理的全部下属数量

D. B 和 C

22. 某公司随着经营范围的扩大，其由总经理直辖的营销队伍人员也从 3 人增加到 100 人。最近，公司发现营销队伍似乎有点松散，对公司的一些做法也有异议，但又找不到确切的原因，从管理的角度看，你认为出现这种情况的最主要原因最大可能在于__________。

A. 营销人员太多，产生了鱼龙混杂的情况

B. 总经理投入的管理时间不够，致使营销人员产生了看法

C. 总经理的管理幅度太宽，以致无法对营销队伍进行有效的管理

D. 营销队伍的管理层次太多，使得总经理无法与营销人员有效沟通

23. 以下各种说法中，你认为哪一种最能说明企业组织所采取的是越来越分权的做法？__________。

A. 更多的管理人员能对下属提出的建议行使否决权

B. 下属提出更多的建议并有更大的比例被付诸实施

C. 较低层次的管理人员愿意提出更多、更重要的改进建议

D. 采取了更多的措施减轻高层主要领导的工作负担

24. 很多企业都是由小到大逐步发展起来的，一般在开始时往往采用的组织结构是直线制。不过，随着业务的扩大以及人员队伍的增加，使得高层管理者不得不通过授权的方式委托一批有实力的专业人员进行职能化管理。但是，直线职能制组织形式也存在一些固有的缺陷。下列哪种说法不是直线职能制组织形式的缺陷？__________。

A. 成员的工作位置不固定，容易产生临时观念

B. 各职能单位自成体系，往往不重视工作中的横向信息沟通

C. 组织弹性不足，对环境变化的反应比较迟钝

D. 不利于培养综合型管理人才

25. 不论是在企业还是在政府机构，秘书一般都是帮助高层管理者进行工作的，他们在组织的职权等级链上的位置是很低的，但是人们常常感到秘书的权力很大。那么，秘书拥有的是什么权力？__________。

A. 专长权

B. 个人影响权

C. 制度权

D. 没有任何权力，只是比一般人更有机会接近领导

26. 日本松下电器公司的创始人松下幸之助曾有一段名言：当你仅有 100 人时，你必须站在第一线，即使你叫喊甚至打他们。但如果发展到 1 000 人时，你就不可能留在第一线，而是身居其中。当企业增至 10 000 名职工时，你就必须退居到后面，并对职工们表示敬意和谢意。这段话说明：__________。

A. 企业规模扩大之后，管理者的地位逐渐上升，高层管理者无须事必躬亲

B. 企业规模的扩大是全体同人共同努力的结果，对此，老板应心存感激

C. 企业规模扩大之后，管理的复杂性随之增大，管理者也应有所分工

D. 管理规模越大，管理者越需注意自己对下属的态度

27. 戴立在改革开放初期创办了一家小型私营食品企业。由于产品口味好、价格面向一般大众，很快就确立了消费者认可的品牌，销路非常好。在此情况下，戴立企业的员工人数也随之增加：由原来的 6 名家族成员增加到现有的 120 名，工厂规模也扩大了很多。在感受成功喜悦的同时，戴立也意识到前所未有的困扰——他越来越感觉到工作得力不从心。每天疲于奔命处理各种各样的琐事。但是，尽管如此，工厂的管理还是给人以很混乱的感觉。为此，戴立请教了许多人，具有代表性的建议有以下 4 种，哪种最有效？__________。

A. 戴立应抽出时间去某著名商学院接受管理方面的培训

B. 应聘请一位顾问，帮他出谋划策

C. 对于企业的组织结构进行改组，在戴立和一线工人之间增加一个管理层

D. 应招聘一位能干的助理，帮助他处理各种琐事

28. 作为企业的总裁，王晶在近几个月里一直都在寻找时间来思考一下公司的长远发展问题。这个星期他加班加点，把手里的一些琐事都处理完了，从今天开始他准备不受干扰地集中考虑重大问题。一大早他就坐在

办公室考虑这个问题。但好景不长，正常上班时间一到，每隔 20 分钟左右就有人进来签字或者请示。王晶非常恼火。你认为这种情况的原因最可能是：________。

A. 今天企业中出现了紧急情况

B. 王晶可能比较集权

C. 企业中的其他管理者都不能负起责任来

D. 企业中没有良好的计划

29. 某总经理把产品销售的责任委派给一位市场经营的副总经理，由其负责所有地区的经销办事处，但同时总经理又要求各地区经销办事处的经理们直接向总会计师汇报每天的销售数字，而总会计师也可以直接向各经销办事处经理们下指令。总经理的这种做法违反了什么原则？______。

A. 权责对等原则

B. 命令统一原则

C. 集权化原则

D. 职务提高、职能分散原则

30. 针对当前形形色色的管理现象，某公司的一位老处长深有感触地说："有的人拥有磨盘大的权力捡不起一粒芝麻，而有的人仅有芝麻大的权力却能推动磨盘。"这句话反映的情况表明：________。

A. 个人性权力所产生的影响力有时会大于职务性权力所产生的影响力

B. 个人性权力所产生的影响力并不比职务性权力所产生的影响力小

C. 非正式组织越来越盛行，并且正在发挥越来越大的作用

D. 这里所描述的只是一种偶然的管理现象，并不具有任何实际意义

31. 某公司有员工 64 人，假设管理幅度为 8 人，该公司的管理人员应为多少人？管理层次有多少层？________。

A. 10 人 4 层　　　　B. 9 人 3 层

C. 9 人 4 层　　　　D. 8 人 3 层

32. 某公司属下分公司的会计科长一方面要向分公司经理报告工作，另一方面又要遵守由总公司财务经理制定的会计规章和设计的会计报表，会计科长的直接主管应该是：________。

A. 分公司经理　　　　B. 总公司财务经理

C. 总公司总经理　　　　D. 上述三人都是

33. 康全公司是一家设计环保设备的公司，经营规模虽然不大但发展迅速。公司成立以来，为了保持行动的统一性，一直实行较强的集权。请问当下列哪一种情况出现时，公司更有可能改变其过强的集权倾向？________。

A. 宏观经济增长速度加快　　B. 公司经营业务范围拓宽

C. 市场对企业产品的需求下降　　D. 国家发布了新的技术标准

34. 下面 4 种情形中，最能体现集权的组织形式是：__________ 。

A. 公司总经理电话通知销售部经理：把这批产品尽快发到深圳可龙公司，我刚刚与他们联系好

B. 面对激烈的竞争市场，总经理在高层管理会议上讲到：截至昨天，我全面审查了各部门上个月的工作情况，发现生产和销售都没能完成当月指标；而其他部门也出现各种各样的问题。现在，我命令每个部门必须严格按照公司规定的各项指标开展工作。凡是上个月没达成目标的部门，礼拜五必须拿出整改方案

C. 陈经理是一个严肃认真的人，员工很难看到他露出笑容。员工一旦出现差错总会受到严厉的批评。因此，员工都感觉到公司的气氛非常紧张，有些员工甚至因此而退出了公司

D. 总经理每天在上班开始之前，都微笑地在公司大门迎接员工的到来；每逢员工过生日，他也总要亲自向员工本人道一声“生日快乐”

五、是非判断题

1. 组织是两个以上的人在一起为实现某个共同目标而协同行动的集合体。

2. 组织设计涉及两个方面的工作内容：在职务设计的基础上进行横向的管理部门设计和纵向的管理层级设计。

3. 组织设计的任务是设计清晰的组织结构，规划和设计组织中各部门的职能和职权，确定组织中职能职权、参谋职权、直线职权的活动范围并编制职务说明书。

4. 组织结构具有复杂性、规范性、集权性。

5. 层级设计是根据相关性或相似性的标准对不同部门的管理人员的管理劳动进行横向分工。

6. 部门设计则是根据相对集权或相对分权的原则把与资源配置方向或方式选择相关的权力在不同层级的管理机构或岗位间进行纵向的安排。

7. 组织设计的原则有：专业化分工、统一指挥、控制幅度、权责对等、柔性经济。

8. 组织的结构应当保持一定的柔性以减小组织变革所造成的冲击和震荡。

9. 在数量扩大阶段的组织结构最为简单。

10. 防御者战略型组织必须依靠建构更为柔性、分权化的组织结构，使

各类人才和各个部门都有充分的决策自主权，最终能够对市场的最新需求做出灵活的反应。

11. 随着技术复杂程度的提高，企业组织结构复杂程度也相应提高，管理层级数、管理人员同一般人员的比例以及高层管理者的控制幅度亦随之增加。

12. 成功的企业大多是那些能根据技术的要求而采取合适组织结构的企业。

13. 为了保证组织目标的实现，必须将组织活动落实到每一个具体的部门和岗位上去，确保“事事有人做”。

14. 组织中的每一项活动终归要由人去完成，组织部门设计就必须考虑人员的配置情况，使得“人尽其能”“人尽其用”。

15. 产品部门化就是按照基本活动相似或技能相似的要求，分类设立专门的管理部门，如生产、财务、营销、人事、研发等部门。

16. 产品部门化能够突出业务活动的重点，确保高层主管的权威性并使之能有效地管理组织的基本活动；符合活动专业化的分工要求，能够充分有效地发挥员工的才能，调动员工学习的积极性。

17. 职能部门化有助于区分企业各类产品的贡献。

18. 组织层级，是指组织中上级主管能够直接有效地指挥和领导下属的数量。

19. 组织层级受到组织规模和组织幅度的影响，它与组织规模呈正比，在组织规模已确定的条件下，组织层级与组织幅度呈反比。

20. 锥形组织结构传递信息的速度快且准确。

21. 管理幅度设计需要考虑的因素有：工作能力，工作的内容和性质，工作条件以及工作环境。

22. 职权是指组织内部授予的指导下属活动及其行为的决定权，这些决定一旦下达，下属必须服从。职权跟组织层级化设计中的职位紧密相关，跟个人特质也有关。

23. 职权分为三种形式：直线职权、参谋职权和职能职权。

24. 组织中存在绝对的集权或绝对的分权。

25. 较低的管理层次所作的决策审核越少，分权程度就越小。

26. 如果组织内部各个方面的政策是统一的，则集权最容易达到管理目标的一致性。

27. 授权就是分权。

28. 组织有时可以越级授权。

29. 地域部门化的主要缺点是：企业所需的能够派赴各个区域的地区

主管比较稀缺，且比较难控制；另外，各地区可能会因存在职能机构设置重叠而导致管理成本过高。

30. 顾客部门化就是根据目标顾客的不同利益需求来划分组织的业务活动。

31. 流程部门化有利于培养“多面手”管理人才。

32. 矩阵型结构打破了统一指挥的传统原则，它有多重指挥线。

33. 矩阵型结构打破了统一指挥的传统原则，它有多重指挥线，因此是一种不宜采纳的组织结构。

34. 组织设计的实质是对管理人员的管理劳动进行横向和纵向的分工。

35. 管理劳动分工的必要性缘于管理者有效管理幅度是有限的。

36. 管理幅度决定了组织中的管理层次，从而决定了组织结构的基本形态。

37. 个体劳动者和手工作坊也存在组织结构问题。

38. 组织结构的必要性和重要性随着组织活动内容的复杂和参与活动的人员数量的增加而不断降低。

39. 主管委托一定数量的人分担其管理工作，委托的结果是减少了他必须直接从事的业务工作量，因此，主管可以委托无数人为其分担工作，委托的人越多，主管越轻松。

40. 在扁平组织结构中，主管不能对每位下属进行充分、有效的指导和监督。

41. 在锥形组织结构中，可能使各层主管感到自己在组织中的地位相对渺小，从而影响积极性的发挥。

42. 存在放之四海而皆准的有效管理幅度。

43. 高层管理者的管理幅度比中低层管理者的管理幅度大。

44. 下属从事的工作内容和性质越相似，主管管理的人越少。

45. 计划越明确完善，管理幅度越大。

46. 环境越不稳定，管理幅度越大。

47. 组织设计的任务是提供组织结构系统图和编制职务说明书。

48. 组织设计往往并不是为全新的、迄今为止还不存在的组织设计职务和机构。

49. 任何组织，首先是人的集合，而不是事和物的集合。

50. 组织的任务环境主要是指对组织实现其目标的能力具有直接影响的部门。

51. 一般环境指那些对企业的日常经营没有直接影响，但对企业和企业的任务环境产生影响的经济、技术、政治、法律、社会、文化和自然资源等要素。

六、简答题

1. 管理者与被管理者的工作能力如何影响管理幅度？

2. 管理者和被管理者的工作内容和性质如何影响管理幅度？

3. 管理者和被管理者的工作条件如何影响管理幅度？

4. 工作环境如何影响企业的管理幅度？

5. 请阐述组织结构设计的步骤。

6. 组织设计中逻辑性的要求首先要考虑工作的特点和需要，是否意味着可以忽略人的要素？

7. 采取分析型战略的企业，其组织结构的设计有何特征？

8. 信息技术对于企业的组织结构有何影响？

9. 过分集权有何弊端？

七、问答题

1. 管理幅度问题是如何提出的？如何确定有效的管理幅度和合理的管理层次？

2. 组织的基本结构形态有哪两种类型？这两种结构形态各有何特点？

3. 组织设计的任务是什么？设计时要考虑哪些因素的影响？根据哪些基本原则？

4. 为什么说部门化是横向分工的结果？职能部门化、产品部门化、区域部门化各有哪些优势和局限性？

5. 何谓矩阵组织？有何特点？又如何运用之？请举例说明。

6. 有效的管理要求适度的集权和分权，怎样才能使集权与分权合理地组合？请举例说明。

7. 谈谈组织分权的两个主要途径（制度分权和授权）的内涵及其区别。

八、案例分析

案例一

XY公司组织结构调整："三中心、两部门"体系

XY公司始建于2006年，迄今已有11年的发展历史，虽然时间不算最长，但却是国内一家非常具有代表性的金融公司。最开始它的业务主要是助学贷款，即帮助有求学意向的中低收入人群完成

他们的学业提供贷款。目前，公司进一步开拓自己的业务，丰富自己的产品，除了原有的小微贷款咨询服务与交易促成、财富管理、小额贷款行业投资业务外，还通过云平台整合现有的数据，开展了信用数据整合服务、信用风险评估与管理等业务。现在的XY公司已经发展成为一家金融业务多样化、服务项目精细化、管理平台综合性的现代互联网金融服务公司。目前，XY公司业务已经扩大到全国182个城市（含香港）和62个农村地区。

一、XY公司组织分析

众所周知，科学合理的组织结构能够大大提高管理效率，现代企业的组织结构正在向扁平化发展。XY公司现行的组织结构在形式上体现了公司制企业的组织特征：股东代表大会作为最高决策机构、董事会作为常设决策机构、监事会独立监督，经理层作为执行层，负责企业的经营和管理。公司现行的组织结构如图1所示。

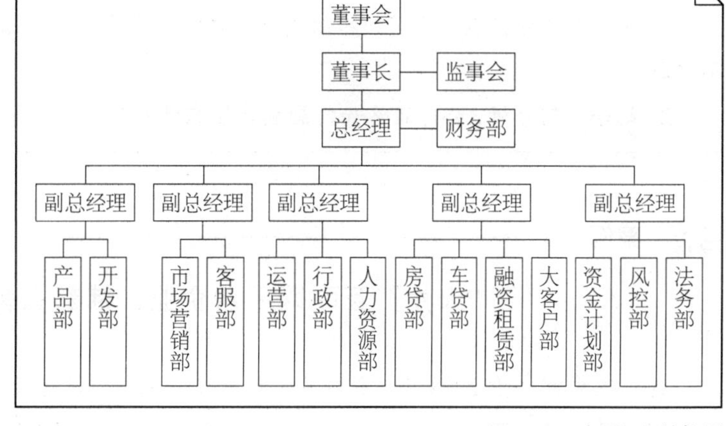

图1 XY公司组织结构图

公司高层由1位总经理、5位副总经理组成。职能部口由15个部口组成。总经理直接管理财务部，另外5名副总经理分别管理2到4个部口，这样的组织结构设置不尽合理，严重影响组织健康有序的发展，XY公司对现有组织结构的调整刻不容缓。

二、XY公司组织结构调整

未来XY公司组织结构调整的重点是建立起"三中心、两部门"体系和构建母子、分公司模式。调整后的未来XY公司组织结构见图2。

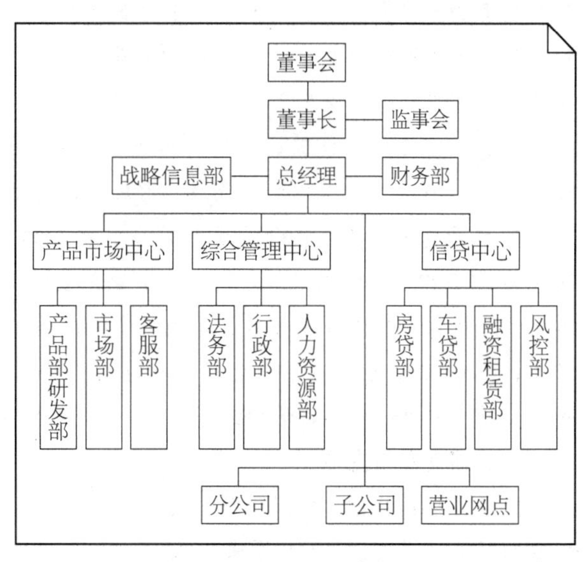

图2 未来XY公司组织结构图

首先，综合考虑产品特征、服务对象、单位性质及地域特点等因素，将XY公司部分生产经营业务独立出来成立子公司。构建"三中心、两部门"，包括产品市场中心、综合管理中心、信贷中心、战略信息部和财务部。由于公司面临在原来线上平台服务的基础上，开展线上、线下业务的有机结合模式，且经营范畴由单一产品向多元化经营发展，同时香港地区为基地，开发和引入更多的境外理财产品，故在进行组织设置时充分考虑地域差异，设置了分公司、子公司和网点。根据渐进式的发展战略，以及互联网时代对信息的强大需求，公司单独设置了战略信息部，不仅便于公司高层及时了解公司发展动态，也便于公司高层做战略调整、实施和决策。

资料来源：改编自武丽丽，《XY 公司战略人力资源管理体系研究》，北京交通大学硕士论文，2016 年 1 月

思考题：

1. 结合案例分析 XY 公司组织结构改革之前可能存在的问题有哪些，并谈谈组织设计应当遵循哪些原则。

2. 结合案例分析，公司战略如何影响其组织结构？

案例二

“天生”互联网平台企业：韩都衣舍组织特性

韩都衣舍创立于 2008 年，主打年轻时尚女装品牌，曾连续七年全网销量领先。截至 2020 年，韩都衣舍是天猫女装类目粉丝数量第一的品牌，赢得了超 5 000 万年轻女性青睐。值得一提的是，韩都衣舍的五位创始合伙人都不是来自服装行业，缺乏从业经验和相关知识积累，然而都对互联网和信息技术所引致的生产方式变革和商业生态变化极其敏锐，这为新来者韩都衣舍成为“天生”的互联网品牌服装提供商奠定了基础。

韩都衣舍之所以能够快速成长为领先的互联网多品牌快时尚服装企业，得益于其组织创新实践。“小组 + 平台”的基本组织架构，形成了韩都衣舍以小组制为核心的单品全程运营体系。经历若干轮更新迭代，韩都衣舍的运营体系日臻成熟，其发展历经单品牌阶段、多品牌阶段之后，于 2016 年朝着构建互联网二级生态品牌运营平台的战略方向发展。韩都衣舍的“平台性”体现在它通过向创意提供者提供资源等服务以及向消费者提供产品等服务进行互联网交易，是一个第三方的经济体；同时，该企业还基于平台联合其他创意者不断推出新产品和新服务，也是典型的互联网创新平台。基于平台进行创新活动的韩都衣舍，其组织具有以下特性。

一、多元参与主体

随着品牌的成熟，韩都逐渐加大了提成的比例，“买手小组”（后来演化成“产品小组”）的收入主要依靠业绩提成，而不是原来的基础工资；公司为买手小组提供 IT 系统、仓储物流、客户服务等方面的服务，会按比例分享小组的经营收益，组织与参与主体间呈现出合作化的趋势。在多品牌阶段，随着素缕外部设计师品牌和迪葵纳品牌的引入，这种合作关系更加明显。这些品牌的拥有者与公司之间是实质的合作关系，其品牌下的员工则采用产品小组的管理体系，平台与品牌之间实行收益共创共享。在品牌孵化和创新生态阶段，尽管韩都衣舍为品牌孵化投入很大，但品牌成熟后仍然

采取收益共享模式。

在单品牌阶段，公司决定产品创新的方向，即韩风快时尚，产品小组扮演着传统企业中设计师的角色，对产品创新的细节具备决策权；在多品牌阶段，品牌所有者拥有更大的自主权，品牌内部的创新由品牌创始人主管；在品牌孵化与创新生态阶段，随着用户和其他社会创新力量的加入，韩都衣舍的创新参与主体实现了社会化，组织内外部创新人员也具有更广泛的自主权。

二、动态网络结构

基于小组制的设计，韩都衣舍在创立之初并没有像其他服装企业那样按职能设置设计、视觉、销售和采购等部门，而是直接由管理服务部门和众多产品小组构成，提升了产品小组的灵活性。韩都衣舍产品各参与主体可基于市场目标自由结合成产品小组，并随着小组任务的完成动态组合成新的产品小组；产品小组之间的合作亦是如此，如果一个品牌内部的上衣销售情况良好，就会有负责裤子的产品小组争相与其合作。当发展至品牌孵化和创新生态阶段后，这种动态网络结构特征更加明显，而且已打破内部网络与外部网络的界限，公司员工可与外部参与主体组建产品小组，产品小组也可基于市场机会动态选择外部合作伙伴，从而实现基于平台的全网合作创新。

随着产品小组数量的增多，为避免小组间的激烈竞争影响到公司整体，公司将每3～5个小组合成一个大组，每3～5个大组组成一个产品部，同类产品部再组合成品牌事业部。但韩都衣舍对品牌事业部的管理方式仍然沿用产品小组制的指导思想，各事业部自主决策，是彼此独立的竞合关系；事业部内部仍然复制产品小组模式，所以整个组织呈现出层层嵌套的网络化结构特征。

三、共享共创规则

由于平台上各参与主体的关系已变为实质上的合作关系，风险共担和收益共享便成为合作的基本原则。韩都衣舍在创立之初制定产品小组自治和收益提成制度，这为公司后来的发展奠定了制度基础。这两项制度实施后，尽管单品牌阶段的产品小组缺乏创新经验，但自由组合而产生的产品小组在公司的平台帮助和创新方向指引下，有愿望和能力去尝试创新，后期高比例的收益提成制度进一步增强了产品小组创新的动力。在多品牌阶段，随着外部品牌的进入，公司对与产品小组的收益提成比例进行了调整，进一步确保产品小组随着贡献的增加所得提成相应提高。韩都衣舍还针对产品大组、产品部和品牌部的业绩制定了相应的收益共享制度。在品牌孵化和创新生态阶段，公司制定品牌孵化平台有偿使用制度，这意味着公司只获得创新使用者和供应者部分的收益，产品小组将获得除平台使用费之外的全部创新收益。

资料来源：改编自白景坤等，《互联网情境下基于平台的企业创新组织机制研究——以韩都衣舍为例》，《中国软科学》2019年第2期

思考题：

1. 韩都衣舍平台化的组织结构与传统科层制有什么不同？
2. 如何看待韩都衣舍“小组＋平台”的组织架构？

习题答案

三、填空题

1. 横向　纵向
2. 管理劳动分工　管理职务
3. 组织活动内容的复杂　参与活动的人员的数量的增加
4. 组织规模　管理幅度　正　反
5. 组织结构系统图　职务说明书
6. 事事有人做　人人有事做
7. 任务环境　一般环境　任务环境
8. 组织中的任何成员只能接受一个上司的领导
9. 提高　降低
10. 单一经营战略　多种经营战略
11. 保守型战略　风险型战略　分析型战略
12. 生产　管理
13. 单件小批生产　大批大量生产　连续生产
14. 扁平化
15. 创业阶段　职能发展阶段　分权阶段　参谋激增阶段　再集权阶段
16. 横向　纵向
17. 职能　产品　区域
18. 相似性
19. 社会文化环境
20. 职能系统　项目系统
21. 专长权　个人影响权　制度权（或称法定权）
22. 干什么　如何干　何时干

四、选择题

1. ABCE　2. BCE　3. ABE　4. ABC　5. A　6. B　7. A　8. BC，A
9. AC，B　10. ACDE　11. ABCD　12. ACD　13. BD　14.B　15. ACD
16. C　17. B　18. C　19. C　20. D　21. A　22. C　23. B　24. B
25. D　26. C　27. C　28. B　29. B　30. A　31. B　32. A　33. B
34. A

五、是非判断题

1. 是 2. 是 3. 是 4. 是 5. 否 6. 否 7. 是 8. 是 9. 是 10. 否
11. 是 12. 是 13. 是 14. 是 15. 否 16. 否 17. 否 18. 否 19. 是
20. 否 21. 是 22. 否 23. 是 24. 否 25. 否 26. 是 27. 否 28. 否
29. 是 30. 是 31. 否 32. 是 33. 否 34. 是 35. 是 36. 是 37. 否
38. 否 39. 否 40. 是 41. 是 42. 否 43. 否 44. 否 45. 是 46. 否
47. 是 48. 是 49. 是 50. 是 51. 是

六、简答题

1. 主管的综合能力、理解能力、表达能力强，则可以迅速地把握问题的关键，就下属的请示提出恰当的指导建议，并使下属明确地理解，从而可以缩短与每一位下属在接触中占用的时间。同样，如果下属具备符合要求的能力，受过良好的系统培训，则可以在很多问题上根据自己的符合组织要求的主见去解决，从而可以减少向上司请示、占用上司时间的频率。这样，管理的幅度便可适当宽些。

2.（1）主管所处的管理层次。主管的工作在于决策和用人。处在管理系统中的不同层次，决策与用人的比重各不相同。决策的工作量越大，主管用于指导、协调下属的时间就越少，而越接近组织的高层，主管人员的决策职能越重要，所以其管理幅度要较中层和基层管理人员小。（2）下属工作的相似性。下属从事的工作内容和性质相近，则对每人工作的指导和建议也大体相同。这种情况下，同一主管对较多下属的指挥和监督是不会有什么困难的。（3）计划的完善程度。下属如果单纯地执行计划，且计划本身制定得详尽周到，下属对计划的目的和要求明确，那么，主管对下属指导所需的时间就不多；相反，如果下属不仅要执行计划，而且要将计划进一步分解，或计划本身不完善，那么，对下属指导、解释的工作量就会相应增加，从而减小有效管理幅度。（4）非管理事务的多少。主管作为组织不同层次的代表往往必须占用相当时间去处理一些非管理性事务。这种现象对管理幅度也会产生消极的影响。

3.（1）助手的配备情况。如果有关下属的所有问题，不分轻重缓急，都要主管去亲自处理，那么，必然要花费他大量的时间，他能直接领导的下属数量也会受到进一步的限制。（2）信息手段的配备情况。利用先进的技术去搜集、处理、传输信息，不仅可帮助主管更早、更全面地了解下属的工作情况，从而可以及时地提出忠告和建议，而且可使下属了解更多的与自己工作有关的信息，从而更能自主、自如地处理分内的事务。这显然有利于扩大主管的管理幅度。（3）工作地点的相近性。不同下属的工作岗位在地理上的分散，会增加下属与主管以及下属之间的沟通困难，从而会影响主管直属部下的数量。

4. 组织环境稳定与否会影响组织活动内容和政策的调整频度与幅度。环境变化越快，变化程度越大，组织中遇到的新问题越多，下属向上级的请示就越有必要、越经常；相反，上级能用于指导下属工作的时间和精力却越少，因为他必须花更多的时间去关注环境的变化，考虑应变的措施。因此，环境越不稳定，各层主管人员的管理幅度越受到限制。

5. 组织设计者一般要完成以下三个步骤的工作。

（1）职务设计与分析。职务设计与分析是组织设计的最基础工作。职务设计是在目标活动逐步分解的基础上，设计和确定组织内从事具体管理工作所需的职务类别和数量，分析担任每个职务的人员应负的责任，应具备的素质要求。

（2）部门划分。根据各个职务所从事的工作内容的性质以及职务间的相互关系，依照一定的原则，可以将各个职务组合成被称为“部门”的管理单位。

（3）结构的形成。职务设计和部门划分是根据工作要求来进行的。在此基础上，还要根据组织内外能够获取的现有人力资源，对初步设计的部门和职务进行调整，并平衡各部门、各职务的工作量，以使组织机构结构合理。如果再次分析的结果证明初步设计是合理的，那么剩下的任务便是根据各自工作的性质和内容，规定各管理机构之间的职责、权限以及义务关系，使各管理部门和职务形成一个严密的网络。

6. 组织设计过程中必须重视人的因素。(1)组织设计往往并不是为全新的、迄今为止还不存在的组织设计职务和机构。在通常情况下，我们遇到的实际上是组织的再设计问题，这时就不能不考虑到现有组织中现有成员的特点，组织设计的目的就不仅是要保证“事事有人做”，而且要保证“有能力的人有机会去做他们真正胜任的工作”。(2)组织中各部门各岗位的工作最终是要人去完成的，即使是一个全新的组织，也并不总是能在社会上招聘到每个职务所需要的理想人员。组织机构和结构的设计，不能不考虑到组织内外现有人力资源的特点。(3)任何组织，首先是人的集合，而不是事和物的集合。为社会培养各种合格有用的人才是所有社会组织不可推卸的社会责任。

7. 采取分析型战略的企业，其组织结构的设计兼具刚性和柔性的特征：(1)既强调纵向的职能控制，也重视横向的项目协调；(2)对生产部门和市场营销部门实行详细而严格的计划管理，而对产品的研究开发部门则实行较为粗泛的计划管理；(3)高层管理层由老产品的生产管理、技术管理等职能部门的领导及新产品的事业部领导联合组成，前者代表企业的原有阵地，后者代表企业进攻的方向；(4)信息在传统部门间主要为纵向沟通，在新兴部门间及其余传统部门间主要为横向沟通；(5)权力的控制是集权与分权的适当结合。

8. (1)使组织机构呈现出扁平化的趋势。(2)对集权化和分权化可能带来双重影响。希望集权化的管理者能够运用先进技术去获得更多的信息和作出更多的决策。同时管理者也能够向下属分散信息并且增强参与性与自主性。(3)加强或改善了企业内部各部门间以及各部门内工作人员间的协调。(4)要求给下属以较大的工作自主权。(5)提高专业人员比例。

9. (1)降低决策的质量。大规模组织的主管远离基层，基层发生的问题经过层层请示汇报后再由主管作决策，则不仅影响决策的正确性，而且影响决策的及时性。(2)降低组织的适应能力。过度集权的组织，可能使各个部门失去自适应和自调整的能力，从而削弱组织整体的应变能力。(3)降低组织成员的工作热情。权力高度集中，组织中的大部分决策均由最高主管或高层管理人员制定，基层管理人员和操作人员的主要任务甚至唯一任务在于被动地、机械地执行命令。长此以往，他们的积极性、主动性、创造性会被逐渐磨灭，工作热情消失，劳动效率下降，从而使组织的发展失去基础。

七、问答题

1. 组织的最高主管因受到时间和精力的限制，需委托一定数量的人分担其管理工作。委托的结果是减少了他必须直接从事的业务工作量，但与此同时，也增加了他协调受托人之间关系的工作量。因此，任何主管能够直接有效地指挥和监督的下属数量总是有限的。这个有限的直接领导的下属数量被称作管理幅度。组织设计的实质是对管理人员的管理劳动进行横向和纵向的分工。管理劳动分工的必要性缘于管理者有效管理幅度的有限性。管理幅度决定了组织中的管理层次，从而决定了组织结构的基本形态。设计合理的组织机构与结构，必须分析管理幅度的主要影响因素。

管理层次受到组织规模和管理幅度的影响。它与组织规模成正比：组织规模越大，包括的成员越多，则层次越多。在组织规模已定的条件下，它与管理幅度成反比：主管直接控制的下属越多，管理层次越少。相反，管理幅度减小，则管理层次增加。管理层次与管理幅度的反比关系决定了两种基本的管理组织结构形态：扁平结构形态和锥型结构形态。

有效的管理幅度受到诸多因素的影响，主要有：管理者与被管理者的工作内容、工作能力、工作环境与工作条件。

2. 管理层次与管理幅度的反比关系决定了两种基本的管理组织结构形态：扁平结构形态和锥型结构形态。

（1）扁平结构是指组织规模已定、管理幅度较大、管理层次较少的一种组织结构形态。这种形态的优点是：由于层次少，信息的传递速度快，从而可以使高层尽快地发现信息所反映的问题，并及时采取相应的纠偏措施；同时，由于信息传递经过的层次少，传递过程中失真的可能性也较小；此外，较大的管理幅度使主管人员对下属不可能控制得过多过死，从而有利于下属主动性和首创精神的发挥。但过大的管理幅度也会带来一些局限性，比如：主管不能对每位下属进行充分、有效的指导和监督；每个主管从较多的下属那儿取得信息，众多的信息量可能湮没了其中最重要、最有价值者，从而可能影响信息的及时利用等。

（2）锥型结构是管理幅度较小，从而管理层次较多的高、尖、细的金字塔形态。其优点与局限性正好与扁平结构相反：较小的管理幅度可以使每位主管仔细地研究从每个下属那儿得到的有限信息，并对每个下属进行详尽的指导。但过多的管理层次不仅影响了信息从基层传递到高层的速度，而且由于经过的层次太多，每次传递都被各层主管加进了许多自己的理解和认识，从而可能使信息在传递过程中失真；可能使各层主管感到自己在组织中的地位相对较低而影响积极性的发挥；往往容易使计划的控制工作复杂化。

组织设计要尽可能地综合两种基本组织结构形态的优势，克服它们的局限性。

3. 设计组织的结构是执行组织职能的基础工作。组织设计的任务是提供组织结构系统图和编制职务说明书。组织设计的影响因素包括经营环境、经营战略、技术及其变化、企业发展阶段和企业规模。组织所处的环境，采用的技术、制定的战略、发展的规模不同，所需的职务和部门及其相互关系也不同，但任何组织在进行机构和结构的设计时，都需遵守一些共同的原则：（1）因事设职与因人设职相结合的原则；（2）权责对等的原则；（3）命令统一的原则。

4. 横向的分工，是根据不同的标准，将对组织活动的管理劳动分解成不同岗位和部门的任务，横向分工的结果是部门的设置，或“组织的部门化”。部门化是将整个管理系统分解成若干个相互依存的基本管理单位，它是在管理劳动横向分工的基础上进行的。分工的标准不同，所形成的管理部门以及各部门之间的相互关系亦不同。组织设计中经常运用的部门划分的标准是：职能、产品以及地区。

职能部门化的优点为：（1）职能是划分活动类型，从而设立部门的最自然、最方便、最符合逻辑的标准，据此进行的分工和设计的组织结构可以带来专业化分工的种种好处；（2）按职能划分部门，由于各部门在最高主管的领导下从事相互依存的整体活动的一部分，因此有利于维护最高行政指挥的权威，有利于维护组织的统一性；（3）由于各部门只负责一种类型的业务活动，因此便于工作人员的培训、相互交流，从而有利于技术水平的提高。

职能部门化的局限性主要表现在以下几个方面：（1）由于各种产品的原料采购、生产制造、产品销售都集中在相同的部门进行，各种产品给企业带来的贡献不易区别，因此不利于指导企业产品结构的调整；（2）由于各部门的负责人长期只从事某种专门业务的管理，缺乏总体的眼光，因此不利于高级管理人才的培养；（3）由于活动和业务的性质不同，各职能部门可能只注重依据自己的准则来行动，因此可能使本来相互依存的部门之间的活动不协调，影响组织整体目标的实现。

产品部门化具有下述优势：（1）能使企业将多元化经营和专业化经营结合起来。既可使企业因多元化经营而减少市场风险，提高了经营的稳定性，又可使企业的各部门因专业化经营而提高生产率，降低劳动成本。（2）有利于企业及时调整生产方向。按产品设立管理部门，要比职能部门化更易区分和分摊各种产品的收益和成本，从而更易考察和比较不同产品对企业的贡献。（3）有利于促进企业的内部竞争。（4）有利于高层管理人才的培养。每个部门的经理都需独当一面，完成同一产品制造的各种职能活动，这类似于对一个完整企业的管理。因此，企业可以利用产品部门来作为培养有前途的高层管理人才的基地。

产品部门化的局限性是需要较多的具有像总经理那样能力的人去管理各个产品部；同时，各个部门的主管也可能过分强调本单位利益，从而影响企业的统一指挥；此外，产品部某些职能管理机构与企业总部的重叠会导致管理费用的增加，从而提高了待摊成本，影响企业竞争能力。区域部门化的贡献和缺陷类似于产品部门化。

（区域部门化的讨论略）

5. 矩阵组织是综合利用各种标准的一个范例。这是一种由纵横两套系统交叉形成的复合结构组织。纵向的是职能系统；横向的是为完成某项专门任务（如新产品开发）而组成的项目系统。项目系统没有固定的工作人员，而是随着任务的进度，根据工作的需要，从各职能部门抽人参加，这些人员完成了与自己有关的工作后，仍回到原来的职能部门。

矩阵组织具有很大的弹性和适应性，可以根据工作的需要，集中各种专门的知识和技能，短期内迅速完成重要的任务；在项目小组中集中了各种人才，便于知识和意见的交流，能促进新的观点和设想的产生；此外，由于成员来自各个不同的职能部门，项目小组的活动还可促进各个部门间的协调和沟通。但由于项目组织的成员是根据工作的进展情况临时从各职能部门抽调的，其隶属关系不变，从而不仅可能使他们产生临时观念，影响工作责任心，而且由于要接受并不总是保持一致的双重领导，在工作中可能有时会感到无所适从。

矩阵式组织的特点决定了它主要适用于那些工作内容变动频繁、每项工作的完成需要众多技术知识的组织，或者作为一般组织中安排临时性工作任务的补充结构形式。(举例略)

6. 集权是指决策权在组织系统中较高层次的一定程度的集中；与此相对应，分权是指决策权在组织系统中较低管理层次的一定程度的分散。

集权和分权是一个相对的概念。绝对的集权意味着组织中的全部权力集中在一个主管手中，组织活动的所有决策均由主管作出，主管直接面对所有的实施执行者，没有任何中间管理人员，没有任何中层管理机构。这在现代社会经济组织中显然是不可能的。而绝对的分权则意味着全部权力分散在各个管理部门，甚至分散在各个执行、操作者手中，没有任何集中的权力，因此主管的职位显然是多余的，一个统一的组织也不复存在。所以，在现实社会中的组织，可能是集权的成分多一点，也可能是分权的成分多一点。我们需要研究的，不是应该集权还是分权，而是哪些权力宜于集中，哪些权力宜于分散，在什么样的情况下集权的成分应多一点，何时又需要较多的分权。(举例略)

7. 权力的分散可以通过两个途径来实现：组织设计中的权力分配(我们称之为制度分权)与主管人员在工作中的授权。制度分权，是在组织设计时，考虑到组织规模和组织活动的特征，在工作分析从而职务和部门设计的基础上，根据各管理岗位工作任务的要求，规定必要的职责和权限。而授权则是担任一定管理职务的领导者在实际工作中，为充分利用专门人才的知识和技能，或在出现新增业务的情况下，将部分解决问题、处理新增业务的权力授予某个或某些下属。

制度分权与授权的含义不同，决定了它们具有下述区别。

(1)制度分权是在详细分析、认真论证的基础上进行的，因此具有一定的必然性；而工作中的授权则往往与管理者个人的能力和精力、拥有的下属的特长、业务发展情况相联系，因此具有很大的随机性。

(2)制度分权是将权力分配给某个职位，因此，权力的性质、应用范围和程度的确定需考虑整个组织构造的要求；而授权是将权力授予某个下属，因此，授予何种权力、授予后应作何种控制，不仅要考虑工作的要求，而且要依据下属的工作能力。

(3)分配给某个管理职位的权力，如果调整的话，不仅影响该职位或部门，而且会影响与组织其他部门的关系。因此，制度分权是相对稳定的。除非整个组织结构重新调整，否则制度分权不会收回。相反，由于授权是某个主管将自己担任的职务所拥有的权限因某项具体工作的需要而授予某个下属，这种授予可以是长期的，也可以是临时的。长期的授权虽然可能制度化，在组织结构调整时成为制度分权，但授权并不意味着放弃权力。

（4）制度分权主要是一条组织工作的原则，以及在此原则指导下的组织设计中的纵向分工；而授权则主要是领导者在管理工作中的一种领导艺术，一种调动下属积极性、充分发挥下属作用的方法。

另外，有必要指出，作为分权的两种途径，制度分权与授权是互相补充的：组织设计中难以详细规定每项职权的运用，难以预料每个管理岗位上工作人员的能力，同时也难以预测每个管理部门可能出现的新问题，因此，需要各层次领导者在工作中的授权来补充。

八、案例分析

案例一分析参考：

1. 管理层次不合理，在实际操作中，容易造成多头领导；部口设置过多，不够精简，容易造成人员浪费和管理上的繁杂；总经理的权力容易被架空，不利于公司整体战略的实现；没有充分体现业务范畴和总、分、子公司直接的关系。在组织设计的过程中，还应该遵循一些最基本的原则，这些原则都是在长期管理实践中的经验积累，应该为组织设计者所重视：（1）业务分工的原则。（2）统一指挥原则。（3）控制幅度原则。（4）权责对等原则。（5）柔性经济原则。

2. 战略选择对组织结构的影响分两个层次：（1）不同的战略要求不同的业务活动，从而影响管理职务的设计；（2）战略重点的改变，会引起组织的工作重点从而各部门与职务在组织中重要程度的改变，要求管理职务以及管理部门之间的关系相应的调整。

案例二分析参考：

1. 可以结合组织结构的内容进行分析，从工作任务的分解角度剖析横向分解与纵向分解的异同，从任务组合角度评估组织对任务活动相似性的管理及业务职责的划分异同，从组织协调角度分析环境不确定性带来的风险与挑战，不同组织结构在职权分配、确定管理幅度及分权等组织协调方面的异同。

2. 可以结合组织结构的演变趋势探讨韩都衣舍组织架构在扁平化、柔性化、无边界化和虚拟化方面发挥的创新点、优势及潜在的问题，综合材料进行回答。

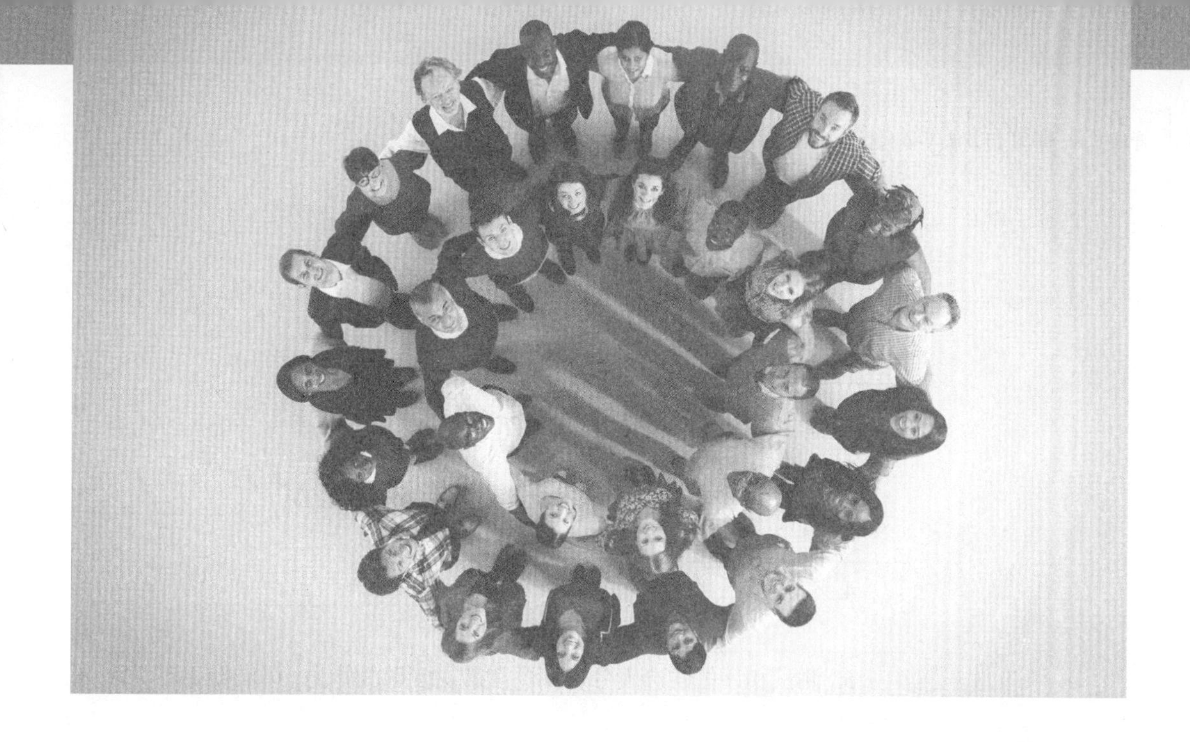

第十章 人员配备

一、复习要点

1. 人员配备的任务、程序和原则。
2. 外部招聘的概念及其优缺点。
3. 内部提升的概念及其优缺点。
4. 管理人员选聘的标准。
5. 管理人员的选聘程序和方法。
6. 管理人员考评的目的和作用。
7. 管理人员考评的内容。
8. 管理人员考评的工作程序和方法。
9. 管理人员培训的目标。
10. 管理人员的培训方法。
11. 彼得现象的基本内容。如何防止彼得现象的产生?

二、关键概念

人员配备、因事择人、因材器使、人事动态平衡、外部招聘、内部提升、贡献考评、能力考评、工作轮换、助理职务、临时职务、彼得现象。

三、填空题

1. 人员配备的工作内容和程序包括 ________、________、________。

2. 人员需要量的确定主要以设计出的 ________ 和 ________ 为依据。

3. 管理人员选聘的标准有 ________、________、________、________ 和 ________。

4. 管理人员的招聘程序为 ________、________、________、________、________。

5. 测试和评估候选人分析问题和解决问题的能力，可借助 ________ 的方法。

6. 培养能力与改变态度的培训方法有 ________、________ 和 ________。

7. 管理人员培训的目标有 ________、________、________、________。

8. 管理人员考评的程序应为 ________、________、________、________、________。

9. 人事考评首先是为了列出企业 ________ 的清单，了解企业 ________ 的基本状况。

10. 人员配备也是为每个人安排适当的工作，所以要考虑组织成员的 ________、________、________。

11. 通过人员配备，使每个人的知识和能力得到公正的 ________、________ 和 ________。

12. 人员配备是在 ________ 的基础上进行的。

13. 要根据组织的 ________、________、________、________ 等特点，有计划、有组织、有步骤地进行全员培训。

14. 人员配备的原则是 ________、________、________。

15. 管理人员的来源包括 ________ 和 ________。

四、选择题

1. 外部招聘具有哪些优点？ ________。

A. 被聘干部具有“外来优势”，没有历史包袱

B. 能够为组织带来新鲜空气

C. 有利于使被聘者迅速开展工作

D. 有利于鼓舞士气，提高工作热情

E. 有利于平息和缓和内部竞争者之间的紧张关系

2. 下列关于贡献考评的说法不正确的是 ________ 。

A. 贡献考评是指考核和评估管理人员在一定时期内担任某个职务的过程中对实现企业目标的贡献程度

B. 应尽可能把管理人员的个人努力和部门的成就区别开来

C. 能力的大小与贡献的多少存在着严格的一一对应的关系

D. 贡献往往是努力程度和能力强度的函数。因此，贡献考评可以成为决定管理人员报酬的主要依据

3. 与被考评对象发生业务联系的人员主要有三类：上级、关系部门、下属。________ 主要是评估当事人的协作精神；________ 来填写考评表，主要是考核和评价下属的理解能力和组织执行能力；________ 的评价则着重于管理者的领导能力和影响能力。

A. 上级人员 B. 关系部门 C. 下属

4. 下列关于工作轮换的说法正确的是 ________ 。

A. 工作轮换包括管理工作轮换与非管理工作轮换

B. 工作轮换能培养员工的协作精神和系统观念

C. 工作轮换的主要目的是更新知识

D. 为了有效地实现工作轮换的目的，要对受轮换训练的管理人员提出明确的要求

5. 设置助理职务的好处有 ________ 。

A. 减轻主要负责人的负担

B. 使助理积累高层管理经验

C. 使培训组织者更好地了解受训人的管理能力

D. 受训者能够学习主管的工作方式，吸取经验

6. 下列问题中可用来考核管理人员计划能力的有 ________ 。

A. 他是否为本部门制定与公司目标有明确关系的可考核的长期和短期目标

B. 他是否对下属在进行工作、承担责任的过程中授予相应的职权

C. 他是否理解公司政策在其他决策中的指导作用，并确保下属也这样做

D. 他是否定期检查计划的执行情况，以确保部门的实际工作与计划要求相一致

E. 他是否建立了必要的信息反馈制度，并明确职权系统与信息反馈系统在管理中的地位区别

7. 下列问题可以用来考核管理人员组织能力的有 ________ 。

A. 他对下属的工作职责和任务是否有明确的要求，并确保下属能理解自己的任务

B. 他是否理解公司政策在其他决策中的指导作用，并确保下属也这样做

C. 他是否对下属在进行工作、承担责任的过程中授予相应的职权

D. 他在授权后是否能控制自己不再利用这些职权进行决策，从而干预下属工作

E. 他是否建立了必要的信息反馈制度，并明确职权系统与信息反馈系统在管理中的地位区别

8. 在以下各项中，哪项应作为管理干部培训的主要目标？ ________。

A. 传授新知识与新技能

B. 灌输本企业文化

C. 培养他们的岗位职务所需的可操作性技能

D. 以上都是

9. 采取工作轮换的方式来培养管理人员，其最大的优点是有助于________。

A. 提高受训者的业务专精能力

B. 减轻上级领导的工作压力

C. 增强受训者的综合管理能力

D. 考察受训者的高层管理能力

10. 以下和企业管理人员需要量无关的因素是________。

A. 企业的产品数量　　B. 组织的规模

C. 人员的流动率　　D. 组织发展的需要

11. 管理人员选聘时不需要作为主要考虑标准的是________。

A. 管理的欲望　　B. 冒险的精神

C. 强健的体魄　　D. 沟通的技能

12. 内部招聘的最主要的缺点是________。

A. 引起同事不满

B. 有历史包袱，不能迅速展开工作

C. 要花很长时间重新了解企业状况

D. 知识水平可能不够高

13. 某组织中设有一管理岗位，连续选任了几位干部，结果都是由于难以胜任岗位要求而被中途免职。从管理的角度来看，出现这一情况的根本原因最有可能是：________。

A. 组织设计上没有考虑命令统一的原则

B. 管理部门选聘干部时没有找到合适人选

C. 组织设计忽视了对于干部的特点与能力的要求

D. 组织设计没有考虑到责权对应的原则

14. 某企业采用直线职能制的组织结构，企业中共有管理人员 42 人，其中厂长 1 人，车间主任 4 人，班组长 18 人，职能科长 3 人，科员 16 人。每一岗位均不设副职。这时，厂长的管理幅度为：__________ 。

A. 4　　B. 7

C. 22　　D. 23

五、是非判断题

1. 人员配备是为每个岗位配备适当的人，也就是说，只要满足组织的需要即可。

2. 设计合理的组织系统要能有效地运转，必须使机构中每个工作岗位都有适当的人去占据，使实现组织目标所必需进行的每项活动都有合格的人去完成。

3. 我们在为组织目前的机构配备人员时，只需要考虑组织目前的职位空缺。

4. 人才流动可以使人才自己通过不断的尝试，找到最适合自己、给自己带来最大利益的工作；也能为组织带来“新鲜血液”，因此，组织要促进人才的流动。

5. 人员配备，要使每个人的知识和能力得到公正的评价、承认和运用。

6. 人员配备，要使每个人的知识和能力不断发展，素质不断提高。

7. 人员配备是在组织设计的基础上进行的。人员需要量的确定主要以设计出的职务数量和类型为依据。

8. 职务数量指出了需要什么样的人，职务类型则告诉我们每种类型的职务需要多少人。

9. 管理人员都是高层。

10. 对于外部候选人的实际工作能力我们往往所知甚少。

11. 提拔管理人员时，由于我们对于内部候选人过去的能力十分了解，因此，能够轻易作出选择，不必进行考核。

12. 把不合适的人安排在不合适的岗位上，只会对组织造成不好的结果。

13. 人员配备的原则有：因事择人、因材器使、人事动态平衡。

14. 管理人员需要量是由组织现有的规模、机构和岗位决定的。

15. 外部招聘的所谓“外来优势”主要是指被聘者没有“历史包袱”，组织内部成员（部下）只知其目前的工作能力和实绩，而对其历史特别是职业生涯中的失败记录知之甚少。

16. 如果员工发现自己的同事，特别是原来与自己处于同一层次具有同等能力的同事提升而自己未果时，就可能产生不满情绪，懈怠工作，不听管理，甚至拆台。

17. 内部提升制度能更好地维持成员对组织的忠诚，使那些有发展潜力的员工能自觉地更积极地工作，以促进组织的发展，从而为自己创造更多的职务提升的机会。

18. 内部提升制度是排斥外部人才、不利于吸收外部优秀的管理人员的。

19. 内部提升制度有利于保证选聘工作的正确性。

20. 外部提升制度有利于被聘用者迅速展开工作。

21. 管理人员就是什么都会的人才。

22. 个人对组织的贡献取决于个人能力。

23. 不同管理层次的具体管理业务工作是不同的，因此，管理的本质也不同。

24. 管理人员不仅要计划和安排自己的工作，而且更重要的是要组织和协调部属的工作。

25. 员工的素质，特别是管理干部的素质，是企业活动效率的决定因素。

26. 工作报酬必须与工作者的能力和贡献结合起来，这是企业分配的一条基本原则。

27. 报酬仅取决于工作的性质（如流水线上的作业）或劳动的数量（比如在实行计件工资制的条件下）一个因素。

28. 管理人员的工作效果通常难以精确地量化处理。

29. 期初通过严格选拔和考核配备的管理人员一定与工作要求完全相符。

30. 对员工进行考评，有利于促进组织内部的沟通。

31. 贡献考评是指考核和评估管理人员在一定时期内担任某个职务的过程中对实现企业目标的贡献程度，即：评价和对比组织要求某个管理职务及其所辖部门提供的贡献与该部门的实际贡献。

32. 能力考评是指通过考察管理人员在一定时间内的管理工作，评估他们的现实能力和发展潜力，即分析他们是否符合现任职务的要求，任现职后素质和能力是否有所提高，从而能否担任更重要的工作。

六、简答题

1. 如何理解人员配备的任务?
2. 人员配备要遵循哪些原则?
3. 如何确定组织管理人员的需要量?
4. 外部招聘有何优缺点?
5. 内部提升有何优缺点?
6. 管理人员考评有何作用?
7. 在贡献考评中要注意什么?
8. 管理人员考评对管理人员有何积极影响?
9. 传统的考评方法有什么弊端? 应该如何克服?

七、问答题

1. 如何从组织外部招聘合适的管理人员?

2. 如何使人员的稳定与流动合理地组合,从而在帮助每个管理人员找到最恰当的工作岗位,使人才得到最充分、最合理的使用的同时,保持组织的稳定性?

3. 为什么不仅要考评管理人员的贡献,还要考评其能力? 管理人员考评的目的和作用是什么?

4. 为什么会出现彼得现象? 如何防止彼得现象的出现?

八、案例分析

案例一

华为别具一格的知识型人才管理模式

华为成立于1987年,是一家生产和销售通信设备的民营通信科技公司,为世界各地的通信运营商及专业网络拥有者提供硬件设备、软件、服务和解决方案。自成立以来,华为从最初一个名不见经传的销售代理,逐渐发展成全球最大的电信网络解决方案提供商和通信设备供应商,至今已经取得诸多成绩。华为非常注重人力资源的培养,这是华为成功的基石。本文将从以下几个方面介绍华为对知识型员工的管理。

一、招聘

作为一家员工数量多达十几万的庞大企业,华为对人才的选拔有着独特的理念。在华为看来,"选对人"比"改变人"更重要。因此,华为在选聘人才时主要考虑两点:企业需要何种类型的员工;岗位需要什么样的员工。企业在选择员工时重点关注员工与企业的匹配度,更多考查应聘者的态度、个性和兴趣，选择那些与其文化相配的人。从岗位需求的角度考虑，华为主要考查应聘者的“硬实力”，即应聘者的技能、经验和学历等。

二、培训

从华为学校和全员导师制两方面阐述华为的培训实践。华为学校具有完善的培训体系，可为其员工和客户提供方便而有效、各式各样的培训课程。华为学校的培养模式也有其独特之处。首先，任正非要求华为学校采取收费学习模式，旨在激发学生主动学习，将以往的被动培养变成自我培养。其次，华为学校注重案例教学。案例学习包括4个阶段：阶段一为启发式学习；阶段二为演讲；阶段三为大辩论，学习者可针对公司文化提出反对观点；阶段四为论文和答辩、要求学习者写出自己真实的行为实践而非理论。全员导师制即“一对一”的帮扶前进模式。除了新进员工以外，所有华为人都会有导师。为了保障“导师制”更好地推行和执行，华为出台了4项制度。①导师激励制。华为采取物质激励方式提高导师的积极性，包括每月下发师徒感情联络金、优秀导师奖金等。②能上能下制。华为内部实行轮岗制，任何人在被分配到新的岗位后都会成为“新员工”，也就会被分配导师。③责任连带制。华为规定，如若徒弟在工作中出现问题，则导师不能被提拔，甚至会被降职。④晋升激励制。华为明确说明，职位晋升的前提和必要条件之一是担任过导师。

三、绩效管理：目标管理和任职资格制度

绩效不仅需要考核，而且需要管理。考核不是目的，员工增值才是根本。华为在考核员工时将焦点放在员工的自我成长及其实际贡献和所创造的商业价值上。华为的目标管理包括两个部分——目标细分和指标分配。为了做好目标细分，华为组建了跨部门管理团队，多维度地对企业目标进行细分。华为的任职资格制度基本涵盖了所有岗位的任职资格标准。对于研发人员的考核，华为别出心裁，将开发与技术分离，除了考核其成功率，还要考查其失败率，将失败次数作为一个考核指标。

绩效计划是绩效管理的第一步，绩效沟通是第二步，而目标管理将这两个步骤打通联合，在提高效率的同时提高了员工的积极性。绩效评价和绩效诊断为绩效管理的第三步和第四步。利用知识型员工自我激励的特性，华为采取任职资格管理体系，使员工可以自我攀爬，在达到一定考核水平后，可通过培训使自身能力得到提升，同时实现职位晋升。可见，华为成功地将绩效、能力与职位三方面打通，使之成为一个可循环、可持续、可发展的闭环，实现了责、权、利、能四位一体。如此，华为通过目标管理和任职资格评价构建了一个绩效管理循环框架。

资料来源：改编自蒋石梅、孟静、张玉瑶等，《知识型员工管理模式——华为案例研究》，《技术经济》，2017年第5期

思考题：

1. 华为的人力资源管理有哪些值得学习的地方？
2. 知识型员工有什么特点，华为对知识型员工的管理有何可行之处？
3. 绩效管理与评估是人力资源管理的重要手段，你认为华为的绩效管理可取之处有哪些？

案例二

股权激励的原型：乔家字号“身股制”

山西祁县乔家名列晋商十大财东之冠，是清代晋商的代表家族。据调查，清代光绪年间是乔家的最盛时期，这时乔家不仅是大德通、大德恒票号的股东，在归化（呼和浩特）仅复盛字号的钱庄、当铺、粮店就有10余处，连同分布在包头、京、津、东北和长江流域的粮茶、钱当等商业，总共要在200处以上，拥资白银数千万两。此外，乔家字号经营持久，从清代乾隆初年创业到新中国成立后的1953年公私合营而“寿终正寝”，前后历经七世共计二百余年。

乔家字号如此发达，分红制度是很重要的因素，身股制的推行使得乔家复盛公字号的账期资本利润率曾达到百分之百左右，大德通票号1889—1908年的盈利增长达28倍。所谓身股，是晋商的股俸激励的一种，财东允许掌柜等重要伙计以人力而非资本所顶股份，可以参与分红但不对商号的亏赔负责。乔家字号身股制的制度架构和激励效果在晋商所有字号中都具有典型性，其身股制的激励作用由以下三条路径实现。

一、第一阶段：身股资质获取的约束条件——选聘本地人构建地缘文化共同体

中国人乡土情结浓厚，在这种社会环境下孕育而生的乔家字号选聘的学徒和掌柜都是山西本地人，选聘本地人成为身股资质获取的约束条件。选聘策略内含保人制度、上查三代、穿铁鞋等选聘策略以获得优质的选拔结果。保人制度是指乔家字号选聘的学徒和掌柜都需要家境殷实的保人举荐。“将保证人与被保人之关系，如无特殊牵连，最不易找”，[①]确立了保人与被举荐者紧密的信义恩情关系，“倘有越规行为，保证人负完全责任”[②]使得被举荐的学徒和掌柜更加自律谨慎以免辜负保人的恩情。上查三代是指乔家字号选聘过程中的背景审查范围涉及祖上三代的信誉记录。穿铁鞋是指乔家字号铸铁鞋一双，穿不得此鞋，其他条件再好亦不求用，即通过这一习俗来拒绝关系请托，以保证人才选拔的公允。

晋商强调安土重迁、落叶归根，即使有的掌柜和伙计被派到遥远的分号，但其家眷仍然留在祁县，而且大德通号规明确规定“不准接眷出外”，家人被留在祁县本地形成一种人质约束效应，其在字号内的业绩和伦理表现与其家眷在本地的荣辱紧密相关。此外，乔家字号选聘本地人形成的商业圈使得号内员工“稍有过失，即予开除，别的票号也不用”，进而衍生出集体惩罚效应。由此观之，地缘文化共同体为乔家字号营造出良好的信誉保障环境。

二、第二阶段：身股配置的制度基石——学徒制与东掌制构建社会身份共同体

学徒制是乔家字号普通伙计的必经培训过程，利用3年学徒期对学徒进行专业技能培养（写字、珠算等）、服务技能培养（烧水、冲茶等）、特殊技能培养（少数民族语言学习等）以及品德训育。乔家字号对学徒实施长期雇佣和内部晋升制度。长期雇佣是指经过3年培训从学徒成为伙计后，还需要经

① 颉尊三：《山西票号之构造》。
② 同上。

历将近10年的账期积累才能获得身股资格；内部晋升是指从学徒、伙计直到掌柜，伴随着经验和心性的成长与成熟，员工职业生涯每个阶段的努力都在为其在组织内部实现晋升夯实基础。学徒制长期培训和内部晋升的目的是培养票号切实需要的长期雇佣人才，使最终留任的伙计经受组织价值观的长期浸润，最终获得乔家圈内人身份，极大地降低了股权激励实施的监督成本，推动企业的长远持续发展。

东掌制是指掌柜对票号经营事务全权负责，是乔家字号所有权与经营权高度分离的典型制度。除非遇到事关企业存亡的重大决策，财东在日常经营中不干涉号内事务。在东掌制下，财东对企业承担无限责任，掌柜只负赢不负亏。同时财东"用人莫疑，疑人莫用"并"以礼召聘，委以全权"，这种以礼相待、充分放权又承担责任的情怀滋养出高黏性的泛家族化信任关系。掌柜将这种信任关系扩展至字号内部其他人员，产生亲密性和微妙性的人际关系，增强了字号内部的社会身份认同。

可见，乔家字号的身股制原则上是一种面向全员并有条件限制的员工持股制度，其覆盖范围远较现代企业股权激励的高阶管理人员广泛。学徒制与东掌制通过逐步强化学徒和掌柜的身份认同意识，使商号内形成泛家族化信任关系，建构了一种社会身份共同体，是乔家字号身股配置的制度基石。

三、第三阶段：身股激励的长效机制——获取心理所有权构建经济利益共同体

身股是一股为限的饱和股，"最初所顶之身股，最多不能过二厘（即一股之十分之二），然后每逢账期一次，可增加一二厘，增至一股为止，谓之'全份'"，达到饱和后除非有极大特殊贡献可突破一到二厘，无特殊情况不可继续增持。饱和目标使得号内员工产生一种极强的目标意识，通过绩效和经验的积累缩短与终极目标的差距，随着持股数和红利的阶段性增加，持续地激发号内员工对于更高物质激励水平的追求。为使身股激励更加有效，乔家字号设计了花红制、故身股、身股应支等将身股激励导向长期主义的制度规范。花红制是指从每轮账期红利中计提出来的风险准备金，分号掌柜任职期间未产生巨大的经营损失，花红将成为一笔高额的退休金。花红是根据利润按照一定的预算比例提取的，并不会构成分号掌柜心理账户的经济损失，相反随着年限的增加，计提花红的增加以及花红产生的利息逐年攀升，会使分号掌柜对巨额退休金产生无限期待，进而避免在职机会主义行为，使其决策行事也更加谨慎小心。故身股是指考虑到身股的终止条件为激励对象解决后顾之忧，票号中已"顶身股"的伙友去世后，财东视他们生前贡献的大小及所顶身股的多寡，在几年内，返还其家属其生前享受的待遇。身股应支是指考虑到身股长周期的账期分红特征，掌柜和伙友可根据身股数量提前提取匹配额度的应支款。花红制、故身股和身股应支是身股制的重要组织部分，在增强激励的长期导向和减小系统运行风险的同时，保障了身股激励的高效运行，提高了身股激励对号内员工的持续吸引力。

资料来源：改编自胡国栋等，《"义利并重"：中国古典企业的共同体式身股激励——基于晋商乔家字号的案例研究》，《管理世界》，2022年第2期

思考题：

1. 你如何看待乔家字号人员的选拔与培训环节？
2. 乔家字号对员工的培训与激励方式对现代企业有什么启发意义？

习题答案

三、填空题

1. 确定人员需要量　选配人员　制定和实施人员培训计划
2. 职务数量　类型
3. 管理的欲望　正直诚信的品质　冒险的精神　决策的能力　沟通的技能
4. 公开招聘　粗选　对粗选合格者进行知识与能力的考核　民意测验　选定管理人员
5. 情景模拟（或称案例分析）
6. 工作轮换　设置助理职务　临时职务
7. 传递信息　改变态度　更新知识　发展能力
8. 确定考评内容　选择考评者　分析考评结果　传达考评结果　建立企业人才档案
9. 人力资本　管理队伍
10. 特点　爱好　需要
11. 评价　承认　运用
12. 组织设计
13. 成员　技术　活动　环境
14. 因事择人　因才器使　人事动态平衡
15. 外部招聘　内部提升

四、选择题

1. ABE　2. C　3. BAC　4. ABD　5. ABCD　6. ACD　7. ACDE　8. D
9. C　10. A　11. C　12. A　13. C　14. B

五、是非判断题

1. 否　2. 是　3. 否　4. 否　5. 是　6. 是　7. 是　8. 否　9. 否　10. 是
11. 否　12. 否　13. 是　14. 否　15. 是　16. 是　17. 是　18. 否　19. 是
20. 否　21. 否　22. 否　23. 否　24. 是　25. 是　26. 是　27. 否　28. 是
29. 否　30. 是　31. 是　32. 是

六、简答题

1. 人员配备的任务可以从组织和个人这两个不同的角度去考察。（1）从组织需要的角度去考察，要通过人员配备使组织系统开动运转；为组织发展准备干部力量；维持成员对组织的忠诚。

（2）从组织成员配备的角度去考察，通过人员配备，使每个人的知识和能力得到公正的评价、承认和运用；通过人员配备，使每个人的知识和能力不断发展，素质不断提高。

2. 为求得人与事的优化组合，人员配备过程中必须依循一定的原则。（1）因事择人的原则。选人的目的在于使其担当一定的职务，要求其从事与该职务相应的工作。要使工作卓有成效地完成，首先要求工作者具备相应的知识和能力。（2）因才器使的原则。从人的角度来考虑，只有根据人的特点来安排工作，才能使人的潜能得到最充分的挖掘，使人的工作热情得到最大限度的发挥。（3）人事动态平衡的原则。人与事的配合需要进行不断的调整，使能力发展并得到充分证实的人去从事更高层次的、负更多责任的工作，使能力平平、不符合职务需要的人有机会进行力所能及的活动，以求使每一个人都能得到最合理的使用，实现人与工作的动态平衡。

3. 确定组织管理人员的需要量，需要考虑以下因素。（1）组织现有的规模、机构和岗位。管理人员的配备首先是为了指导和协调组织活动的展开，因此首先需要参照组织结构系统图，根据管理职位的数量和种类，来确定企业每年平均需要的管理人员数量。（2）管理人员的流动率。不管组织做出何种努力，在一个存在劳动力市场且市场机制发挥作用的国度，总会出现组织内部管理人员外流的现象。此外，由于自然力的作用，组织中现有的管理队伍会因病老残退而减少。确定未来的管理人员需要量，要求计划对这些自然或非自然的管理干部减员进行补充。（3）组织发展的需要。随着组织规模的不断发展，活动内容的日益复杂，管理工作量将会不断扩大，从而对管理人员的需要也会不断增加。因此，计划组织未来的管理干部队伍，还须预测和评估组织发展与业务扩充的要求。

4. 外部招聘的优点为：（1）被聘干部具有"外来优势"，没有历史包袱；（2）有利于平息和缓和内部竞争者之间的紧张关系；（3）能够为组织带来新鲜空气。

外部招聘的局限性为：（1）外聘干部不熟悉组织的内部情况；（2）组织对应聘者的情况不能深入了解；（3）外聘干部最大局限性莫过于对内部员工的打击。

5. 内部提升是指组织成员的能力增强并得到充分的证实后，委以需要承担更大责任的更高职务。优点为：（1）利于鼓舞士气，提高工作热情，调动组织成员的积极性；（2）有利于吸引外部人才；（3）有利于保证选聘工作的正确性；（4）有利于使被聘者迅速展开工作。缺点为：（1）引起同事的不满；（2）可能造成近亲繁殖。

6. （1）为确定管理人员的工作报酬提供依据；（2）为人事调整提供依据；（3）为管理人员的培训提供依据；（4）有利于促进组织内部的沟通。

7. （1）应尽可能把管理人员的个人努力和部门的成就区别开来，即力求在所辖部门的贡献或问题中，辨识出有多大比重应归因于主管人员的努力。（2）贡献考评既是对下属的考评，也是对上级的考评。贡献考评是考核和评价具体管理人员及其部门对组织目标实现的贡献程度。

8. 考评工作可以从两个方面影响管理人员的积极性：（1）考评结论直接反映了组织、上级、部属、同行对自己的评价，从而反映了组织对自己努力的认可程度；（2）组织根据考评结论而进行的分配或晋升方面的决策，会影响自己在组织中的地位和发展前景。由于这两个原因，每个管理人员都会重视组织的考评，都会把组织对自己的考评与别人进行比较，以判断组织对自己是否公正。

9. 传统的考评方法，往往是由直接上司来考评各管理人员，直接上司虽然对部属比较了解（而且这种考评方法也能促进上司去注意下属的情况和要求），但每个上司都不希望下属的能力和贡献在评价中得到不利的结论（培养部下的能力往往是影响上司晋升的一个重要因素），所以在考评时往往打分过宽。这种考评方法还有可能促成管理人员只知“唯上”的坏作风，只愿求得上司的赏识，只做上司能够看得到的表面文章，而忽视部下和关系部门的要求，不做扎扎实实的工作。让相关部门或部属来填写考评表可以克服这些弊病，促进管理人员加强民主意识和协作意识。

七、问答题

1. 通过竞争从外部选聘管理人员的程序和方法主要有以下几个方面。

（1）公开招聘。通过适当的媒介，公布待聘职务的数量、性质以及对候选人的要求等信息，向企业内外公开“招聘”，鼓励那些自认为符合条件的候选人参加。

（2）粗选。对外部应聘者则需通过简短的初步会面、谈话，尽可能多地了解每个申请人的情况，观察他们的兴趣、观点、见解、独创性等，淘汰那些不能达到这些方面的基本要求的人。

（3）对粗选合格者进行知识与能力的考核。包括：①智力与知识测验；②竞聘演讲与答辩；③案例分析与候选人实际能力考核。

（4）民意测验。特别是在选配组织中较高层次的管理人员时，还应注意征询所在部门甚至是组织所有成员的意见，进行民意测验，以判断组织成员对他（他们）的接受程度。

（5）选定管理人员。

特别注意外部招聘的优点与缺点，在经营管理中适当使用外部招聘方式来补充管理者岗位。

2.（1）依据组织设计的职务数量和类型，合理确定人员需要量。（2）选配人员。为了保证担任职务的人员具备职务要求的知识和技能，必须对组织内外的候选人进行筛选，作出最恰当的选择。这些待聘人员可能来自企业内部，也可能来自外部社会。（3）制定和实施人员培训计划。维持成员对组织忠诚的一个重要方面是使他们看到自己在组织中的发展前途。人员，特别是管理人员的培训无疑是人员配备中的一项重要工作。培训，既是为了适应组织技术变革、规模扩大的需要，也是为了实现成员个人的充分发展。因此，要根据组织的成员、技术、活动、环境等的特点，有计划、有组织、有重点地进行全员培训，特别是对有发展潜力的未来管理人员的培训。

3. 贡献虽可在一定程度上反映管理人员的工作能力，但不仅仅取决于后者。能力的大小与贡献的多少并不存在着严格的一一对应的关系。所以，为了有效地指导企业的人事调整或培训与发展计划，还须对管理干部的能力进行考评。能力考评是指通过考察管理人员在一定时间内的管理工作，评估他们的现实能力和发展能力，即分析他们是否符合现任职务的要求，任现职后素质和能力是否有所提高，从而能否担任更重要的工作。

人事考评首先是为了列出企业人力资本的清单，了解企业管理队伍的基本状况。作用为：（1）为确定管理人员的工作报酬提供依据；（2）为人事调整提供依据；（3）为管理人员的培训提供依据；（4）有利于促进组织内部的沟通。

4. 英国管理大师劳伦斯 • J. 彼得发现，“在实行等级制度的组织里，每个人都崇尚爬到能力所不及的层次”，这就是著名的彼得现象。这种现象能够产生的一个重要原因是：我们提拔管理人员往往主要根据他们过去的工作成绩和能力。在较低层次上表现优异、能力突出的管理者能否胜任较高层次的管理工作？答案是不肯定的。只有当这些人担任高层次管理工作的能力得到某种程度的证实以后，才应考虑晋升的问题，检验某个管理人员是否具备担任较高职务的条件的一种可行方法，是安排他担任某个临时性的“代理”职务，通过对代理者的考察，组织可以更好地了解他的独立工作能力。如果在代理以前，该管理人员表现突出，部门内的人际关系很好，在执行工作中也表现出一定的创新精神，而在代理过程中，遇事不敢做主，甚至惊慌失措，那么，将“代理”转为“正式”显然是不恰当的。由于“代理”只是一个临时性的职务，因此，取消“代理”使其从事原先的工作，对代理者本人也不会造成任何打击。

八、案例分析

案例一分析参考：

1. 从招聘角度，招聘会给企业带来很大的成本支出，因此一场优秀的招聘等于间接为企业带来收益。招聘的重点是“识人”，识人要识其外显的知识技能等素质，更要识其内藏的价值观、自我认知等潜质。华为在招聘时非常看重员工的价值观是否符合企业文化。从培训角度，培训是大多数企业均会提供的福利。之所以称培训是福利，是因为企业普遍认为员工培训更多是产生企业成本支出的无用功，大多数培训仅是应付员工。实则不然。对于知识型员工而言，体系完善的培训可丰富员工的知识和技能，使员工实现增值。而这种增值会令员工获得成就感，培养其自我激励的能力，降低员工离职率，增强其组织承诺和忠诚度，从而为企业创造更大价值。华为的培训体系相当完善，培训类型也很丰富，采用付费模式，以强调培训的重要性的方式也非常独特。从绩效管理角度，绩效考核往往是高层针对低层的考核，考核内容也多为由上而下传达给员工。但是，知识型员工往往厌恶被约束、被管教，而通过全员参与制定并完成企业目标会给予员工更充足的干劲。同时，考核的真正目的是使员工获得增值，企业需要在考核过程中采取一定手段使其提升自我能力，打通绩效—能力—岗位的路径。从激励角度，属于广义薪酬范畴。对于大多数知识型员工来讲，获得基本的“薪”已不是问题，对其起决定性的是“酬”。企业充分给予员工非物质的精神激励和长期激励，满足知识型员工渴望获得自我实现的需求。激励手段要真正能起到激励员工的作用，并促进员工与企业的长远发展。因此，企业应结合自身能力和外部环境对激励制度进行适时、适当的调整。

2. 知识型员工具有高流动性，华为需要采取一定手段留住知识型员工，而长期激励便是一个有效方式。知识型员工具有享受成就感的特征，愿意为达到目标而奋力拼搏。当他们实现了目标，得到了股权激励的分红，其成就感便得到了满足。

3. 华为绩效管理的可取之处有两点。第一，华为绩效管理的重点不在于考核，而在于管理，考核只是实现管理的手段。第二，从岗位的特殊性出发，设置创新性的考核指标。例如，华为针对研发人员开创性地运用“失败率”指标。

案例二分析参考：

1. 可以结合人员选聘的标准，从人员技能与岗位职责相匹配、人员个性与岗位特点相匹配和人员价值观与组织价值观相匹配这三个方面评价人员选拔环节；可以结合人员培训的任务，从为组织战略实施准备人力资源、加强知识管理和组织文化建设、帮助组织成员成长、创造良好的组织环境等方面评价人员培训环节。

2. 可以结合组织文化的功能，从组织文化不断向个人价值观的渗透和内化方面发挥的导向功能，沟通思想感情培育认同和归属感方面发挥的凝聚功能，通过文化塑造激发工作积极性的激励与约束功能，向社会传播正能量的辐射功能和帮助新员工融入组织的调适功能，综合分析乔家字号身股制与现代股权激励制度的差异及启发意义。

第十一章

组织力量的整合

一、复习要点

1. 正式组织与非正式组织的区别。
2. 非正式组织的积极作用和可能造成的危害。
3. 如何发挥非正式组织的作用？
4. 直线与参谋的内涵。
5. 直线和参谋的矛盾表现。
6. 如何正确发挥参谋的作用？
7. 运用委员会的理由。
8. 委员会的局限性。
9. 如何提高委员会的工作效率？

二、关键概念

正式组织、非正式组织、直线关系、参谋关系、委员会。

三、填空题

1. 正式组织的活动以成本和效率为主要标准，维系正式组织的主要是__________的原则，而维系非正式组织的主要是__________上的因素。

2. 组织文化是指被组织成员共同接受的 ________、________、________ 等群体意识的总称。

3. 组织中的管理人员是以 ________ 和 ________ 两类不同的身份来从事管理工作的。

4. 直线关系是一种 ________ 和 ________ 的关系，授予直线人员的是 ________ 和 ________ 权力。

5. 参谋关系是一种 ________ 和 ________ 的关系，授予参谋的是思考、筹划和建议的权力。

6. 委员会的工作方式所具有的局限性是 ________、________、________。

7. 向参谋授予必要权力之后，要防止出现 ________ 的危险。

8. 谨慎地使用职能权力，包括两层含义：首先要认真分析授予职能权力的 ________；其次要明确职能权力的 ________。

9. 委员会的规模主要受到两个因素的影响：________ 和 ________。

10. 在确定委员会的规模时，要努力在追求 ________ 和 ________ 这两者之间取得适当的平衡。

11. 组织设计的结果形成 ________ 组织，而 ________ 组织是伴随着它的运转而形成的。

12. 非正式组织要求成员 ________ 的压力，往往也会束缚成员的个人发展。

四、选择题

1. 下列关于非正式组织不正确的说法是 ________。

A. 非正式组织主要以感情和融洽为主要的标准

B. 正式组织与非正式组织是交叉混合的

C. 非正式组织的危害要大于积极作用

D. 非正式组织会发展组织的惰性

2. 下列关于委员会的说法中不正确的是 ________。

A. 委员会能够综合各种意见，提高决策的正确性

B. 委员会一般只活跃于组织的中间层和较低管理层

C. 委员会容易导致时间上的延误

D. 日常事务管理不宜采用委员会的管理方式

3. 下列哪一种情况最不应该采取群体决策方式：________。

A. 确定长期投资于哪一种股票

B. 决定一个重要副手的工作安排

C. 选择某种新产品的上市时间

D. 签署一项产品销售合同

4. 如果你是一家公司的经理，当你发现公司中存在许多小团体时，你的态度是 ________ 。

A. 立即宣布这些小团体为非法，予以取缔

B. 深入调查，找出小团体的领导人，向他们发出警告，不要再搞小团体

C. 只要小团体的存在不影响企业的正常运行，可以对其不闻不问，听之任之

D. 正视小团体的客观存在性，允许乃至鼓励小团体的存在，对其行为加以积极引导

5. 解决直线与参谋间冲突的一个主要方法是 ________ 。

A. 赋予直线管理人员参谋职权

B. 让直线人员更多地依靠参谋人员的知识

C. 允许直线人员压制参谋人员

D. 把直线与参谋的活动结合起来

6. 企业管理者对待非正式组织的态度应该是 ________ 。

A. 设法消除　　B. 严加管理

C. 善加引导　　D. 积极鼓励

7. 如果你是公司的总经理，你将授予哪种人以决策和行动的权力？________。

A. 参谋人员　　B. 直线人员

C. 咨询人员　　D. 一线员工

8. 在组织中，直线与参谋两类不同职权在确保企业有效活动上存在以下哪种关系？ ________ 。

A. 领导与被领导　　B. 一般协作同事

C. 负直接责任与协助服务　　D. 命令与服从

9. 车间主任老王最近发现，质检员小林一有空就与机关的小柳、设计室老张和门卫老杨等一起谈足球，个个眉飞色舞，而参加工作例会却没精打采。对此，你认为老王最好采取什么措施？ ________ 。

A. 批评小林，并对他提出要求，以后不许在厂里和别人谈论足球

B. 严格执行车间工作制定，对擅自违反规定者严加惩罚

C. 在强调必须遵守工作制度的同时，在车间搞一个球迷会，并亲自参加协会活动

D. 对上述情况不闻不问，任其自由发展

10. 一般说来，非正式组织最不可能满足下列哪种需要？________。

A. 生理的需要　　　　　　B. 归属的需要

C. 自尊的需要　　　　　　D. 自我实现的需要

11. 下列关于直线和参谋说法正确的是________。

A. 必须授予参谋行动和决策的权力，以发挥其作用

B. 向参谋授权必须谨慎，授予之后也应该经常亲自指挥

C. 设置参谋职务，是管理现代组织的复杂活动所必需的

D. 参谋的作用发挥失当，应该予以取消

12. 企业的员工中有很多非正式组织。这些非正式组织的内部凝聚力很强，经常利用工余时间活动。对于这些非正式组织，企业的领导通常采取不闻不问的态度。他认为工人在业余时间的活动不应该受到干预，而且工人有社交的需要，他们之间形成非正式组织是很正常的事情。你如何评价该领导的看法？________。

A. 正确，因为人都是社会人

B. 不正确，非正式组织通常是小道消息传播和滋生的土壤，应该抑制这种组织的发展

C. 不正确，非正式组织对于正式组织的影响是双方面的。为了使其在组织中发挥正面的作用，领导者应该策略性地利用非正式组织

D. 正确，因为非正式组织对正式组织的影响是双方面的。为了避免它的负面作用，领导者最好不要干涉

13. 某大学毕业的一名MBA学员小王，1995年到一家私营企业工作。当时，这家企业刚创建不久，小王被分配到H省担任销售主管。几年来，小王工作热情很高，全身心地投入，销售业绩连年快速增长，小王也被连续提升。1998年小王再次被提升为大区主管，负责指挥7个省的销售工作，工资收入也连续翻番达到年薪30万元。但最近，小王却准备离开公司，另谋高就。同学们询问原因时，小王总是解释说："现在我所在的这家公司可以说缺少谁都可以发展，我已经只是这部高速运转的机器中的一个部件了。"根据小王的说法，你能对他所在公司的发展情况作何判断？______。

A. 公司的发展潜力不大，因为公司失去了创业初期的活力

B. 公司已经步入正轨，有了较健全的组织体系和制度规范

C. 无法做出判断

D. 公司会面临人才危机

14. 假设你召集下属开会，研究解决领导所布置的一项紧急任务，结果其中有位比较啰唆的人大讲特讲与主题无关的教条理论，耽误很多时间。你认为如何应付这种情况为好？________。

A. 任其讲下去，让其他与会者群起而攻之

B. 不客气地打断其讲话，让别人发言

C. 有策略地打断其讲话，指出时间很宝贵

D. 允许其畅所欲言以表示广开言路

15. 某汽车公司总裁准备开发一个新的产品，为此而召集他的参谋人员开会研究，各个参谋人员的意见并不统一，于是，他们非常激烈地进行了辩论，总裁认真听取了所有参谋人员的意见后，感到自己是正确的，最后，总裁不顾所有参加讨论的参谋人员的反对，决定开发新的产品。以下关于这件事的评论中，你认为最合理的是：__________。

A. 总裁太固执己见，独断专行

B. 总裁是在仔细听取了其他参谋人员的看法，并经过深思熟虑后，认定自己的方案是最满意的，才做出决定

C. 做决定时并非一定要少数服从多数，真理有时握在少数人手里

D. B+C

16. 在某条交通流量很大的公路上，由于山洪暴发，交通受阻，被困的几十辆汽车的司机们很快自愿地组合起来，有的拿起手机通知交通部门请求援助，有的去寻找清理工具，有的去安排食宿，大家在统一的指挥下，有条不紊、齐心协力地开展工作。对于上述司机们的行为和活动，你最倾向于以下哪一种评价？__________。

A. 他们只是一个临时性的群体，与企业中的非正式组织没有什么不同

B. 当紧急事件产生时，人们会自动地组合起来，并快速地进行有效的分工。企业领导如果经常营造出紧急事件，一定会提高组织的工作效率

C. 受困的司机中大部分都具有奉献精神，否则就不可能有这样的情况发生，因此在招聘员工时应把员工的奉献精神放在首位

D. 这些司机事实上已经形成了一个组织，因为他们为实现共同目标而组合成了有机的整体

五、是非判断题

1. 组织设计的目的是建立合理的组织机构和结构，规范组织成员在活动中的关系。

2. 组织设计的结果是产生非正式组织。

3. 非正式组织有明确的目标、任务、结构、职能以及由此而决定的成员间的责权关系，对个人具有某种程度的强制性。

4. 非正式组织是伴随着正式组织的运转而形成的。

5. 正式组织的活动以成本和效率为主要标准；而非正式组织则主要以

感情和融洽的关系为标准。

6. 人们在非正式组织中的频繁接触会使相互之间的关系更加和谐、融洽，从而易于产生和加强合作的精神。

7. 由于非正式组织虽然主要是发展一种工作之余的、非工作性的关系，所以它们对其成员在正式组织中的工作情况往往是不重视的。

8. 非正式组织的目标如果与正式组织冲突，不会对正式组织的工作产生不利的影响。

9. 非正式组织存在是客观必然和必要的，组织应当允许乃至鼓励非正式组织的存在，为非正式组织的形成提供条件，并努力使之与正式组织吻合。

10. 促进非正式组织的形成，有利于正式组织效率的提高。

11. 非正式组织形成以后，正式组织可以利用行政方法来干涉其活动。

12. 由管理幅度的限制而产生的管理层次之间的关系便是所谓的参谋关系。

13. 直线关系是组织中管理人员的主要关系，组织设计的重要内容便是规定和规范这种关系。

14. 组织的规模越大，活动越复杂，参谋人员的作用就越重要。

15. 参谋的设置首先是为了方便直线主管的工作，减轻他们的负担。

16. 参谋关系是一种指挥和命令的关系，授予参谋人员的是决策和行动的权力。

17. 直线关系是一种服务和协助的关系，授予直线人员的是思考、筹划和建议的权力。

18. 直线与参谋，越是明确各自的工作性质，了解两者的职权关系，就越有可能重视对方的价值，从而自觉地尊重对方，处理好相互间的关系。

19. 委员会工作可以综合各种不同的专门知识。

20. 委员会的运用，往往也是为了使组织内的不同利益集团能够派出自己的代表，发出自己的呼声。

21. 委员会的成员既是不同利益集团的代表，同时也有自己个人的利益，他们往往把委员会视为充分表现自己的工具、实现个人或集团目标的手段。

22. 委员会成员应具有问题所涉及的不同专业的理论和实际知识。

23. 委员会的规模主要受到两个因素的影响：沟通的效果以及委员会的性质。

24. 只要组织设计足够完善，就能够规范组织成员的所有联系。

25. 非正式组织没有特定的行为规范，因为他们没法让成员遵守。

26. 非正式组织是带有强迫性质的，员工进入企业，一定会加入某个非正式组织。

27. 非正式组织不受约束，因此，社会的认可或拒绝不能左右非正式组织的行为。

28. 非正式组织为了群体的利益，为了在正式组织中树立良好的形象，往往会自觉或自发地帮助正式组织维护正常的活动秩序。

29. 非正式组织要求成员一致性的压力，往往也会束缚成员的个人发展。

30. 直线与参谋的矛盾不可化解。

六、简答题

1. 如何正确发挥参谋的作用？
2. 组织中参谋发挥作用的方式有哪几种？
3. 集体决策的质量为什么优于个人决策？

七、问答题

1. 正式组织和非正式组织有何区别？

2. 非正式组织的存在及其活动对组织目标的实现可能产生何种影响？如何有效地利用非正式组织？

3. 直线关系与参谋关系的角色是什么？如何恰当处理直线与参谋间的矛盾，从而有效地发挥参谋人员的作用？

4. 委员会的工作方式有何贡献和局限性？如何提高委员会的工作效率？

八、案例分析

案例一

A公司秘书室所面临的危机

一、转型前的A公司秘书室

A公司为一家高新科技民营企业，2013年其销售额达16.96亿元，因此属于中大型民营企业。A公司自成立以来，即设有总经理秘书（即高级行政助理）一职，此阶段高级行政助理的定位主要在于“书、办”和小部分的“管”上面，“谋”是完全没有涉及的。这也是大部分民营企业对于高级行政助理的定位。

但是数年后，A公司出于发展需要，成立了秘书室，并任命总经理的高级行政助理为秘书室的负责人。秘书室的设立，主要是总经理基于自身的思路，参照三星集团的秘书室来进行定位的，即作为A公司的“参谋部”。

二、转型后的A公司秘书室

从三星集团秘书室的使命职责可以看出，秘书室的定位在于谋和管，是集团首脑的辅助机构和协调管理机构。A公司正是基于对三星秘书室的研究与思考，来对A公司的秘书室进行职责界定：

（1）公司方针目标管理和各部门日常管理的推动与监督；

（2）公司一体化管理体系的维护和优化；

（3）流程监督与审计；

（4）改善活动推行；

（5）变革规划与推行。

从职责定位可以看出，高级行政助理的地位已从原来传统秘书的“书和办”，转向了现代高级行政助理的“谋和管”。虽然A公司秘书室人数不多，但却是全公司最具权力的部门，甚至能够影响一些领导岗位的设定。

但是，经内部分析却发现，A公司的秘书室虽然定位为“参谋部”，但并未能很好地履行此职能。如2009年，该公司高级行政助理已经发现在新的竞争环境下，手机的开发方式会越来越复杂，如要提高效率，则需要引入一整套科学的新产品开发流程；高级行政助理经过严密的分析与论证，出了一套方案，却因为生产部门出于自身利益的考虑（因为新的开发流程将会大量增加生产部门的工作量），阻挠这个项目的开展，最终只能由高级行政助理找总经理下达命令，该项目才得以推行。可见秘书室仅实现了流程管理。

由于缺乏前瞻性的战略，A公司在市场大潮变化中被竞争对手打得措手不及。如2010—2012年正处于手机从原来的按键功能手机转向触屏智能手机的转型大浪潮之中，但是A公司却还沉迷于功能手机所取得的市场地位而沾沾自喜，直到2011年A公司发现功能手机市场销量急剧下滑，而同行的智能手机飞速发展，才急忙开始研发智能手机。但却因为对新的智能手机系统毫无经验，导致新发布的智能手机在一年里都无人问津，自身市场份额因此从原来的前五掉出前十，被逼采取裁员措施，损失惨重。

企业经营者开始意识到此问题的严重性，即秘书室仅承担了“守成”的管理作用，但却没有发挥出“开创”的预见性参谋作用。于是，公司进行改革，将其撤销，重新将部门划分成三个专业模块：战略规划与管理部，流程管理部以及变革规划与管理部。秘书室被取消，辅助战略决策职能也正式由战略规划与管理部承接。

A公司高级行政助理的职能转型无法使高级行政助理真正履行辅助战略决策职能，而从企业最终所承受的重大损失（智能手机转型期间A公司市场份额从前五跌出前十，从而被迫裁员降低运营成本）来看，企业是需要有战略决策研究机构来辅助最高决策者进行科学决策的。从行业最佳实践看来，三星秘书室的成功典范，为三星的繁荣发展带来了极大的帮助，这也说明该模式是适合民营企业发展的。因此，A公司需要聚焦解决转型所存在的问题，才能够真正发挥高级行政助理所应起到的参谋作用。

资料来源：改编自黄宁，《中大型民营企业高级行政助理辅助战略决策职能探析——以高科技民营企业A公司为例》，暨南大学硕士学位论文，2015年6月

思考题：

1. 试从领导意识、组织设计、职能界定和知识能力四个方面分析A公司参照三星设立秘书室失败的原因。

2. 结合案例分析直线与参谋之间可能存在的冲突，以及可能的化解措施。

案例二

GR集团非正式网络对组织信息的影响

GR集团作为典型的大型国有企业，业务范围十分广泛，致使组织内部的非正式网络相比很多小型私营企业更加复杂。由于中国企业更多讲究人情世故，加之国有企业内部的各种关系十分复杂，集团内部的非正式组织关系问题值得管理人重点考察与分析，尤其是非正式组织关系对组织信息共享的影响的问题。

一、情感网络密度低对组织内信息共享的影响

GR集团内部，不少员工都是关系户，因此很多同事之间的裙带关系密切，这些员工也彼此比较亲近，而与其他同事保持着一些距离。这些员工通常都能得到内部信息，这些信息有的来自集团高层，有的来自政府。信息的内容有关于人事任免的，也有关于企业投资发展的，而他们通常掌握得比较及时，并且在关系网内迅速传开，但是其他员工则较难获取这些信息。这些信息就只能在这些封闭的小团体内共享，因此导致组织内部信息共享的面过窄。由此可见，情感网络密度低对组织内部信息共享产生不利的影响。

二、情感网络中心性低对组织内信息共享的影响

通常情况下，集团内的几个关系比较密切的小团体的成员们下班后就经常一起聚餐，一起打麻将等，而且不会和其他不熟悉的员工进行聚餐、聊天，他们私底下都有各自的微信群，进行信息共享。而很多新来的员工，或者一些没有裙带关系的员工，就被排除在外。这些员工经常就是独自上下班，没有融入他们的圈子里。这样的情况导致除情感网络密度低之外，情感网络的中心性也很低，信息只在个别的小团体之间流转，只有部分员工掌握的信息很多。因此GR集团的情感网络中心性较低，不利于组织内的信息共享。

三、咨询网络密度低对组织内信息共享的影响

在GR集团内，业务部门经常和人力资源部门分歧很大，主要是由于人力资源的考核制度对业务部门太严厉，使得业务部门的人员不服。而且综合部的人员也和人力资源部和业务部门的人联系

的比较少。深入了解后发现，原来综合部的成员主要都是关系户，而业务部则只招聘大学毕业生，而且业务部由分管副总直接领导，其他部门没有权力过问，因此其他部门和业务部门交流的比较少。在GR集团内部，许多部门都由分管的领导负责，分管领导负责领导这些部门的日常会议和交流学习，这也是国有企业的一大特色。在GR集团内部，咨询的密度比较低，咨询网络主要集中在本部门。因此，可以看出GR集团的咨询网络密度低，这并不利于整个集团的信息共享。

四、咨询网络中心性高对组织内信息共享的影响

在GR集团内部，咨询网络中心性又比较高，因为部门内部，信息交流沟通比较多，尤其是下属成员经常会咨询管理层一些业务知识和相关的信息。在GR集团内的分管领导，通常处于咨询网络的中心位置较高，掌握信息较多，他们往往每周都要主持部门例会，主要传达公司高层的思想和公司的一些战略计划等等。因此，在公司内部，分管领导就是处于结构洞的有利位置。咨询网络中心性较高，有利于组织内的信息共享。

总体来说，情感网络和咨询网络密度低没有促进GR集团内组织的信息交流；GR集团的情感网络的中心性低，不利于组织的信息共享；GR集团的咨询网络的中心性较高可以促进组织内信息的沟通交流和信息共享。可见，现阶段GR集团所面临的非正式组织内部问题十分严峻，亟待解决，以维持组织内部健康有序的发展。

资料来源：改编自邓伟伟，《GR集团非正式网络对组织内信息共享的行为影响研究》，电子科技大学硕士学位论文，2016年5月

思考题：

1. 根据GR集团现所面临的问题分析，造成情感网络密度和咨询网络密度低、情感网络中心性低的原因可能是哪些？

2. 从GR集团内部存在的问题可以得出企业非正式组织对企业存在什么影响？

3. 面对企业中复杂的非正式组织关系，你认为GR集团应该如何积极地发挥非正式组织的作用？

案例三

希尔顿酒店内部虚拟组织：关爱委员会

希尔顿逸林酒店是希尔顿酒店及度假村旗下的酒店品牌之一。截至2016年9月，酒店数量全球超过466个，遍布40个国家/地区。随着酒店行业的迅速发展，各酒店间的竞争也愈演愈烈，如何在激烈的竞争中保持竞争优势，是当下急需解决的问题。20世纪90年代以来，随着因特网的出现，产生了虚拟组织这种新型的组织模式。

据调查，希尔顿逸林酒店存在着一个内部虚拟组织——关爱委员会。

希尔顿逸林酒店关爱委员会的建立是基于逸林酒店品牌的关爱文化。其关爱文化包括关爱的哲学、关爱的目标、创造嘉奖式体验的四项保证、七天品牌承诺四个方面。逸林品牌的关爱的哲学：当你关爱，立竿见影。如果你关爱客人和员工，他们将和你待在一起。

从逸林品牌关爱委员会的创建指南和希尔顿逸林酒店关爱委员会的关爱项目可以看出，关爱委员会作为一种虚拟组织，充分发挥了虚拟组织的优势，其组织结构扁平化，便于信息的上传下达、上级对下级的控制、下级对上级信息的及时反馈，提高了组织成员的工作效率，降低了酒店的成本；关爱委员会起到整合所有酒店成员的核心竞争力的作用，每位成员有不同的文化和生活背景，每个人有着不同的优势，通过关爱委员会团结所有员工，进行优势互补，从而形成企业的核心竞争力；关爱委员会促进了员工参与管理，有利于增强员工的主人翁意识，通过关爱委员会将小部分员工聚在一起，向他们传达酒店文化、酒店目标、酒店计划等，并通过这一小部分员工将这些信息传达给全体员工，并且监督全体员工参与和反馈。

关爱委员会促使酒店履行社会责任，有利于酒店良好品牌形象的形成，向公众展示逸林品牌的绿色环保、优质产品和服务、融洽的工作环境；同时有利于酒店良好商业信誉的形成，赢得利益相关者的支持和肯定；有利于加强酒店的内部服务质量和外部服务质量，提高顾客和员工的满意度和忠诚度，从而提高酒店的经济效益和社会效益，形成酒店独有的竞争优势，实现企业的可持续发展。

关爱委员会还促进了跟顾客、团队成员和社区的心理契约的建立，产生了一种无形财产，有利于酒店的可持续发展及长期竞争能力的形成。

虽然关爱委员会的存在有众多的好处，但是，“人无完人”，在关爱委员会的精神支柱——关爱文化中，并没有太多涉及对社区的关爱，只有将关爱社区纳入关爱文化当中，才能使关爱社区融入员工的企业价值观中，从而使关爱社区的关爱项目更加充分有效地执行，起到提高酒店形象的作用。加强文化建设，要求酒店将关爱社区纳入酒店文化当中，管理者要起表率作用，逐步将文化融入员工价值观中。在现代酒店管理理论中，“员工第一”的管理思想逐渐被纳入酒店的管理当中，酒店行业作为服务性的行业，酒店的产品质量的好坏直接由员工来决定。投入更多的时间关注员工，加强与员工间的交流，建立与员工间的心理契约，从而加强酒店的产品和服务质量，强化酒店的竞争优势。

总的来说，希尔顿逸林酒店的关爱委员会综合了各种不同的专门知识，致力于为顾客带来更好的服务，关爱委员会与酒店的文化紧密相连，有利于保持酒店的竞争力。

资料来源：改编自唐凡，《基于利益相关者理论的酒店内部虚拟组织探析——以希尔顿逸林酒店关爱委员会为例》，《经营管理者》，2016 年第 33 期

思考题：

1. 结合希尔顿的案例，说明在企业管理中运用委员会制度的理由。
2. 虽然关爱委员会为希尔顿酒店带来了很多好处，但是也有自身的局限，试说明委员会制度有

哪些局限?

3. 结合希尔顿逸林酒店品牌的关爱文化,说明企业文化的形成及塑造过程。

习题答案

三、填空题

1. 理性　感情
2. 价值观念　工作作风　行为准则
3. 直线主管　参谋
4. 命令　指挥　决策　行动
5. 服务　协助
6. 时间上的延误　决策的折中　权力和责任的分离
7. 多头领导
8. 必要性　性质
9. 沟通的效果　委员会的性质
10. 沟通效果　代表性
11. 正式　非正式
12. 一致性

四、选择题

1. C　2. B　3. D　4. D　5. D　6. C　7. B　8. C　9. C　10. A
11. C　12. C　13. B　14. C　15. D　16. D

五、是非判断题

1. 是　2. 否　3. 否　4. 是　5. 是　6. 是　7. 否　8. 否　9. 是　10. 是
11. 否　12. 否　13. 是　14. 是　15. 是　16. 否　17. 否　18. 是　19. 是
20. 是　21. 是　22. 是　23. 是　24. 否　25. 否　26. 否　27. 否　28. 是
29. 是　30. 否

六、简答题

1. (1)明确职权关系;(2)授予必要的职能权力;(3)向参谋提供必要的条件。

2.（1）参谋专家向他们的直线上司提出意见或建议，由后者把建议或意见作为指示传达到下级直线机构。这是纯粹的参谋形式，参谋与低层次的直线机构不发生任何联系。（2）直线上司授权参谋直接向自己的下级传达建议和意见，取消自己的中介作用，以减少自己不必要的时间和精力消耗，并加快信息传递的速度。（3）参谋不仅向直线下属传达信息、提出建议，并告诉后者如何利用这些信息，应采取何种行动。这时，参谋与直线的关系仍然没有发生本质的变化。参谋仍然无权直接向直线下属下命令，只是就有关问题与他们商量，提出行动建议。如果直线下属不予理睬或不予重视，则需要由直线上司来发出行动指示。（4）上级直线主管把某些方面的决策权和命令权直接授予参谋部门，即参谋部门不仅建议下级直线主管应该怎么做，而且要求他们在某些方面必须怎么做。这时，参谋的作用发生了质的变化，参谋部门不仅要研究政策建议或行动方案，而且要布置方案的实施，组织政策的执行。

3.（1）集体讨论可以产生数量更多的方案。可供选择的方案数量越多，被选方案的正确程度或满意程度就可能越高。（2）委员会工作可以综合各种不同的专门知识。因为集体决策能够运用比个人决策更多、更广泛的经验和知识。（3）集体讨论，可以互相启发，从而可以完善各种设想以及决策的质量。

七、问答题

1. 正式组织的活动以成本和效率为主要标准，要求组织成员为了提高活动效率和降低成本而确保形式上的合作，并通过对他们在活动过程中的表现，予以正式的物质与精神的奖励或惩罚来引导他们的行为。因此，维系正式组织的，主要是理性的原则。而非正式组织则主要以感情和融洽的关系为标准。它要求其成员遵守共同的、不成文的行为规则。不论这些行为规范是如何形成的，非正式组织都有能力迫使其成员自觉或不自觉地遵守。对于那些自觉遵守和维护规范的成员，非正式组织会予以赞许、欢迎和鼓励，而对于那些不愿就范的成员，非正式组织则会通过嘲笑、讥讽、孤立等手段予以惩罚。因此，维系非正式组织的，主要是接受与欢迎或孤立与排斥等感情上的因素。

2. 非正式组织的积极作用为：（1）满足职工的需要。（2）人们在非正式组织中的频繁接触会使相互之间的关系更加和谐、融洽，从而易于产生和加强合作的精神。（3）可以帮助正式组织起到一定的培训作用。（4）非正式组织为了群体的利益，为了在正式组织中树立良好的形象，往往会自觉或自发地帮助正式组织维持正常的活动秩序。

危害为：（1）非正式组织的目标如果与正式组织冲突，则可能对正式组织的工作产生极为不利的影响。（2）非正式组织要求成员一致性的压力，往往也会束缚成员的个人发展。（3）非正式组织的压力还会影响正式组织的变革，发展组织的惰性。

发挥非正式组织的积极作用要求：（1）利用非正式组织，首先要认识到非正式组织存在的客观必然性和必要性，允许乃至鼓励非正式组织的存在，为非正式组织的形成提供条件，并努力使之与正式组织吻合。（2）通过建立和宣传正确的组织文化来影响非正式组织的行为规范，引导非正式组织发挥正面作用。

3. 直线与参谋主要是两类不同的职权关系。直线关系是一种指挥和命令的关系，授予直线人员的是决策和行动的权力；而参谋关系则是一种服务和协助的关系，授予参谋人员的是思考、筹划和建议的权力。发挥参谋的作用，要注意：(1)明确职权关系；(2)授予必要的职能权力；(3)向参谋提供必要的条件。

4. 委员会工作方式的贡献在于：(1)综合各种意见，提高决策的正确性；(2)协调各种职能，加强部门间的合作；(3)代表各方利益，诱导成员的贡献；(4)组织参与管理，调动执行者的积极性。

局限性为：(1)时间上的延误。为了取得大体一致的意见，制定出各方面基本上都能接受的决策，委员会需要召开多次会议。这些会议通常要耗费大量的时间。(2)决策的折中性。委员会的成员既是不同利益集团的代表，同时又有自己个人的利益，他们往往把委员会视为充分表现自己、实现个人或集团目标的手段。(3)权力和责任的分离。委员会的决策可能反映了每个人的意见，但并未反映任何人的所有意见，而任何人都不会愿意对那些只代表了自己部分利益和观点的决策及其行动负完全的责任。

提高委员会的工作效率要注意：(1)审慎使用委员会工作的形式；(2)选择合格的委员会成员；(3)确定适当的委员会规模；(4)发挥委员会主席的作用；(5)考核委员会的工作。

八、案例分析

案例一分析参考：

1. 领导不重视高级行政助理参与战略决策；高级行政助理辅助战略决策缺少组织支撑；高级行政助理辅助战略决策的职能界定缺失；高级行政助理缺少辅助战略决策的知识能力。

2. 直线与参谋之间的冲突；直线与参谋冲突的化解。

案例二分析参考：

1. 结合这案例给出的结论，然后根据国内外相关学者的研究结论，可以总结出GR集团内部造成情感网络密度和咨询网络密度低、情感网络中心性低的原因可能是：第一，组织内信息沟通存在障碍；第二，组织内的成员关系可能不太融洽；第三，组织内缺乏学习型组织；第四，信息资源过分集中于个体成员，不利于组织成长；第五，企业缺乏学习的文化氛围；第六，企业缺乏相应的激励惩罚机制；第七，跨部门合作困难。

2. 非正式组织的存在及其活动既可对正式组织目标的实现起到积极促进的作用，也可能对后者产生消极的影响。

3. 不管我们承认与否、允许与否、愿意与否，上述影响总是客观存在的。正式组织的目标的有效实现，要求积极利用非正式组织的贡献，努力克服和消除它的不利影响。如果说合理的结构、严格的等级关系是正式组织的专有特征的话，那么组织文化则有可能成为企业协调和引导非正式组织成员行为的重要手段。正确的组织文化可以帮助员工树立正确的价值观念和工作与生活的态度，从而有利于产生符合正式组织要求的非正式组织的行为规范。

案例三分析参考：

1. ①委员会的运用可以综合各种意见，提高决策的正确性。②委员会的运用可以协调各种职能，加强部门间的合作。③委员会的运用，可以代表各方利益，诱导成员的贡献。④委员会的运用，可以参与组织管理，调动执行者的积极性。

2. 委员会自身也存在局限性，主要表现在：时间上的延误；决策的折中；委员会导致权力与责任分离。

3. 企业文化首先是在企业中的主要管理者（或称企业家）的倡导下形成的。同时，只有当企业家倡导的价值观念和行为准则被企业员工广泛认同、普遍接受，并自觉地作为自己行为的选择依据时，企业文化才能在真正意义上形成。

第十二章

组织变革与组织文化

一、复习要点

1. 组织变革的定义与动因。
2. 组织变革的类型、目标与内容。
3. 组织变革的过程与程序。
4. 组织变革的阻力及其管理。
5. 组织变革中的压力及其管理。
6. 组织文化的概念及其基本特征。
7. 组织文化的功能。
8. 塑造组织文化的主要途径。

二、关键概念

组织变革、3C、解冻—变革—再冻结、组织冲突、组织文化、组织的价值观、组织精神、伦理规范。

三、填空题

1. 哈默和钱皮曾在《公司再造》一书中将三“C”，即__________、__________、__________看成是影响市场竞争最重要的三种力量，并认为三种力量尤以变革最为重要，“变革不仅无所不在，而且还持续不断，这已成了常态”。

2. 组织变革的外部环境因素包括：________、________、________、________等；内部因素包括：________、________、________、________、提高组织整体管理水平的要求等。

3. 组织变革的内容包括：________、________、________。

4. 产生压力的因素可能会有多种，但变革中的主要压力因素是________、________。

5. 组织变革的根本目的就是________________，特别是在动荡不定的环境条件下，要想使组织顺利地成长和发展，就必须自觉地研究组织变革的内容、阻力及其一般规律，研究有效管理变革的具体措施和方法。

6. 组织变革具有________和________，组织中的任何一个因素改变，都会带来其他因素的变化。然而，就某一阶段而言，由于环境情况各不相同，变革的内容和侧重点也有所不同。

7. 为使组织变革顺利进行，并能达到预期效果，必须先对组织变革的过程有一个全面的认识，然后按照科学的程序组织实施。组织变革的过程包括________________三个阶段。

8. 成功的变革必须对组织的现状进行解冻，然后通过变革使组织进入一个新阶段，同时对新的变革予以再冻结。组织在解冻期间的中心任务是________________。

9. 再冻结阶段是变革后的行为强化阶段，其目的是要通过对________________的平衡，使新的组织状态保持相对稳定。

10. 组织变革的第一步就是要对现有的组织进行全面诊断。这种诊断必须要有针对性，要通过搜集资料的方式，对组织的________、________、________以及________等进行全面诊断。

11. 组织变革是一种对现有状况进行改变的努力，任何变革都会遇到来自各种变革对象的阻力和反抗。产生这种阻力的原因可能是________________。

12. 无论是个人还是组织，都有可能对变革形成阻力，变革成功的关键在于________________________。

13. 组织冲突会对组织造成很大影响。研究表明，________是导致团体内部或团体之间发生冲突的最直接因素。

14. 压力的特征反映在________、________和行为上。

15. 组织变革的一个主要目标就是要在效率目标的前提下通过有效的竞争来________________。

16. 广义的文化是指人类在社会历史实践过程中所创造的 __________ 和 __________ 的总和。

17. 狭义的文化是指社会的 __________，以及与之相适应的 __________、__________、__________ 等物化的精神。

18. 文化具有如下特征：__________、__________、__________、__________、__________、__________。

19. 组织文化是指组织在长期的实践活动中所形成的并为组织所普遍认可和遵循的具有本组织特色的 __________、__________、__________、__________ 和 __________ 的总和。

20. 组织文化的核心是 __________。

21. 组织文化是以 __________ 为中心的。

22. 组织文化的重要任务是增强 __________。

23. 迪尔和肯尼迪认为构成组织文化的要素有 5 种：__________、__________、__________、__________、__________。

24. 麦金瑟 7S 结构中的 7 种文化要素是 __________、__________、__________、__________、__________、__________、__________。

25. 从现代系统论的观点来看，组织文化的结构层次有 3 个：__________、__________、__________。

26. 组织文化的表现形态有：__________、__________、__________、__________、__________。

27. 如果从最能表现组织文化特征的角度看，组织文化的基本要素包括 __________、__________、__________。

28. 组织价值观具有 __________ 性、__________ 性和 __________ 性。

29. 组织文化的功能包括 __________、__________、__________、__________、__________。

30. 组织价值观和组织文化要体现组织的 __________、__________ 和 __________。

31. 对组织形象影响较大的因素有 5 个：__________、__________、__________、__________、__________。

32. 组织文化通过培养组织成员的 __________ 和 __________，建立起成员与组织之间的相互依存关系。

33. 作为组织灵魂的组织精神，一般是指经过精心培养而逐步形成的并为全体组织成员所认同的 __________、__________ 和 __________。

34. 选择正确的 __________ 是塑造组织文化的首要战略问题。

四、选择题

1. 哈默和钱皮曾在《企业再造》一书中说过“变革不仅无所不在，而且还持续不断，这已成了常态”。以下哪项不属于组织变革的外部因素？__________。

A. 科技进步的影响　　B. 竞争观念的变化

C. 保障信息畅通的要求　　D. 资源变化的影响

2. 由于环境情况各不相同，变革的内容和侧重点也有所不同。综合而言，组织变革过程的主要变量因素包括人员、技术与任务以及结构，__________属于对结构的变革。

A. 作业流程与方法　　B. 权力关系

C. 员工技能　　D. 机器设备

3. 组织变革是一种对现有状况进行改变的努力，任何变革都会遇到来自各种变革对象的阻力和反抗。其中属于团队阻力的是__________。

A. 心理上的影响　　B. 利益上的影响

C. 人际关系调整的影响　　D. 生理上的疲惫感

4. 团体内部或团体之间的竞争是不可避免的，组织冲突是这种竞争的一种表现形式。那么，当组织冲突竞争胜利时会对组织产生的影响是__________。

A. 团队之间抢功 利益至上　　B. 团队大胆改进 勤奋工作

C. 组织纪律性加强　　D. 组织更为关注员工的心理需求

5. 当面临组织冲突时，下列不是委员会成员应该做的是__________。

A. 选择勇于承担责任的员工加入

B. 扩大委员会规模

C. 考虑各部门的利益

D. 在沟通效果和代表性之间取得平衡

6. 组织冲突会在不同的层次水平上发生，其中最典型的三种冲突是__________。

A. 正式组织与非正式组织之间的冲突、委员会成员之间的冲突、上下级之间的冲突

B. 直线与参谋之间的冲突、委员会成员之间的冲突、部门间冲突

C. 正式组织与非正式组织之间的冲突、直线与参谋之间的冲突、上下级冲突

D. 正式组织与非正式组织之间的冲突、直线与参谋之间的冲突、委员会成员之间的冲突

7. 组织变革会带来组织压力，产生压力的因素可能有多种，变革中的

主要压力因素是组织因素和个人因素两种。那么，下面哪项起因不属于压力的组织因素？__________。

A. 结构变动　　B. 员工工作变动

C. 过于严厉的管制和规章制度　　D. 家庭成员的去世

8. 为使组织变革顺利进行，并能达到预期效果，必须先对组织变革的过程有一个全面的认识，以下属于组织解冻阶段的是__________。

A. 引导并激励员工更新观念

B. 运用一些策略和技巧减少对变革的抵制

C. 对员工的心理状态进行不断的巩固和强化

D. 调动员工参与变革的积极性

9. 组织变革是一个步骤性的工作，下面属于变革程序第二步骤的是__________。

A. 通过组织诊断，发现变革征兆

B. 评价变革效果，及时进行反馈

C. 分析变革因素，制订改革方案

D. 选择正确方案，实施变革计划

10. 组织变革的基本目标是使组织整体、组织中的管理者以及组织中的成员对外部环境的特点及其变化更具适应性，那么以下不属于组织变革的目标的是__________。

A. 使部门更具有环境适应性　　B. 使组织更具环境适应性

C. 使管理者更具环境适应性　　D. 使员工更具环境适应性

11. 面对动态变化、竞争加剧的世界经济，管理者必须注意考虑环境因素的作用，以便充分理解与熟悉环境，从而能够做到有效地适应环境并__________。

A. 进行组织变革　　B. 保护组织稳定

C. 减少环境变化　　D. 推动环境变化

12. 关于组织文化，正确的说法是__________。

A. 变化较慢，一旦形成便日趋加强

B. 变化较快，随时补充新的内容

C. 变化较慢，但每年都会抛弃一些过时的内容

D. 变化较快，特别是企业管理人员变更时

13. 下列关于组织文化的说法中不正确的是__________。

A. 一般的文化都是在非自觉的状态下形成的，组织文化则可以是在组织努力的情况下形成

B. 文化组织具有自我延续性，不会因为领导层的人事变更而立即消失

C. 仁者见仁，智者见智，组织文化应该使组织成员在面对某些伦理问题时产生多角度的认识

D. 组织文化的内容和力量会对组织员工的行为产生影响

14. 塑造组织文化时，应该注意 ________ 。

A. 主要考虑社会要求和行业特点，和本组织的具体情况无关

B. 组织领导者的模范行为在组织文化的塑造中起到号召和导向作用

C. 组织文化主要靠自律，所以不需要建立制度

D. 组织文化一旦形成，就无须改变

15. 组织文化 ________ 。

A. 具有较强的创新性，打破传统观念和价值体系

B. 独立于环境，始终保持高雅性和纯洁性

C. 在内外条件发生变化时，淘汰旧文化，发展新文化

D. 以不变应万变，始终保持稳定性

16. 一家企业的组织精神是：团结、守纪、高效、创新，严格管理和团队协作是该厂两大特色，该厂规定，迟到一次罚款 20 元。一天，全市普降历史上少有的大雪，公交车像牛车一样爬行，结果当天全厂有 85 % 的职工迟到，遇到这种情况，你认为下列 4 种方案中哪一种对企业最有利？ ________ 。

A. 一律扣罚 20 元，以维持厂纪的严肃性

B. 一律免罚 20 元，以体现工厂对职工的关心

C. 一律免罚 20 元，并宣布当天早下班 2 小时，以方便职工

D. 考虑情况特殊，每人少扣 10 元，即迟到者每人扣罚 10 元

17. 关于组织文化的特征，下列说法不正确的是 ________ 。

A. 组织文化的中心是人本文化

B. 组织文化是企业的主要管理手段

C. 组织文化的核心是组织精神

D. 组织文化的重要任务是增强群体凝聚力

18. 组织精神 ________ 。

A. 一般是在组织的发展历程中自发形成的

B. 其表述必须详细具体，保证每个人都充分理解

C. 折射出一个组织的整体素质和精神风格

D. 是组织文化的灵魂

19. 文化的特性不包括 ________ 。

A. 民族性　　B. 多样性

C. 整体性　　D. 绝对性

20. 关于组织文化的功能，正确的是 ＿＿＿＿＿＿ 。

A. 组织文化具有某种程度的强制性和改造性

B. 组织文化对组织成员具有明文规定的具体硬性要求

C. 组织的领导层一旦变动，组织文化一般会受到很大影响，甚至立即消失

D. 组织文化无法从根本上改变组织成员旧有的价值观念

五、是非判断题

1. 组织变革就是组织根据内外环境的变化，及时明确组织活动的内容或重点，并据此对组织中的岗位、机构（岗位的组合）以及结构（机构间的权力配置）进行调整，以适应组织发展的要求。

2. 任何一个组织，无论过去如何成功，都必须随着环境的变化而不断地调整自我并与之相适应。

3. 组织变革的根本目的是为了提高组织的效能。

4. 推动组织变革的因素可以分为外部环境因素和内部环境因素两个部分。

5. 推动组织变革的外部环境因素主要有以下几方面：（1）宏观社会经济环境的变化；（2）科技进步的影响；（3）环境资源的影响；（4）竞争观念的改变。

6. 推动组织变革的内部环境因素主要包括以下几方面：（1）组织机构适时调整的要求；（2）保障信息畅通的要求；（3）克服组织低效率的要求；（4）快速决策的要求；（5）提高组织整体管理水平的要求。

7. 组织机构的设置必须与组织的阶段性战略目标相一致，组织一旦需要根据环境的变化调整机构，新的组织职能必须得到充分的保障和体现。

8. 按照组织所处的经营环境状况不同，可以分为主动性变革和被动性变革。

9. 按照工作的对象不同，可以分为以组织为重点的变革、以人为重点的变革和以技术为重点的变革。

10. 战略性变革是指组织对其长期发展战略或使命所做的变革。

11. 结构性变革是指组织需要根据环境的变化适时对组织的结构进行变革，并重新在组织中进行权力和责任的分配，使组织变得更为柔性灵活、易于合作。

12. 组织中人的因素最为重要，组织如若不能改变人的观念和态度，组织变革就无从谈起。

13. 组织要想在动荡的环境中生存并得以发展，就必须顺势变革自己

的任务目标、组织结构、决策程序、人员配备、管理制度等。

14. 人员的变革是指员工在态度、技能、期望、认知和行为上的改变。

15. 结构的变革包括权力关系、协调机制、集权程度、职务与工作再设计等其他结构参数的变化。

16. 技术与任务的改变包括对作业流程与方法的重新设计、修正和组合，包括更换机器设备，采用新工艺、新技术和新方法等。

17. 组织变革的过程包括解冻—变革两个阶段。

18. 组织在变革期间的中心任务是改变员工原有的观念和态度，组织必须通过积极的引导，激励员工更新观念、接受改革并参与其中。

19. 再冻结是变革后的行为强化阶段，其目的是要通过对变革驱动力和约束力的平衡，使新的组织状态保持相对的稳定。

20. 组织中的结构变动和员工的工作变动是产生压力的主要因素。

21. 所有的压力都是不良的。

22. 所谓冲突，是指组织内部成员之间、不同部门之间、个人与组织之间由于在工作方式、利益、性格、文化价值观等方面的不一致性所导致的彼此相抵触、争执甚至攻击等行为。

23. 利益是导致团体内部或团体之间发生冲突的最直接因素。

24. 冲突可以使组织中存在的不良功能和问题充分暴露出来，防止了事态的进一步恶化，同时，可以促进不同意见的交流和对自身弱点的检讨，有利于促进良性竞争。

25. 冲突是指由于认识上的不一致以及组织资源和利益分配方面的矛盾，员工发生相互抵触、争执甚至攻击等行为。

26. 非正式组织对正式组织的影响总是不好的。

27. 组织中的直线关系应当是一种服务和协调的关系，具有思考、筹划和建议的权力。

28. 组织冲突是组织进步的表现，它会使组织保持一定的活力和创造力。

29. 组织文化是组织在长期的实践活动中所形成的并且为组织成员所普遍认可和遵循的具有本组织特色的价值观念、团体意识、工作作风、行为规范和思维方式的总和。

30. 组织文化具有相对稳定性，因此，组织文化一旦形成，就不会再改变。

31. 组织文化包括组织的价值观、组织精神、伦理规范。

32. 企业文化是由管理者倡导形成的。

33. 预社会化是指组织通过一定形式不断向员工灌输某种特定的价值

观念，比如通过组织培训、宣传和介绍反映特定价值观的英雄人物的事迹，借助正式或非正式渠道传颂体现特定价值观的企业内部的各种“神话”以及企业家在各种场所的言传身教，从而使组织成员逐渐接受这些价值观和行为准则。

34. 任何一个组织，无论过去如何成功，都必须随着环境的变化而不断地调整自我并与之相适应。

35. 组织中的任何一个因素改变，都会带来其他因素的变化。

36. 变革的主要任务是组织成员之间在权力和利益等资源方面的重新分配。

37. 组织结构的变革包括权力关系、协调机制、集权程度、职务与工作再设计等其他结构参数的变化。

38. 组织变革一次就能完成。

39. 组织变革的第一步就是要对现有的组织进行全面的诊断。

40. 完美的变革计划能保证完美的组织变革。

41. 组织变革面临的个人阻力包括个人利益上的影响以及个人心理上的影响。

42. 变革成功的关键在于尽可能消除阻碍变革的各种因素，缩小反对变革的力量，使变革的阻力尽可能降低，必要时还应该运用行政的力量保证组织变革的顺利进行。

43. 压力是在动态的环境条件下，个人面对种种机遇、规定以及追求的不确定性所造成的一种心理负担。

44. 一般而言，压力往往与各种规定、对目标的追求相关联。

45. 组织中的结构变动和员工的工作变动是产生压力的主要因素。

46. 委员会是集体工作的一种形式，它起到了汇聚各种信息、加强人员交流、协调部门关系等重要作用。

47. 组织文化有三个层次结构，即潜层次、表层和显现层三层；显现层指体现某个具体组织的文化特色的各种规章制度、道德规范和员工行为准则的总和，也包括组织体内的分工协作关系的组织结构。

48. 组织的价值观就是组织内部管理层和全体员工对该组织的生产、经营、服务等活动以及指导这些活动的一般看法或基本观点。

49. 组织精神反映了一个组织的基本素养和精神风貌，成为凝聚组织成员共同奋斗的精神源泉。

50. 组织文化具有整合、适应、导向和发展功能。

51. 组织文化能从根本上改变员工的旧有价值观念，建立起新的价值观念，使之适应组织外部环境的变化要求。

52. 组织文化具有某种程度的强制性和改造性，其效用是帮助组织指导员工的日常活动，使其能快速地适应外部环境因素的变化。

53. 任何一种组织文化都是特定历史的产物，当组织的内外部条件发生变化时，组织必须不失时机地丰富、完善和发展组织文化。

六、简答题

1. 何谓组织变革？
2. 什么是压力？
3. 什么是组织冲突？
4. 在塑造组织文化的过程中，选择价值标准有什么前提？
5. 选择价值标准要注意什么？
6. 如何强化员工认同？
7. 组织文化如何提炼定格？
8. 如何巩固落实组织文化？

七、问答题

1. 如何理解组织文化的概念？
2. 组织文化的主要特征有哪些？
3. 组织文化有哪些基本要素？
4. 组织文化有哪些重要功能？
5. 为什么说组织价值观是组织文化的核心？
6. 联系实际谈谈塑造组织文化的途径。

八、案例分析

案例一

酷特“源点流”理论带动标准化变革

红领集团创建于1995年，是一家以生产经营高档西服、裤子、衬衣、休闲服及服饰系列产品为主的大型企业。“红领”以振兴民族服装业为己任，坚持“品质、诚信、服务、创新”的核心价值观，把质量管理与提升品牌价值和核心竞争力紧密结合起来，建立了以追求价值创新、技术创新、运营创新为基点的卓越绩效管理模式，铸就了独具特色的“红领管理模式”和品牌文化，荣获青岛市工业企业十大品牌文化企业称号，“红领”商标进入中国500强并荣获岛城纺织服装十大商标称号。2017年春节前，红领集团以及下属企业就已经申请注销，年内即可完成所有注销手续，新公司叫

"青岛酷特智能股份有限公司"。

一、酷特工厂标准化生产

早在2014年，钛媒体就已经在《来到制造业革命现场：再造西装》一文中对酷特工厂流水线上的改造进行过详细报道：对顾客量体收集数据（全身19个部位22个数据）——研发中心的CAD制版——面料裁剪（同时制作电子标签）——前片、袖口、后襟等个性化缝制——熨烫质检，分解下来，一套定制西装的完成需要超过400道工序。

传统批量生产的西装，需要技师制作统一的设计图纸以及模具打板，即使再大规模的量产，一套模具也就足够，可酷特流水线上的定制西装千人千面，工人必须凭借夹在衣服上的电子标签（RFID芯片卡）了解自己负责的工序中有怎样的定制需求，比如需要在袖口缝制特殊的印花，或是要在肩部加上客户指定的垫肩。

从酷特工厂的流水线来看，整套工序可以只花10分钟浏览完毕，工厂内2 000多位工人各司其职，在朝八晚五极少加班的情况下，依靠强大的流程工作实现日产超过1 500件的规模。

二、标准化背后的"源点流"理论

酷特工厂的标准化流程被传播甚广的只是表象，在设备、技术、工序的背后，酷特的所有行动方法，都建立在创始人张代理的一套名为"源点论"的思想体系上。

酷特内部花了很长时间，将"源点论"整理成形，制作了一个长达123页的PPT，当中包含基因、细胞、太极等结构图，而在开篇的基本概念中，"源点论"被这样解释：

"源点论"是以需求为源点，通过员工自由体与客户自由体的互融互生，以数据驱动重构生产力关系，通过满足客户需求，实现企业目标与价值的指导思想。

张代理说："在我的实践当中，我认为最重要的需要是新的思想取代旧的思想，而不是方法，因为一旦思想缺位就是方向缺位，就会混乱。源点论不是独出心裁，是我工作总结出来的结果和体系。"

但在张代理看来，这套从2003年就开始被践行，到2015年诞生出雏形，2017年上升为思想体系的理论是从"土地里长出来的"。有员工回忆说，当年董事长为了推自己的想法，自己就天天泡在生产线上，谁说不行，他就自己上去干给别人看。据张代理描述，在实施了这套理论后，酷特"流水线效率提升20%，产品返修率能降低80%，总收益能提升20%—30%"。

和多数企业使用理论指导实践的做法不同，酷特与"源点论"相依相生，并随着企业的发展，在迭代与试错中，从个体的指导成长为具有普适意义的理论。它支撑着这个全新的生产体系的运行。

资料来源：改编自苏建勋，《重新发现红领制造：怎么把车间主任全给裁了？》，《钛媒体》，2017年4月25日

思考题：

1. 结合酷特"源点流"理论的逐步发展，谈谈你对组织文化的认识。

2. 根据张代理提出的“源点流”理论成功的落实，谈谈你对组织文化形成的认识。

3. “源点流”理论带动酷特标准化生产，给你带来什么启示？

案例二

华为企业文化的激励作用

华为创立于1987年，是全球领先的ICT（信息与通信）基础设施和智能终端提供商。作为极具影响力的企业，华为不仅仅在国内正飞速发展，在国外的发展也非常迅猛，现在华为的产品和服务已经被国内外消费者所接受，并深受好评。华为之所以能够成功，其独特的企业文化所发挥的激励作用功不可没。

一、“狼性文化”衍生的相关激励制度

“狼性文化”作为华为标志性的企业文化，对其创建和发展都起到了至关重要的作用。“狼性文化”强调竞争，鼓励不屈不挠的奋进精神，这样的企业氛围促使每一位员工和管理者都不由自主地积极竞争，从而产生向上的进取意识。华为企业文化的构建，是依据创始人及管理层的管理方式与策略逐渐转化形成的，任正非个人独特的管理方式造就了狼性文化的产生与发展。华为根据这一企业文化，创建了新的管理方式：通过将工号、职位等信息写到工牌上，提醒员工积极进取，以获得靠前的工号，从而获得更多的股权与公司福利；采取CEO轮值制度，通过分散权力促使管理层时刻保持危机意识，也提醒每一位员工加强危机意识，促使企业持续快速发展；在寻求高质量人才方面也具有敏锐的意识，通过建立完善的人才培训机制，达到人岗匹配的目的，这点也体现了其“狼性文化”中极强的判断意识；实施末位淘汰制，排名最末的员工会被转换到其他岗位，重新学习和培训，如果还是无法胜任相关工作就会被淘汰，公司会通过一定的经济补偿予以解聘，从而确保每一个工作岗位上的员工都适合且能胜任本职工作。“狼性文化”衍生的相关激励制度，不仅培育了员工的进取精神，给员工积极工作提供了动力，也促进了企业的不断进步与发展。

二、股权激励机制

华为的股权激励机制对于企业和员工而言是互利互惠的，企业的经营效益越好，员工的股份价值就会越高。这一制度使得企业与员工站在了同一战线，互利共赢，共担风险。华为实施的这一激励机制随着企业的发展也在不断调整，适应着新时代的发展特征。在华为成立初期，由于需要大量的资金和人才，企业选择了内部融资来激发员工的工作热情。2008年，金融危机席卷全球，这对于每个企业的生存和发展而言都是重大危机。针对许多员工对公司发展的前景不看好，试图离职寻求更好的发展机会这一情况，华为通过“配股”的方式，留住了企业的核心技术人才。这一措施覆盖了企业内大多数的员工，增强了员工的归属感与责任感，大大缓解了人才流失以及可能带来的企业内部危机。股权机制对于企业来说，是一种良性循环。员工持有的股权是可以兑现的，增强了员工对企业的信任感，也让员工的个人发展与企业的竞争力紧密相连。员工一旦离职，股份会收回公司，这极大增强了员工留在企业创造价值的意愿，调动了员工的创造力和积极性。

三、福利激励制度

2005 年，华为在全球各分公司开始实施员工福利制度改革，全员纳入了社会保险、医疗保险等福利措施。华为还有针对新员工的福利政策：新员工前往公司所在地的费用可以通过上报直接报销，提升了员工对企业的好感。华为还根据员工的需求来制定福利制度。比如，由于华为国际子公司的存在，一些员工可能会被调到较远的国家或地区工作，这些员工的情感和需求就要求企业为其制定特有的福利制度，为员工带来切实的关心和福利。这些驻外员工可以携带家属外驻，家属的首次出国与归国的路程花销公司能够提供报销服务。如果没有家属陪同，员工在境外工作满一年之后，家属探亲所花费的往返路程费用也可每年报销一次。华为的这一系列福利措施给员工提供了强有力的保障，增强了员工的工作动力。

四、内部晋升激励

华为的员工可以在技术和管理两种岗位上进行选择，并且每种岗位都有各自的上升渠道。华为重视员工的能力，有能力的员工即使资历较浅也可以有晋升机会。这种晋升制度对高精尖人才具有很大吸引力，尤其是年轻的高校毕业生，这一类型的人才想要实现自身价值，也不畏惧挑战，具有创新精神和竞争意识，符合华为的企业文化。内部晋升激励制度吸引了符合华为企业文化的人才，也让其“狼性”氛围更加显现；华为实行的轮岗制可以让员工进一步了解到企业的运营模式，帮助员工选择适合自己的岗位，也优化了企业的人员配置。华为的内部晋升激励，综合了员工能力、对公司贡献等多方面因素，员工过往的绩效与未来的晋升直接关联，这也促进了员工工作积极性的提升；华为提倡“小改进大奖励，大建议只鼓励”的举措，员工可以通过平时的点滴努力得到激励，也让员工与企业的关系更加紧密；华为还有“破格提升”的制度，给员工晋升提供了通道，鼓励了员工的工作热情。华为的这一系列举措为企业吸引并留存了大量人才，激发了员工积极向上的进取精神，为企业的快速发展提供了可能性。

资料来源：改编自周恩毅等，《华为公司企业文化的激励作用》，《经营与管理》，2022 年第 3 期

思考题：

1. 华为的企业文化激励有什么优缺点？
2. 谈谈你对华为“狼性文化”的理解。

习题答案

三、填空题

1. 顾客　竞争　变革

2. 整个宏观社会经济环境的变化　科技进步的影响　资源变化的影响　竞争观念的改变　组织机构适时调整的要求　保障信息畅通的要求　克服组织低效率的要求　快速决策的要求

3. 对人员的变革　对技术与任务的变革　对结构的变革

4. 组织因素　个人因素

5. 提高组织的效能

6. 互动性　系统性

7. 解冻—变革—再冻结

8. 改变员工原有的观念和态度

9. 变革驱动力和约束力

10. 职能系统　工作流程系统　决策系统　内在关系

11. 传统的价值观念和组织惯性

12. 尽可能地消除阻碍变革的各种因素

13. 竞争

14. 生理　心理

15. 降低组织的交易成本

16. 物质财富　精神财富

17. 意识形态　礼仪制度　组织机构　行为方式

18. 民族性　多样性　相对性　沉淀性　延续性　整体性

19. 价值观念　团体意识　工作作风　行为规范　思维方式

20. 组织价值观

21. 人本文化

22. 群体凝聚力

23. 环境条件　价值信仰　英雄人物　习俗礼仪　文化网络

24. 经营战略　组织结构　管理风格　工作程序　工作人员　技术能力　共同价值

25. 表层文化　中介文化　深层文化

26. 物化文化　管理文化　制度文化　生活文化　观念文化

27. 组织的价值观　组织精神　伦理规范

28. 调节　评判　驱动
29. 整合功能　适应功能　导向功能　发展功能　持续功能
30. 宗旨　管理战略　发展方向
31. 服务（产品）形象　环境形象　成员形象　组织领导者形象　社会形象
32. 认同感　归属感
33. 共同心理趋势　价值取向　主导意识
34. 组织价值观

四、选择题

1. C　2. B　3. C　4. D　5. B　6. D　7. D　8. A　9. C　10. A
11. A　12. B　13. C　14. B　15. C　16. C　17. B　18. D　19. D
20. A

五、是非判断题

1. 是　2. 是　3. 是　4. 是　5. 是　6. 是　7. 是　8. 是　9. 是　10. 是
11. 是　12. 是　13. 是　14. 是　15. 是　16. 是　17. 否　18. 否　19. 是
20. 是　21. 否　22. 是　23. 否　24. 否　25. 否　26. 否　27. 否　28. 否
29. 是　30. 否　31. 是　32. 否　33. 否　34. 是　35. 是　36. 是　37. 是
38. 否　39. 是　40. 否　41. 是　42. 是　43. 是　44. 是　45. 是　46. 是
47. 否　48. 是　49. 是　50. 是　51. 是　52. 是　53. 是

六、简答题

1. 组织变革就是组织根据内外环境的变化，及时对组织中的要素进行结构性的变革，以适应未来组织发展的要求。

2. 所谓压力，是在动态的环境条件下，个人面对种种机遇、规定以及追求的不确定性所造成的一种心理负担。压力既可以带来正面的激励效果，也可以造成负面的影响。

3. 所谓组织冲突，是指组织内部成员之间、不同部门之间、个人和组织之间由于在工作方式、利益、性格、文化价值观等方面的不一致性所导致的彼此相抵触、争执甚至攻击等行为。

4. 选择组织价值观有两个前提。（1）要立足于本组织的具体特点。根据自己的目的，环境要求和组成方式等特点选择适合自身发展的组织文化模式。（2）要把握住组织价值观与组织文化各要素之间的相互协调，因为各要素只有经过科学的组合与匹配才能实现系统整体优化。

5.（1）组织价值标准要正确、明晰、科学，具有鲜明特点。（2）组织价值观和组织文化要体现组织的宗旨、管理战略和发展方向。（3）要切实调查本组织员工的认可程度和接纳程度，使之与本组织员工的基本素质相和谐，过高或过低的标准都很难奏效。（4）选择组织价值观要发挥员工的创造精神，认真听取员工的各种意见，并经过自上而下和自下而上的多次反复，审慎地筛选出既符合本组织特点又反映员工心态的组织价值观和组织文化模式。

6.（1）充分利用一切宣传媒体宣传组织文化的内容和精要，使之家喻户晓，以创造浓厚的环境氛围。（2）培养和树立典型。榜样和英雄人物是组织精神和组织文化的人格化身与形象缩影，能够以其特有的感召力和影响力为组织成员提供可以仿效的具体榜样。（3）加强相关培训教育。有目的的培训与教育，能够使组织成员系统地接受组织的价值观并强化员工的认同。

7.（1）精心分析。在经过群众性的初步认同实践之后，应当将反馈回来的意见加以剖析和评价，详细分析和仔细比较实践结果与规划方案的差距，必要时可吸收有关专家和员工的合理化意见。（2）全面归纳。在系统分析的基础上，进行综合的整理、归纳、总结和反思，采取去粗取精、去伪存真、由此及彼、由表及里的方法，删除那些落后的、不为员工所认可的内容与形式，保留那些进步的、卓有成效的、为广大员工所接受的内容与形式。（3）精练定格。把经过科学论证和实践检验的组织精神、组织价值观、组织文化，予以条理化、完善化、格式化，加以必要的理论加工和文字处理，用精练的语言表述出来。

8.（1）建立必要的制度保障。在组织文化演变为全体员工的习惯行为之前，要使每一位成员在一开始就能自觉主动地按照组织文化和组织精神的标准去行动，比较困难，即使在组织文化业已成熟的组织中，个别成员背离组织宗旨的行为也会经常发生。因此，建立某种奖优罚劣的规章制度是十分必要的。（2）领导者在塑造组织文化的过程中应起到率先垂范的作用。领导者必须更新观念并能带领组织成员为建设优秀组织文化而共同努力。

七、问答题

1. 就组织特定的内涵而言，组织是按照一定的目的和形式而建构起来的社会集团，为了满足自身运作的要求，必须要有共同的目标、共同的理想、共同的追求、共同的行为准则以及相适应的机构和制度，否则组织就会是一盘散沙。而组织文化的任务就是努力创造这些共同的价值观念体系和共同的行为准则。在这个意义上来说，组织文化是指组织在长期的实践活动中所形成的并且为组织成员所普遍认可和遵循的具有本组织特色的价值观念、团体意识、行为规范和思维模式的总和。

2.（1）超个体的独特性。每个组织都有其独特的组织文化，这是由不同的国家和民族、不同的地域、不同的时代背景以及不同的行业特点所造成的。（2）相对稳定性。组织文化是组织在长期发展中逐渐积累而成的，具有较强的稳定性，不会因组织结构的改变、战略的转移或产品与服务的调整而随时变化。（3）融合继承性。每一个组织都是在特定的文化背景之下形成的，必然会接受和继承这个国家和民族的文化传统和价值体系。但是，组织文化在发展过程中，也必须注意吸收其他组织的优秀文化，融合世界上最新的文明成果，不断地充实和发展自我。（4）发展性。组织文化随着历史的积累、社会的进步、环境的变迁以及组织变革逐步演进和发展。

3. 从最能体现组织文化特征的内容来看，组织文化包括组织的价值观、组织精神和伦理规范。

(1)组织的价值观就是组织内部管理层和全体员工对该组织的生产、经营、服务等活动以及指导这些活动的一般看法或基本观点。(2)组织精神。组织精神是指组织经过共同努力奋斗和长期培养所逐步形成的,认识和看待事物的共同心理趋势、价值取向和主导意识。(3)伦理规范。伦理规范是指从道德意义上考虑的、由社会向人们提出并应当遵守的行为准则,它通过社会公众舆论规范人们的行为。

4.(1)整合功能。组织文化通过培育组织成员的认同感和归属感,建立起成员与组织之间的相互信任和依存关系,使个人的行为、思想、感情、信念、习惯以及沟通方式与整个组织有机地统一起来,形成相对稳固的文化氛围,凝聚成一种无形的合力,以此激发出组织成员的主观能动性,并为组织的共同目标而努力。(2)适应功能。组织文化能从根本上改变员工的旧有价值观念,建立起新的价值观念,使之适应组织正常实践活动的需要。(3)导向功能。组织文化作为团体共同价值观,与组织成员必须强行遵守的、以文字形成表述的明文规定不同,它只是一种软性的理智约束,通过组织的共同价值观不断地向个人价值观渗透和内化,使组织自动生成一套自我调控机制,以一种适应性文化引导组织的行为和活动。(4)发展功能。组织在不断的发展过程中所形成的文化沉淀,通过无数次的辐射、反馈和强化,会随着实践的发展而更新和优化,推动组织文化从一个高度向另一个高度迈进。(5)持续功能。组织文化的形成是一个复杂的过程,往往会受到政治的、社会的、人文的和自然环境等诸多因素的影响,因此,它的形成需要经过长期的倡导和培育。正如任何文化都有历史继承性一样,组织文化一经形成,便会具有持续性,并且不会因为组织战略或领导层的人事变动而立即消失。

5. 任何一个组织总是要把自己认为最有价值的对象作为本组织追求的最高目标、最高理想或最高宗旨,一旦这种最高目标和基本信念成为统一本组织成员行为的共同价值观,就会构成组织内部强烈的凝聚力和整合力,成为组织成员必须共同遵守的行动指南。因此,组织价值观制约和支配着组织的宗旨、管理战略和发展方向。在这个意义上来说,组织价值观是组织文化的核心。

6.(1)选择合适的组织价值观标准:①组织价值观标准要正确、明晰、科学,具有鲜明特点。②组织价值观和组织文化要体现组织的宗旨、管理战略和发展方向。③要切实调查本组织员工的认可程度和接纳程度,使之与本组织员工的基本素质相和谐,过高或过低的标准都很难奏效。④选择组织价值观要发挥员工的创造精神,认真听取员工的各种意见。(2)强化员工认同:①充分利用一切宣传媒体,宣传组织文化的内容和精要,以创造浓厚的环境氛围。②树立榜样人物。③培训教育,能够使组织成员系统接受和强化认同组织所倡导的组织精神和组织文化。(3)提炼定格:①精心分析,详细分析和仔细比较实践结果与规划方案的差距,必要时可吸收有关专家和员工的合理意见。②全面归纳,在系统分析的基础上,进行综合的整理、归纳、总结和反思。③精练定格,把经过科学论证和实践检验的组织精神、组织价值观、组织伦理与行为,予以条理化、完善化、格式化,再经过必要的理论加工和文字处理,用精练的语言表述出来。(4)巩固落实:①建立必要的制度保障。②领导率先垂范。(5)在发展中不断丰富和完善。

八、案例分析

案例一分析参考：

1.“源点流”这套理论从2003年开始被践行，到2015年诞生出雏形，2017年上升为思想体系是从“土地里长出来的”，可以说酷特与“源点论”相依相生，并随着企业的发展，在迭代与试错中，从个体的指导成长为具有普世意义的理论。可见组织文化是组织在长期的实践活动中所形成的并且为组织成员所普遍认可和遵循的具有本组织特色的价值观念、团体意识、工作作风、行为规范和思维方式的总和。

2.“源点流”理论是由红领集团创始人张代理提出的，并且在整个实施过程中，不断总结结果和体系，以身作则，用实际行动带动文化的融入。

3. 互联网时代，所有传统企业必须迈过的一道坎就是从大规模制造转为大规模定制。酷特工厂顺利改造流水线，达到“10分钟一流程，朝八晚五，日产1 500件”的标准化生产背后，是一套自成体系的组织文化理念，即“源点论”理念。

案例二分析参考：

1. 可以结合组织文化的功能，从组织文化不断向个人价值观的渗透和内化方面发挥的导向功能，沟通思想感情培育认同感和归属感方面发挥的凝聚功能，通过文化塑造激发工作积极性的激励与约束功能，向社会传播正能量的辐射功能和帮助新员工融入组织的调适功能等方面进行优点的回答；结合组织文化的反功能，从变革的障碍、多样化的障碍和并购的障碍三个方面进行缺点的回答。

2. 可以结合组织文化的构成，对华为“狼性文化”涉及的股权激励、福利激励及内部晋升激励等进行组织文化基本层次的划分并分析华为组织文化三个基本层次发挥的作用。

第四篇
领　导

DISIPIAN LINGDAO

第十三章

领导与领导者

一、复习要点

1. 领导的内涵及其要素。
2. 领导的作用。
3. 领导者素质及条件。
4. 经济全球化对企业领导的新要求。
5. 领导集体的构成。
6. 领导方式的三种类型。
7. 坦南鲍姆和施米特的领导方式连续统一体理论的分析标准与内容。
8. 布莱克和穆顿的管理方格理论的分析标准与内容。
9. 菲德勒的领导权变理论的分析标准与内容。
10. 领导艺术的基本内涵。

二、关键概念

领导、领导者、管理者、三种领导方式、领导方式连续统一体理论、管理方格理论、权变理论、领导艺术。

三、填空题

1. 所谓领导就是指 ________、________、________ 和 ________ 部下为实现目标而努力的过程。

2. 领导的作用包括 ________、________ 和 ________。

3. 领导班子的结构，一般包括 ________、________、________ 和 ________。

4. 领导方式基本上有三种类型：________、________、________。

5. 布莱克和穆顿在提出管理方格时，列举了 5 种典型的领导方式：________、________、________、________、________。

6. 按照权变理论，领导方式是 ________、________、________ 的函数。

7. 菲德勒将领导环境具体分为 3 个方面：________、________、________。

8. 权变理论认为，低 LPC 型领导比较重视 ________ 的完成，高 LPC 型领导比较重视 ________。

9. 从本质上说，管理是建立在 ________、________ 和 ________ 的基础上对下属命令的权力。

10. 领导更多的是建立在 ________、________、________ 的基础之上。

11. 传统的领导特性理论认为领导者的品质是天生的，与后天的培育、训练和实践无关，因而传统的特性理论也称为 ________。

12. 权变理论中的领导者特征主要是指领导者的 ________、________ 和 ________。

13. 菲德勒设计了一种问卷来测定领导者的领导方式，该问卷的主要内容是询问领导者对 ________ 的评价。

14. 菲德勒模型认为在环境较好和较差的情况下，采用 ________ LPC 领导方式比较有效，在环境中等的情况下，采用 ________ LPC 领导方式比较有效。

15. 争取众人的信任和合作，要做到 ________、________、________、________。

16. 菲德勒模型中的职位权力是指 ________________。

17. 菲德勒模型中的任务结构是指任务的 ________ 和部下对这些任务的 ________。

18. 管理方格图中的纵轴表示领导者对 ________ 的关心程度，横轴表示领导者对 ________ 的关心程度。

19. ________ 型领导是指领导者撒开手不管，下属愿意怎样做就怎样做，完全自由。

20. 领导方式连续统一体理论认为领导方式是多种多样的，在 ________ 型到 ________ 型之间，存在着多种过渡类型。

四、选择题（单选题）

1. 提出领导者应具备的 5 种激励特征、8 种品质特征的是 ________ 。

A. 亨利 B. 鲍莫尔

C. 吉沙利 D. 戴维斯

2. 在菲德勒模型中，下列哪种情况属于较好的领导环境？ ________ 。

A. 人际关系差，工作结构复杂，职位权力强

B. 人际关系差，工作结构简单，职位权力强

C. 人际关系好，工作结构复杂，职位权力弱

D. 人际关系好，工作结构简单，职位权力强

3. 管理方格图中，9.1 型对应的是 ________ 领导方式。

A. 任务型 B. 乡村俱乐部型

C. 中庸之道型 D. 贫乏型

E. 团队型

4. 管理方格图中，9.9 型对应的是 ________ 领导方式。

A. 任务型 B. 乡村俱乐部型

C. 中庸之道型 D. 贫乏型

E. 团队型

5. 提出权变理论的是 ________ 。

A. 吉沙利 B. 菲德勒

C. 布莱克 D. 施米特

6. 在人际关系好、工作结构简单的环境中，宜采取 ________ 的领导方式。

A. 高 LPC 型领导方式

B. 低 LPC 型领导方式

7. 乡村俱乐部型的领导方式位于管理方格图的 ________ 格。

A. 9.1 B. 1.9 C. 5.5

D. 9.9 E. 1.1

8. 如果一个领导者决断力很强，并且信奉 X 理论，他很可能采取 ________ 的领导方式。

A. 专权型领导 B. 民主型领导 C. 放任型领导

9. 如果一个追随者的独立性较强，工作水平高，那么采取 __________ 方式是不适宜的。

A. 专权型领导　　B. 民主型领导　　C. 放任型领导

10. 要做到有效倾听，下列不正确的是 __________ 。

A. 领导者必须控制自己的情绪

B. 对于力所能及的要求，要大方允诺

C. 不要随意插话

D. 适时发问，鼓励对方进一步地解释和说明

11. 王先生是某公司的一名年轻技术人员，一年前被调到分公司任企划部经理，考虑到自己的资历、经验等，他采取了较为宽松的管理方式，试分析下列哪一种情况下，王先生的领导风格最有助于产生较好的管理效果？__________ 。

A. 企划部任务明确，王先生与下属关系好但职位权力弱

B. 企划部任务明确，王先生与下属关系差但职位权力强

C. 企划部任务不明确，王先生与下属关系差且职位权力弱

D. 企划部任务不明确，王先生与下属关系好且职位权力强

12. 领导方式可以分成专权、民主、放任 3 种，其中民主型领导方式的主要优点是 __________ 。

A. 纪律严格，管理规范，赏罚分明

B. 组织成员具有高度的独立自主性

C. 按规章管理，领导者不运用权力

D. 员工关系融洽，工作积极主动，富有创造性

13. 张教授到某企业进行管理咨询，该企业总经理热情地接待了张教授，并介绍公司的具体情况，才说了 15 分钟，就被人叫了出去，10 分钟后回来继续，不到 15 分钟，又被叫出去。这样，整个下午 3 个小时总经理一共被叫出去 10 次之多，使得企业情况介绍时断时续。这说明 __________ 。

A. 总经理不重视管理咨询

B. 该企业可能这几天遇到了紧急情况

C. 总经理可能过度集权

D. 总经理重视民主管理

14. 某公司销售部经理被批评为“控制得太多，而领导得太少”，据此你认为该经理在工作中存在的主要问题可能是 __________ 。

A. 对下属销售人员的疾苦没有给予足够的关心

B. 对销售任务的完成没有给予充分的关注

C. 事无巨细，过分亲力亲为，没有做好授权工作

D. 没有为下属销售人员制定明确的奋斗目标

15. 下述哪项活动和领导职能无关？__________。

A. 向下述传达自己对销售工作目标的认识

B. 与某用户谈判以期达成一项长期销售计划

C. 召集各地分公司经理讨论和协调销售计划的落实情况

D. 召集公司有关部门的职能人员开联谊会，鼓励他们攻克难关

16. 某企业多年来任务完成得都比较好，职工经济收入也很高，但领导和职工的关系却很差，该领导很可能是管理方格中所说的__________。

A. 贫乏型　　B. 乡村俱乐部型

C. 任务型　　D. 中庸之道型

17. 美国管理大师彼得•德鲁克说过，如果你理解管理理论，但不具备管理技术和管理工具的运用能力，你还不是一个有效的管理者；反过来，如果你具备管理技巧和能力，而不掌握管理理论，那么充其量你只是一个技术员。这句话说明：__________。

A. 有效的管理者应该既掌握管理理论，又具备管理技巧与管理工具的运用能力

B. 是否掌握管理理论对管理者工作的有效性来说无足轻重

C. 如果理解管理理论，就能成为一名有效的管理者

D. 有效的管理者应该注重管理技术与工具的运用能力，而不必注意管理理论

18. 某公司总经理安排其助手去洽谈一个重要的工程项目合同，结果由于助手工作中的考虑欠周全，致使合同最终被另一家公司接走。由于此合同对公司经营关系重大，董事会在讨论其中失误的责任时，存在以下几种说法，你认为哪一种说法最为合理？__________。

A. 总经理至少应该承担领导用人不当与督促检查失职的责任

B. 总经理的助手既然承接了该谈判的任务，就应对谈判承担完全的责任

C. 若总经理助手又进一步将任务委托给其下属，则也可不必承担谈判失败的责任

D. 公司总经理已将此事委托给助手，所以对谈判的失败完全没有责任

19. 如果你是公司的总经理，在周五下午下班后，公司某位重要客户给你打来电话，说他向公司购买的设备出了故障，需要紧急更换零部件，而此时公司的全体人员均已下班。对于这种情况，你认为以下各种做法中哪一种比较好？__________。

A. 告诉客户，因放假找不到人，只好等下周解决，并对此表示歉意

B. 请值班人员打电话找有关主管人员落实送货事宜

C. 因为是重要客户的紧急需要，马上亲自设法将货送去

D. 亲自打电话找有关主管人员，请他们设法马上送货给客户

20. 假定请你主持召开一个由公司有关“智囊”参加的会议，讨论公司发展战略的制订问题。如果在会上听到了许多与你观点不同的意见，而且你也知道这些意见失之偏颇是因为发言者掌握的资料不全。对此你认为最好采取哪一种做法？__________。

A. 视情况谈谈自己对一些重要问题的看法

B. 既然是“智囊”会议，就应允许畅所欲言

C. 及时提供资料，证明这些意见的错误

D. 及时打断这些发言以发表自己的高见

21. 某技术专家原来从事专业工作，业务精通，绩效显著，近来被提拔到所在科室负责人的岗位。随着工作性质的转变，他今后应当注意把自己的工作重点调整到：__________。

A. 放弃技术工作，全力以赴，抓好管理和领导工作

B. 重点仍以技术工作为主，以自身为榜样带动下级

C. 以抓管理工作为主，同时参与部分技术工作，以增强与下级的沟通和理解

D. 在抓好技术工作的同时，做好管理工作

22. 卡尔森以前只有宾馆管理经验而无航运业管理经验，但被聘为美国泛美航空公司的总裁后，短短 3 年，就使这家亏本企业成为高盈利企业。你认为下述 4 种说法中哪一条有明显错误？__________。

A. 最高管理者不需要专业知识，只要善于学习、勤于思考就够了

B. 成功的管理经验具有一定的普适性，所以可以成功移植

C. 成功管理的关键是人，只要搞好人的管理，就可取得成功

D. 这仅仅是一种巧合，只说明卡尔森有特别强的环境适应能力

23. 有位老师一直认为研究生是不需要课堂闭卷考试的，但学校规定研究生考试必须采取闭卷形式。结果是这位教师在考场上对学生翻阅参考资料的行为采取了默许的做法。作为一位管理者，你将如何对待这种情况？__________。

A. 组织学校管理人员，加强考场巡视，以彻底杜绝这种情况的发生

B. 找这位老师谈话，对他的这种做法进行批评，不再对其放任自流

C. 设法消除这位教师的心理抵触情绪，以取得该教师对学校做法的理解

D. 任何事情都不能绝对化，这位老师不主张闭卷考试，就不必强求

24. 一份英国杂志比较了欧洲各国经理的习性和处事手法后得出这样的结论：法国经理最“独裁”，意大利经理最“无法无天”，德国经理最凭意气办事，英国经理最不能“安于位”。各国经理的习性和处事法的不同，最有可能是因为：__________。

A. 各国的文化传统不同　　B. 各国的教育体制不同

C. 各国的法律制度不同　　D. 各国的经济发展有差距

25. 某公司财务经理授权会计科长管理应付账款，会计科长由于太忙，不能亲自处理，便授权属下一位会计师负责此事。会计科长对应付账款的管理是：__________。

A. 不再负有责任　　B. 仍然负有责任

C. 责任虽没消除但是减轻了　　D. 不再负主要责任

26. 企业中有些问题可以通过制度化方式来处理，而另一些问题则不能，还有些问题如果进行制度化处理则会导致效率下降。对于一家企业的经营来说，面临以下各种情况时，你认为哪一种是最没有必要且不可能制度化的？__________。

A. 随着企业市场规模的增大，应收账款总额急剧上升

B. 随着引进人才增多，企业核心经营理念更趋多元化

C. 随着全球化的发展，市场变得更具不确定性

D. 企业上下人均收入的提高所导致的员工心态变差

27. 南方某厂订立有严格的上、下班制度并一直遵照执行。一天深夜突降大雪，给交通带来极大不便，次日早晨便有许多职工上班迟到了，厂长决定对此日的迟到者免于惩罚。对此，企业内部职工议论纷纷。在下列议论中，你认为哪种说法最有道理？__________。

A. 厂长滥用职权

B. 厂长执行管理制度应征询大部分职工的意见

C. 治厂制度又不是厂长一人订的，厂长无权随便变动

D. 规章制度应有一定的灵活性，特殊情况可以特殊处理

五、是非判断题

1. 领导的本质就是指挥部下。

2. 领导者依靠组织赋予的权力对下属产生影响。

3. 一个人是管理者，那他必定是领导者。

4. 领导者不一定是管理者。

5. 领导作用包括指挥作用、协调作用和激励作用。

6. 因为领导者的主要作用是协调和指挥，所以领导者不需要过多掌握

与生产相关的知识。

7. 建立愿景、事业导向、有效沟通、快速学习都是经济全球化对领导者提出的新要求。

8. 领导者个人决策并要求下属执行的领导方式被称为专权型领导。

9. 放任型领导要求领导者与下属共同决策，协调一致完成工作。

10. 坦南鲍姆和施米特根据下属参与决策的程度，将领导方式分为专权型、参与型、放任型三种。

11. 管理方格理论中，任务型领导因为重视任务的完成，因此往往会提高企业的生产率。

12. 中庸之道型领导兼顾员工与任务，是最好的领导方式。

13. 乡村俱乐部型领导过于重视人的因素，会导致企业生产能力下降。

14. 领导者向下授权一定会激发员工工作热情，从而使企业取得成功。

15. 权变理论认为，没有一种普遍适用的领导方式，因此，一些成功企业的领导方式不具有任何参考价值。

16. 信奉 Y 理论的领导者很可能采取参与式领导。

17. 权变理论认为，领导方式是领导者与追随者共同形成的。

18. 任务结构比较简单时，采用专制的领导方式有利于工作完成。

19. 权变理论指出，在领导环境较好或较差时，采用低 LPC 领导方式会比较有效。

20. 费德勒权变理论为领导者在环境变化时及时调整领导方式提供了参考。

21. 领导的职责包括决策、用人、指挥、协调和激励，其重要程度相同。

22. 对能由其亲自处理的事，领导要义不容辞。

23. 在授权后，领导者不要进行干预，以使下属感受到信任。

24. 领导者应善于记录自己的时间，以便从中发现合理利用的措施。

25. 领导者在工作之余应抽出时间进行必要的学习思考，为此可减少参与业余活动的时间。

26. 领导者要获得下属的追随，必须依靠自身的魅力及特长。

27. 人际关系好、工作结构简单、职位权力弱的情况属于较好的领导环境，适用高 LPC 领导方式。

28. 领导者必须善于同下属交谈，不要随意打断对方说话，即使你对某句话有疑问或想多了解一些。

29. 为下属安排工作是领导的职责。

30. 经理“销售”决策的重点在于说服下属接受自己的决策，总体来说接近于专制型领导。

六、简答题

1. 领导和管理是一回事吗？
2. 简述领导的定义及要素。
3. 领导者应掌握哪些业务知识？
4. 领导者应具备哪些业务技能？

七、问答题

1. 领导工作具有很强的艺术性，你认为领导者在领导过程中主要应注意哪些方面？

2. 虽然没有任何迹象说明领导能力来源于家庭的遗传或者一些特别的个人素质，并且无论你是否具备这些天生条件，你都可以成为一个有效的领导者，但是，一般认为作为一名领导者，必然具备一些基本素质。这些素质主要有哪些？

3. 中国企业家调查系统在1997年做的一次大型调查显示(《管理世界》，1998年第2期，第123页)，86.2%的企业经营者们认为提高企业竞争力的关键是“好的领导班子”(“高素质的职工队伍”为50.7%，“强有力的技术创新能力”为32.2%)。何谓领导班子？好的领导班子的基本要求是什么？

4. 从所学的领导方式及其理论中，你得到哪些启示？

八、案例分析

案例一

熊焰：做一个“甩手掌柜”

2012年5月8日，中国铁矿石现货交易平台正式在北京国际矿业权交易所挂牌成立。这是时任北京产权交易所(简称“北交所”)董事长兼党委书记、北京金融资产交易所(简称“北金所”)董事长兼总裁熊焰推动北矿所团队，运用三四年时间精心打造的，也是北交所集团从梦想走进现实的典型案例。熊焰说，自己只不过是在这湍急的河流中，坐上了最快的船，并幸运地成为掌舵人。他的管理哲学则是当个“甩手掌柜”，让团队成员像他一样充满“使命感”，得到足够的信任。

“在北交所这座大船上，我负责航向的把握。”他说，每一次他在自家阳台上思索出来的关于发展战略和创新节点的方案，他都会安排下去，由相关团队具体操作。就这样，熊焰的一个又一个设想变为现实。

作为一个平台引领者，熊焰与其他企业领导者不同的是，他处在政府监管部门和平台运营团队的中间链条，这要求他既有与监管部门沟通的艺术，要站在监管者的视角上去思考，创新才有成功的可能；又要有把控和激励团队的技巧。

不过，他对团队的管理，多为理念上的指引。比如，他要求团队要有“拓荒者”的思想意识，“监管部门不可能开出一块成熟的地让我们去种。我们必须拓荒，必须弯下腰去实践‘汗滴禾下土’的过程。”他说。

工作要以“解决问题”为导向。所有有生命力的创新业务，都来自客户的实际需求，绝不能闭门造车，一定要在合理性上做足文章，每一个创新产品的基础作业来自现实的政策现状、困境、国际借鉴等，提出最优化的解决方案。

他带队有一个心得，即保持团队良好的精神状态，并保持“适度焦虑”。他认为，个体潜能的发挥，其中很重要的一个条件就是要有寝食不安的状态，每一位成员都需把这种学习能力和亢奋状态以及创造性工作叠加在一起充分发挥潜能。同时，团队从事的又是一个有风险的行业，因此，团结、和谐和战战兢兢的恐惧态度都很重要。

熊焰坦言，自己属于能开疆拓土型的战略型领导，“要讲防守、讲细节管理，我肯定不是高手”。在家里，熊焰从不做家务，全权由妻子负责。在单位他也称自己为“甩手掌柜”。具体业务他从不插手，只履行决策权。一旦某项业务出现纰漏，他在旁边看着，也从不插话，让具体负责人自己解决。因此，他所带领的团队自我管理能力和执行力都超强。

对于一个战场型领导者，仗终有打完的时候。中国北京文化产权交易所已于2012年下半年挂牌，北京国际葡萄酒交易所已经注册完成。目前，北交所实现了“一托十二”的格局，将轻易不再建立新的交易平台。

当然，做掌柜的虽然可以甩手，但操心总是不可避免的。北交所管理能力与需求间的落差让熊焰颇感挑战。随着业务的发展，储备的干部基本用完了，他最犯愁的就是董事长人选稀缺，但是，“这常常是可遇不可求的”。

资料来源：改编自孙春艳，《熊焰——中国产权市场的“李云龙”》，《中外管理》，2012年第6期

思考题：

1. 请分析熊焰的领导方式及特点。
2. 针对熊焰的“操心”，你认为合适的董事长人选需要具备哪些素质或技能？

案例二

哪种领导类型更有效？

A公司和E公司都是成立于2013年的小微企业，员工数都不足20人。作为公司的领导人，两位创业者对公司的管理各有偏重。

一、A公司的杜总

A公司是一家服务于小微企业的会计服务公司，拥有员工13人。公司业务范围包括验资、工商注册、年检、变更、股权转让、银行开户、代理做账、税务代理、税务筹划、政策咨询等。

公司的创立者杜总曾在民政部门下属的企业担任会计工作，为人稳重、严谨和自信，待人热情、朋友多、爱交际，他的客户往往成为朋友，朋友又介绍客户。

杜总十分重视制度建设，要求凡事在执行前都要定好规矩，按制度办事。员工们也反映，制定好招聘流程和预算后找杜总审批才能实施。在招聘时，杜总对申请者素质要求是“稳重、认真、细心、愿意主动加班等”。公司的办公环境也是井然有序，干净整洁，办公桌上一点也不杂乱，文件摆放整齐。

员工进入公司后的培训主要目的是让新员工了解公司制度、掌握财政和税务部门的新政策，针对技能方面的培训主要依赖内部传帮带，其他培训比较少，形式比较单一。在员工的晋升考核中，业绩和人品是杜总注重的。对于员工间发生的冲突，杜总认为管理层需要公正地处理。在保持员工积极的工作态度上，杜总认为能做的是不拖欠工资、福利，愿意给员工提供更多的机会，相互包容。

杜总重视业绩考核，公司的考核是结果导向的，考核结果与薪酬挂钩。杜总认为不考核体现不了员工业绩，业绩工资能体现公平性。公司最早的员工考核体系是杜总根据自己的经验制定的，执行下来感觉效果并不理想，员工们都来找杜总抱怨。之后杜总先是自己反思，然后与人力主管商量，又找员工们一个个谈话，在查阅不少行业资料后给人力主管报了绩效考核的培训班，最后提炼出与本公司发展阶段相符合的指标。具体的考核方案和指标由主管制订，再和员工沟通后确定最终方案。销售人员考核实行的是交替排序和对比法，这样业绩一目了然，能激励员工。业务岗员工考核采用的是评级量表法，考核方式主要是上级考核下级。

二、E公司的刘总

E公司是一家广告宣传公司，拥有员工16人。经营范围主要为平面广告设计、制作、公关活动策划、会议服务、媒体推广、企业咨询及营销策划业务等。

公司创业者刘总自主创业前在一家外资广告公司担任主管。因为大老板派驻北京的香港经理和台湾经理相互不和，让员工很难做事，影响公司的长期发展，刘总选择了离职创业。

刘总对人才非常重视，创业初期就请人力资源主管大力发掘设计、策划和媒体专业人才。员工入职之后，培训也从不落下。入职培训侧重素质提升，外聘老师教授技能；之后也时常有针对性的培训。其中一次令人力资源主管印象深刻：那天，员工们参加一个展会，并没有拿到什么大单，客户觉得他们离自己的需求层次还差一些相关的经验，员工们士气很低落。刘总看到了症结所在，知道如果责怪大家只会适得其反。接下来就和人力资源主管探讨了相关的培训项目，并让主管去搜集员工们反馈的问题，把这些问题整理好汇报给他。然后联系了培训公司，给员工做了相应的培训，解决了大家遇到的问题，提升了员工的士气。

刘总对文化建设和公司氛围塑造也十分上心。员工入职后的培训课程，除了与素质相关，还有企业文化与团队建设方面的内容。刘总认为广告行业竞争比较激烈，有些工作不是哪一个人就可以搞定的，哪怕能力很强也未必办得到，文化培训和团队建设能增强凝聚力和归属感。

刘总也关心员工的工作满意度和员工心理状况。广告公司需要创新，必须让员工精神状态处于极佳状态，让他们在工作中充满灵感。为此，公司的业绩考核更关注的是员工的下一次进步。在员工考核方面，根据岗位不同指标有所不同，营销主要看业绩，其他岗位看客户满意度。考核结果会向员工反馈，他们看到差距和改进之处在哪里，沟通时会注意语气和氛围，观察员工的情感变化，用员工更能接受的办法或语言去影响他们，不能打击积极性。公司在关注员工满意度方面除了观察员工的日常工作态度外，还通过聚会、活动等非工作途径询问员工心理状况。

刘总在管理中注重人际沟通，对员工的合理建议也多予采纳，公司的福利水平也具备很强的竞争力。

资料来源：改编自张玉静等,《创业者个性特质与人力资源管理模式的关系：基于5家小微企业的探索性案例研究》,《管理案例研究与评论》, 2018年第5期

思考题：

1. 结合俄亥俄州立大学有关的研究，谈谈杜总和刘总的领导方式。

2. 你认为杜总和刘总各自的领导方式在公司所属的对应行业中恰当吗？如果公司之后规模变大，保持原有的领导方式还有效吗？

习题答案

三、填空题

1. 指挥　带领　引导　鼓励
2. 指挥　协调　激励
3. 年龄结构　知识结构　能力结构　专业结构
4. 专权型领导　民主型领导　放任型领导
5. 任务型　乡村俱乐部型　中庸之道型　贫乏型　团队型
6. 领导者特征　追随者特征　环境
7. 职位权力　任务结构　上下级关系
8. 工作任务　人际关系
9. 合法的　有报酬的　强制性权力
10. 个人影响权　专长权　模范作用

11. 伟人说
12. 个人品质　价值观　工作经历
13. 最难合作的同事
14. 低　高
15. 平易近人　信任对方　关心他人　一视同仁
16. 领导者所处的职位具有的权威和权力的大小
17. 明确程度　负责程度
18. 人　生产
19. 放任
20. 专权　放任型

四、选择题

1. C　2. D　3. A　4. E　5. B　6. B　7. B　8. A　9. A　10. B
11. B　12. D　13. C　14. C　15. B　16. C　17. A　18. A　19. D
20. A　21. C　22. D　23. C　24. A　25. B　26. C　27. D

五、是非判断题

1. 否　2. 否　3. 否　4. 是　5. 是　6. 否　7. 是　8. 是　9. 否　10. 否
11. 否　12. 否　13. 是　14. 否　15. 否　16. 是　17. 否　18. 否　19. 是
20. 否　21. 否　22. 否　23. 否　24. 是　25. 否　26. 是　27. 否　28. 否
29. 是　30. 是

六、简答题

1. 从本质上说，管理是建立在合法的、有报酬的和强制性权力的基础上对下属下命令的行为。下属必须遵循管理者的指示。在此过程中，下属可能尽自己最大的努力去完成任务，也可能只尽一部分努力去完成工作。在企业的实践中，后者是客观存在的。但是，领导更多的是建立在个人影响权和专长权以及模范作用的基础上。因此，一个人可能既是管理者，也是领导者，但是，管理者和领导者两者分离的情况也是有的。一个人可能是领导者但并不是管理者，非正式组织中最具影响力的人就是典型的例子。一个人可能是个管理者，但并不是个领导者，如某些握有职权的管理者可能得不到下属的尊重与服从。

2. 所谓领导就是指挥、带领、引导和鼓励部下为实现目标而努力的过程。这个定义包括下列三要素。(1)领导者必须有部下或追随者，没有部下的领导者谈不上领导。(2)领导者拥有影响追随者的能力或力量。这些能力或力量包括由组织赋予领导者的职位和权力，也包括领导者个人所具有的影响力。(3)领导者的目的是通过影响部下来达成企业的目标。

3.（1）应懂得市场经济的基本原理，与时俱进地掌握建设中国特色社会主义的理论和思想。（2）应懂得管理的基本原理、方法和各项专业管理的基本知识。（3）应懂得生产技术和有关自然科学、技术科学的基本知识，掌握本行业的科研和技术发展。（4）应懂得思想政治工作、心理学、人才学、行为科学、社会学等方面的知识，以便做好人的工作，激发职工士气，协调好人与人的关系，充分调动人的积极性。（5）应能熟练应用计算机、信息管理系统和网络，及时了解和处理有关信息。

4. 领导者应具有如下的业务技能。（1）较强的分析、判断和概括能力。（2）决策能力。（3）组织、指挥和控制的能力。（4）沟通、协调企业内外各种关系的能力。（5）不断探索和创新的能力。（6）知人善任的能力。

七、问答题

1.（1）做领导的本职工作；

（2）善于同下属交谈、倾听下属的意见；

（3）争取众人的信任和合作；

（4）做自己时间的主人。

2.（1）思想素质。①事业心：责任感和创业精神。②不图虚名、艰苦朴素。③情商较高。

（2）业务素质。①业务知识：掌握市场经济基本原理；管理知识；生产技术及相关知识；心理学、人才学等知识；计算机及网络知识。②业务技能：分析、判断和概括能力；沟通、协调能力；探索、创新能力。

（3）身体素质。①强健的身体。②充沛的精力。

3. 组织中的领导者是复数而非单数，是一群人而非一个人。某个组织的领导者是就这个组织的领导者集体或“领导班子”而言的。一个具有合理结构的领导班子，不仅能使每个成员人尽其才，做好各自的工作，而且能通过有效的组合，发挥巨大的集体力量。领导班子的结构一般包括年龄结构、知识结构、能力结构、专业结构等。（1）年龄结构，不同年龄的人具有不同的智力、不同的经验，因此，寻求领导班子成员的最佳能力结构是非常重要的，领导班子应该是老、中、青三结合，向年轻化的趋势发展。（2）知识结构，是指领导班子中不同成员的知识水平构成。领导班子成员都应具有较高的知识水平。（3）能力结构，领导的效能不仅与领导者的知识有关，而且与他运用知识的能力有密切的关系。这种运用知识的能力对于管理好一个企业是非常重要的。（4）专业结构，是指在领导班子中各位成员的配备应由各种专门的人才组成，形成一个合理的专业结构，从总体上强化这个班子的专业力量。

4. 略。

八、案例分析

案例一分析参考：

1. 放任型领导。领导只负责提供信息并进行理论上的指导，下属的工作拥有极大自由，他的主要任务是帮助下属更好完成工作。

2. 从思想素质、业务素质（掌握市场经济、管理学及各有关学科的知识）、业务技能（分析、决策、指挥、协调、创新等）以及领导艺术（如善于同下属交谈，倾听下属的意见、争取众人的信任和合作、做自己时间的主人等）等方面作答均可。

案例二分析参考：

1. 联系俄亥俄州立大学对于领导行为维度的划分回答。参考：俄亥俄州立大学从“定规维度”和“关怀维度”将领导分为四种类型，杜总属于“高定规-低关怀”，刘总属于“低定规-高关怀”。

2. 杜总公司的业务决定了更看重员工的稳重、严谨等特质，领导风格也偏向以生产为中心；刘总公司更强调创意与灵感，领导风格偏向以员工为中心。有效的领导者没有哪种固有的领导特质和领导风格，而是随着情境的改变而转变。

第十四章

激　励

一、复习要点

1. 解释激励过程。
2. 卢因的力场理论的基本内容。
3. 马斯洛的需要层次理论的基本内容。
4. 需要的性质。
5. 弗鲁姆的期望理论的基本内容。
6. 亚当斯的公平理论的基本内容。
7. 斯金纳的强化理论的基本内容。
8. 波特和劳勒的激励模式理论的基本内容。
9. 4 种激励方法的基本内涵。

二、关键概念

激励、力场理论、需要层次理论、需要、期望理论、公平理论、强化理论、正强化、负强化。

三、填空题

1. 管理的激励职能就是研究如何根据规律性来提高人的 ＿＿＿＿＿ 。

2. ________ 是产生激励的起点，进而导致某种行为。

3. 根据弗鲁姆的期望理论，所谓效价是指个人对达到某种预期效果的 ________ ，或某种预期成果可能给行为者个人带来的 ________ 。

4. 根据弗鲁姆的期望理论，激励力＝某一行动结果的 ________ × ________ 。

5. 库尔特・卢因（Kurt Lewin）把人看作是在一个力场上活动的，力场内并存着 ________ 和 ________ ，人的行为便是场内诸力作用的产物。

6. 美国心理学家 ________ 提出了需要层次理论。

7. 马斯洛将需要划分为5级：________ 、________ 、________ 、________ 、________ 。

8. 尊重的需要可以分为两类，即 ________ 和 ________ 。

9. 安全的需要可以分为两小类，即 ________ 的安全的需要和对 ________ 的安全的需要。

10. 需要具有 ________ 、________ 、________ 、________ 的特征。

11. 需要的可变性是指需要的 ________ ，从而需要的 ________ 是可以改变的。

12. 期望理论的基础是 ________ ，它认为每一员工都在寻求获得最大的 ________ 。

13. 期望理论的核心是 ________ 。

14. 期望理论的员工判断依据是员工个人的 ________ ，而与实际情况不相关。

15. ________ 是美国心理学家亚当斯于20世纪60年代首先提出的，也称为社会比较理论。

16. 公平理论认为人们将通过两个方面的比较来判断其所获报酬的公平性，即 ________ 比较和 ________ 比较。

17. 强化理论认为人的行为是 ________ 的函数。

18. 根据强化的性质和目的，可以将其分成两大类：________ 和 ________ 。

19. 波特和劳勒的激励模式理论指出，个人是否努力以及努力的程度不仅取决于 ________ ，还受到个人觉察出来的 ________ 和受到奖励的 ________ 的影响。

四、选择题

1. 提出力场理论的是 ________ 。

A. 马斯洛　　B. 卢因

C. 弗鲁姆　　D. 亚当斯

2. 提出公平理论的是 __________。

A. 马斯洛　　B. 卢因

C. 弗鲁姆　　D. 亚当斯

3. 提出期望理论的是 __________。

A. 马斯洛　　B. 卢因

C. 弗鲁姆　　D. 亚当斯

4. 激励理论主要包括 __________。

A. 力场理论　　B. 需要层次理论

C. 权变理论　　D. 公平理论

E. 期望理论

5. 处于需要最高层次的是 __________。

A. 生理的需要　　B. 安全的需要

C. 感情的需要　　D. 尊重的需要

E. 自我实现的需要

6. 期望理论认为，人们对工作的态度取决于对下述 __________ 三种联系的判断。

A. 努力—绩效　　B. 努力—奖赏

C. 奖赏—个人目标　　D. 绩效—奖赏

E. 绩效—个人目标

7. 下列关于强化理论的说法正确的是 __________。

A. 强化理论是美国心理学家马斯洛首先提出的

B. 所谓正强化就是惩罚那些不符合组织目标的行为，以使这些行为削弱直至消失

C. 连续的、固定的正强化能够使每一次强化都起到较大的效果

D. 实施负强化，应以连续负强化为主

8. 为了激发员工内在的积极性，一项工作最好授予哪类人？ ______。

A. 能力远远高于任务要求的人

B. 能力远远低于要求的人

C. 能力略高于任务要求的人

D. 能力略低于任务要求的人

9. A、B 两人都是同一家企业的职工，两人横向比较结果是 $Q_A/I_A > Q_B/I_B$，则 B 可能的表现有哪些？ __________。

A. 要求增加报酬

B. 自动减少投入以达到心理上的平衡

C. 离职

D. 没有任何改变

E. 更加努力

10. 需要层次理论认为，人的行为决定于 ________ 。

A. 需求层次　　B. 激励程度

C. 精神状态　　D. 主导需求

11. 高级工程师老王在一家研究所工作，该所拥有一流的研究设备。根据双因素理论，你认为下列哪一种措施最能对老王的工作起到激励作用？________ 。

A. 调整设计工作流程，使老王可以完成完整的产品设计而不是总重复做局部的设计

B. 调整工资水平和福利措施

C. 给老王配备性能更为先进的个人电脑

D. 以上各条都起不到激励作用

12. 从期望理论中，我们得到的最重要的启示是 ________ 。

A. 目标效价的高低是激励是否有效的关键

B. 期望概率的高低是激励是否有效的关键

C. 存在着负效价，应引起领导者注意

D. 应把目标效价和期望概率进行优化组合

13. 企业中，常常见到员工之间在贡献和报酬上会相互参照攀比，你认为员工最可能将哪一类人作为自己的攀比对象？ ________ 。

A. 企业的高层管理人员

B. 员工们的顶头上司

C. 企业中其他部门的领导

D. 与自己处于相近层次的人

14. 根据马斯洛的需要层次理论，可得出如下哪个结论？ ________ 。

A. 对于具体的个人来说，其行为主要受主导需求的影响

B. 越是低层次的需要，其对于人们行为所能产生的影响也越大

C. 任何人都有 5 种不同层次的需要，而且各层次的需求程度相等

D. 层次越高的需要，其对于人们行为产生的影响也越大

15. 某企业对生产车间的工作条件进行了改善，这是为了更好地满足职工的 ________ 。

A. 生理的需要　　B. 安全的需要

C. 感情的需要　　D. 尊重的需要

E. 自我实现的需要

16. 某企业规定，员工上班迟到 1 次，扣发当月 50% 的奖金，自此规定出台之后，员工迟到现象基本消除。这是哪一种强化方式？ ________。

A. 正强化　　B. 负强化

C. 惩罚　　D. 忽视

17. 中国企业引入奖金机制的目的是发挥奖金的激励作用，但到目前为止，许多企业的奖金已经成为工资的一部分，奖金变成了保健因素。这说明：________。

A. 双因素理论在中国不怎么适用

B. 保健和激励因素的具体内容在不同国家是不一样的

C. 防止激励因素向保健因素转化是管理者的重要责任

D. 将奖金设计成为激励因素本身就是错误的

18. 公司好几个青年大学生在讨论明年报考 MBA 的事情。大家最关心的是英语考试的难度，据说明年将会有很大提高。请根据激励理论中的期望理论，判断以下 4 人中谁向公司提出报考的可能性最大？ ________。

A. 小郑大学本科学的是日语，2 年前来公司后才开始跟着电视台初级班业余学了些英语

B. 小齐英语不错，本科就学管理，但他妻子年底就要分娩，家中又无老人可依靠

C. 小吴被公认为“高材生”，英语棒，数学强，知识面广，渴望深造，又无家庭负担

D. 小冯素来冷静多思，不做没把握的事。她自信 MBA 联考每门过关绝对没问题，但认为公司里想报考的人太多，领导最多只能批准 1 人，而自己与领导关系平平，肯定没希望获得领导批准

19. 一位父亲为了鼓励小孩用功学习，向小孩提出：如果在下学期每门功课考试都 95 分以上，就给物质奖励。在下述什么情况下，小孩会受到激励而用功学习？ ________。

A. 平时成绩较好，有可能各门功课都考 95 分以上

B. 奖励的东西是小孩最想要的

C. 父亲说话向来都是算数的

D. 上述三种情况确实存在

五、是非判断题

1. 期望决定动机，动机引起激励。

2. 卢因的场论认为，人的行为由驱动力和遏制力共同作用形成，领导

者需要使二者保持平衡。

3. 外部环境对人的行为起着至关重要的作用。

4. 马斯洛认为，已经得到满足的需要不再发挥激励作用。

5. 安全需要包括人身安全和财产安全。

6. 尊重包括自尊与他人尊重。

7. 自我实现需求的主要满足方式在于完成具有挑战性的工作。

8. 根据马斯洛的需要层次理论，人们只有实现了生理需要，才会产生安全需要。

9. 需要的层次性是指不同层次的需要同时存在，只有低级别的需要满足后，高一级的需要才会发挥激励作用。

10. “士为知己者死”是指这些人将自我实现需要放在首位，并不违背需要层次理论。

11. 需要层次理论没有为领导者指出激励的具体途径。

12. 当员工意识到通过努力很难达到绩效时，便不会受到激励；因此，领导者在设置任务时，应避免难度过高。

13. 根据期望理论，管理者应设置足够丰富的奖赏以激励员工完成富有挑战性的工作。

14. 期权激励是期望理论的实际应用。

15. 根据公平理论，最合理的分配方式为平均分配。

16. 公平理论强调个人主观判断，较难把握，因此企业在考虑公平性时主要以领导的推断为依据。

17. 公平理论的应用不仅要考虑员工的付出，还要结合其所处职位的重要程度、个人专长及特殊技能等方面进行考虑。

18. 连续的正强化会使员工习以为常，因此企业应主要依靠间断性正强化激励员工。

19. “杀鸡儆猴”不符合强化理论的要求。

20. 负强化的主要手段是罚款和批评。

21. 管理者对员工行为进行强化时，要注意奖惩结合，且不能过度使用负强化以防挫伤员工积极性。

22. 根据波特和劳勒的激励模型，管理者在设置任务时最重要的是让员工了解其努力可以转化为奖励。

23. 如果员工曾经未完成某项任务而没有获得奖励，那么他往往不愿意为此再次付出，管理者也要避免为其安排相同的工作。

24. 正强化一定要建立在员工的绩效基础上。

25. 领导分配工作时要考虑到员工的爱好，即使他并不擅长此项工作。

26. 为保证组织绩效，分配的工作难度应与员工的能力持平或低于员工能力。

27. 奖惩制度应当公开并严格执行，但在必要时应通过精神激励等方式予以缓和，避免打击员工积极性。

28. 在负强化中，物质手段效果要好于精神手段。

29. 批评要注意对事不对人，同时要站在对方立场，指出改进方法。

30. 早上是人们一天中记忆力最好的时刻，因此在早会上进行批评可以使员工记忆更加深刻，效果更好。

31. 培训激励要以思想道德培训为主，技能培训为辅。

32. 培养员工的自我激励有助于其自我实现需求的满足。

33. 员工持股计划主要为了满足员工的生理需求。

34. 提升绩效工资比重会导致员工收入差距拉大，不符合公平理论。

六、简答题

1. 简述卢因的力场理论。
2. 简述马斯洛的需要层次理论。
3. 人类的需要有何特征?
4. 简要说明期望理论的主要内容。
5. 简要说明公平理论的主要内容。
6. 简述强化理论的主要内容。
7. 领导者根据激励理论处理激励实务时，有哪些方法?
8. 在对员工进行激励的时候，要注意哪几点?
9. 如何进行有效的批评?

七、问答题

1. 说明激励的过程及动因。
2. 解释波特和劳勒的激励模式。
3. 试以实例说明，如何运用好工作激励、成果激励和培训教育激励这3种常用的激励方法?

八、案例分析

案例一

90后员工的激励

TF公司成立于2007年，座落在改革开放的前沿深圳市，主要业务为研发、生产高功率特种环形变压器、电感和电抗器，是一家极具前景的高科技企业。随着公司发展，越来越多的90后进入公司，对管理造成了很强的冲击；而在实践摸索中，TF公司摸索出了一系列激励90后员工的“心得”。

一、薪酬制度的调整

TF公司在年底是最繁忙的。一天上午，人事经理突然接到了生产总监杨总的电话，得知几个新入职的员工没来上班。他们都是被分配到机绕组的新员工，该组采用计件工资制。由于当师傅的老员工要多挣钱，故在简单的培训之后，就回到自己的工位赶产量去了，留下了一知半解的新员工在那里不知所措。当感觉自己被忽视后，这帮90后的新员工立即串联起来，到人事部来要个说法。人事经理与杨总为了安抚员工，并确保准时交货，临时决定：“老员工带新员工期间耽误的工时，公司将折算为相应的产量给老员工，确保收入不降低。”这样才平息了事态。

这个事件之后，TF公司管理层开会进行了讨论，提出一些疑问：计件工资制是否使得员工更加自我，大家只想自己赶产量多拿工资？为何在感觉自己被忽视之后，90后的反应会这么强烈？此后，公司对薪酬制度进行了调整：将个人计件制改为集体计件制，用团队激励取代个人激励；实行技能工资制，根据工种的难易程度分类进而确定工资，并根据员工掌握工种的多少计算其技能工资总额（针对计时的岗位设置）；采取自助餐式的福利项目，由员工自主选择。自此，员工热情高涨，公司月产能增长10%以上，员工也拿到了更多工资。

二、重视精神激励

2013年2月初，TF公司计件的岗位举行技能大比武，并通告了优胜者将发放奖金、荣誉证书；90后积极响应，几乎都报了名，包括新员工。赛后，由于荣誉证书要外发打LOGO，因此未能及时赶制出来在颁奖仪式上颁发。谁知颁奖后的第二天，就有获奖者小王找到人事经理“追讨”荣誉证书。人事经理要求小王先回去上班，表示证书到了自然会奉上。谁知小王一下子变得很生气，表示：荣誉证书是通过比赛得来的，代表了自己的价值，比钱都重要。人事经理自知失言，连忙向小王道歉，并保证在两天内下发证书，小王这才满意地离去。

此事引起了公司高层的思考：在奖金与证书之间，为何90后更加喜欢证书，这透视出什么问题？经过探讨，公司决定对90后员工施行“物质激励为辅、精神激励为主”的激励策略：开展各种形式的技能比武，确保每个工种的工人半年内至少可以参加一次，激发90后员工“力争上游”的工作热情；创新奖励方案，如“针对在一年的技能比武中三次获得一等奖的，公司除了给予奖金和荣誉证书之外，总经理还会亲自给员工的父母亲打电话通报喜讯并表示感谢”；开展团队奖励，如设立“优胜团队奖”、成立项目团队等。

三、完善职业生涯规划

2013年5月的一天，TF公司重点培养的储备干部谭星提出离职，这令管理层很震惊。其实在入职时，人事经理清楚描绘了他的晋升通道：储备干部——领班——生产主管——生产经理。在每个晋升的节点将花费多少时间，完全取决于员工的个人表现。入职后，谭星虚心学习，很快掌握了生产制程和产品知识。正当公司准备将他晋升为生产领班时，他却提出了辞职！原来，他的同学来到深圳之后，大部分从事的是结构设计方面的工作。在同学聚会时，大家纷纷劝他转行做设计，说这样才专业对口，并且工资的成长性也更好，他动摇了。

出了这种事情，公司管理层开始反思：90后难道都那么容易被他人的意见所左右，没有太多主见？90后的职业生涯规划是否不够清晰，不知道自己究竟该往什么方向发展？经研究，公司决定采取相应措施以更好地帮助90后在新形势下进行职业生涯规划，与企业共同成长。

首先，将职业规划纳入内部沟通机制管理范畴，任何人均可与人事部或上司沟通职业规划；其次，健全人才开发与培养机制，如部门负责人要严格按照年度培训计划推进理论及实操培训，同时人事部积极组织外训；再次，完善内部晋升机制：制定职位职级表并公示，入职时部门负责人及人事部通过与员工谈话共同为其规划职业发展路径，并在有机会时让其参与竞聘。

一系列激励措施的出台，大大增强了90后员工的归属感，使其充满“正能量”，积极主动地投身工作之中。

资料来源：改编自刘丰，《90后员工的沟通与激励案例分析》，西南交通大学硕士学位论文，2015年11月

思考题：

1. 请结合所学知识，分析为何TF公司对90后的激励能够取得成功？

2. 你认为团队激励的优缺点有哪些？针对目前企业员工构成的多元化，你认为如何更好地实施团队激励？

案例二

集体协商健全企业薪酬激励机制案例两则

一、英特派铂业股份有限公司

英特派铂业股份有限公司位于无锡市锡山区锡北镇，成立于2002年，是一家集研发、制造、服务于一体的高新技术企业。近年来，公司技术研发人员、技术工人招聘难，被录用的新职工需要一定的成长期，留用率较低，严重影响公司技能人才储备。

经过调研，工会发现公司留不住技能型职工主要有两方面的原因。一方面，由于近年来公司订单业务量不断增加，生产、技术部门忙于量的提高，对质的提升力度不够，职工技术技能缺乏锻炼，

提出的小改小革建议往往也得不到及时落实，打击了技术工人创新创造的热情。另一方面，技能型职工的薪资待遇与普通职工相比差距不大，尤其是技术工人由于学历较低，基本工资低于业务部门职工。

为寻求解决途径，工会多次组织召开职工座谈会，重点围绕提高技术工人薪资水平、建设科技创新平台、提高技术技能、体现自身价值、生产生活幸福等问题广泛征求职工意见和建议。在此基础上，2021年工会经与行政方沟通修改后，签订了职工技术创新专项集体合同。合同要点如下：

一是建立技能人才职级制，畅通技能人才职级上升通道，提高技术人员薪资标准，同级别技术工人的基本工资和绩效考核基数高于职能部门职工。

二是搭建“技师传帮带”平台，传承工匠技艺，设立带徒津贴，培养“一专多能”型技能人才，一年来培养了近20名技术能手，精加工车间班组荣获“无锡市工人先锋号”荣誉称号。

三是设立技术革新奖、先进操作法奖，激发职工创新创优的积极性，2021年合理化建议征集活动采纳90余条可行性建议。积极推荐优秀职工申报政府各级技术创新、成果转化奖，2人入选江苏省“双创计划”、无锡市“太湖人才计划”。

四是成立科学技术协会。协会围绕企业核心技术和关键技术，开展技术攻关，推动企业自主创新能力的全面提升。协会成立以来，公司涌现多项技术创新成果，如大尺寸超薄基板生产用贵金属关键成套装备成为省重点推广应用的新产品，高质量高附加值玻璃基材生产用贵金属关键成套装备荣获江苏省科学技术奖。

二、常州强力先端电子材料有限公司

成立于2010年的常州强力先端电子材料有限公司，是上市公司常州强力电子新材料股份有限公司的全资子公司，位于天宁区郑陆镇武澄工业园。经过二十年的发展，公司拥有了自己的核心技术，已成为全球高端光刻胶材料领域的知名企业。公司目前有职工460人，其中专业技术人员占15%，生产操作人员占51%。公司是立足于产品自主研发创新的高新技术企业，日常创新的基因已经融入公司的血液，除了研发人员，公司也非常关注一线职工的创新作用，但由于缺乏有效的薪酬激励手段，一线职工的积极性和创造性不足问题较为突出。

从2018年开始，公司工会积极策划公司签订职工技术创新专项集体合同。根据前期调研和资料收集，工会代表职工方提出了诉求重点：职工技术创新利润分配方式。在首次协商中，职工方提出，职工对现有产品生产工艺或工程改进带来利润增长的，奖励金额应为增加利润的8%，而行政方只答应奖励4%，经协商后同意将奖励标准确定为5%。而针对“创新型”项目的激励，双方没有达成一致意见：职工方提出以五年为限，逐年递减，以此达到长效激励的效果；公司原则上同意了职工方的方案，但并不认可职工方提出的利润奖励比例。经过第二次协商，双方最终确定对评定为“创新型”的项目，奖励金额和比例从产生利润的年份开始计算，连续五年内逐年递减发放。在常州市职工（劳模）技术创新专项集体合同首签仪式上，公司工会主席和总经理分别代表职工方和行政方，正式签署了《常州强力先端有限公司职工技术创新专项集体合同》。

在《职工技术创新专项集体合同》中，明确设立“现场型”“管理型”“服务型”“攻关型”“创新型”五种类型的奖项，职工对现有产品生产工艺或工程改进带来的利润增长，奖励金额为增加利润的5%，计算周期为一年。对“创新型”项目，视同非个人原创项目给予奖励，奖励金额和比例从产生利润的年份开始计算，连续五年内分别奖励年增加利润的12%、10%、8%、6%、2%。

强力先端公司职工技术创新专项集体合同实施半年后，举行了首次颁奖典礼，5个项目小组获奖，共计发放奖金92 319.17元。其中有1个项目被确定为“创新型”，参与职工将连续五年享受利润分成。看到签订集体合同后职工创新热情高涨，企业负责人认为奖励金额占利润总额5%的比例太低，主动与工会商议将比例提高到10%。年终，企业又有8个项目获得奖励，发放奖金189 221.84元。2019年12个项目获奖，发放奖金240 362元，受益职工50人；2020年9个项目获奖，发放奖金262 196元，受益职工80人，占职工总数的20%；2021年10个项目获奖，发放奖金203 900元，受益职工68人，占职工总数的17%。2021年，职工姚磊和团队成员创新实施的TM系列沉降项目为企业增效27万元，姚磊团队年终获得奖励13 500元。职工技术创新专项集体合同的实施，让技术创新从原来的“要我做”，转变成了现在的“我要做”，真正实现了企业发展职工受益的双赢格局。

资料来源：改编自江苏省人力资源与社会保障厅，《关于发布集体协商健全企业薪酬激励机制十大典型案例的通知》

思考题：

1. 案例中公司所用的激励方式是什么？
2. 结合激励理论分析公司留不住技能型职工可能的机制解释。

习题答案

三、填空题

1. 积极性
2. 未得到满足的需要
3. 偏爱程度　　满足程度
4. 效价　　期望值
5. 驱动力　　遏制力
6. 马斯洛
7. 生理的需要　　安全的需要　　社交的需要　　尊重的需要　　自我实现的需要
8. 自尊　　受别人尊重
9. 现在　　未来

10. 多样性　层次性　潜在性　可变性
11. 追切性　层次结构
12. 自我利益　自我满足
13. 双向期望
14. 员工的个人感觉
15. 公平理论
16. 横向　纵向
17. 其所获刺激
18. 正强化　负强化
19. 奖励的价值　努力　概率

四、选择题

1. B　2. D　3. C　4. BDE　5. E　6. ACD　7. D　8. D　9. ABC
10. D　11. A　12. D　13. D　14. A　15. B　16. B　17. C　18. C
19. D

五、是非判断题

1. 否　2. 否　3. 否　4. 是　5. 否　6. 是　7. 否　8. 是　9. 否　10. 是
11. 是　12. 是　13. 否　14. 是　15. 否　16. 否　17. 是　18. 否　19. 是
20. 否　21. 是　22. 否　23. 否　24. 是　25. 否　26. 否　27. 是　28. 否
29. 是　30. 否　31. 否　32. 是　33. 否　34. 否

六、简答题

1. 库尔特·卢因（Kurt Lewin）把人看作是在一个力场上活动的，力场内并存着驱动力和遏制力，人的行为便是场内诸力作用的产物。领导者对在“力场”中活动的职工行为的引导，就是要借助各种激励方式，减少遏制力，增强驱动力，提高职工的工作效果，从而改善企业经营的效率。

2. 美国心理学家马斯洛的需要层次理论有两个基本论点。（1）人是有需要的动物，其需要取决于他已经得到了什么，还缺少什么，只有尚未满足的需要能够影响行为。换言之，已经得到满足的需要不再能起激励作用。（2）人的需要都有轻重层次，某一层需要得到满足后，另一层需要才出现。

3.（1）需要的多样性。人类的需要是多种多样的。一个人在不同的时期可有多种不同的需要；即使在同一时期，也可存在着好几种程度不同、作用不同的需要。（2）需要的层次性。马斯洛认为，支配人们行为的需要是由低级向高级发展的，当低一层次的需要得到满足以后就会产生高一级的需要。（3）需要的潜在性。需要的潜在性是决定需要是否迫切的原因之一。人们在一生中可能存在多种需要，但这些需要并非随时随地全部被他们的主体所感知、所认识。有许多需要是以潜在的形式存在着的。只是到了一定时刻，由于客观环境和主观条件发生了变化，人们才发现、才感觉到这些需要。(4)需要的可变性。需要的可变性是指需要的迫切性，从而需要的层次结构是可以改变的。

4. V. 弗鲁姆(Victor Vroom)的期望理论认为：只有当人们预期到某一行为能给个人带来有吸引力的结果时，个人才会采取这一特定行为。根据这一理论，人们对待工作的态度取决于对下述3种联系的判断：(1)努力—绩效的联系。需要付出多大努力才能达到某一绩效水平？个人是否真能达到这一绩效水平？概率有多大？(2)绩效—奖赏的联系。当个人达到这一绩效水平后，会得到什么奖赏？(3)奖赏—个人目标的联系。这一奖赏能否满足个人的目标？吸引力有多大？

期望理论的基础是自我利益，它认为每一员工都在寻求获得最大的自我满足。期望理论的核心是双向期望，管理者期望员工的行为，员工期望管理者的奖赏。期望理论的假设是管理者知道什么对员工最有吸引力。期望理论的员工判断依据是员工个人的感觉，而与实际情况不相关。不管实际情况如何，只要员工以自己的感觉确认自己经过努力工作就能达到所要求的绩效，达到绩效后能得到具有吸引力的奖赏，他就会努力工作。

5. 公平理论是美国心理学家亚当斯(J. S. Adams)于20世纪60年代首先提出的，也称为社会比较理论。这种激励理论主要讨论报酬的公平性对人们工作积极性的影响。人们将通过两个方面的比较来判断其所获报酬的公平性，即横向比较和纵向比较。所谓横向比较，就是将“自己”与“别人”相比较，来判断自己所获报酬的公平性，并据此作出反应。除了“自己”与“别人”的横向比较外，还存在着自己的目前与过去的比较，即纵向比较。

6. 强化理论是由美国心理学家斯金纳(B. P. Skinner)首先提出的。该理论认为人的行为是其所获刺激的函数。如果这种刺激对他有利，这种行为会重复出现；若对他不利，这种行为会减弱直至消失。因此管理者要采取各种强化方式，以使人们的行为符合组织的目标。根据强化的性质和目的，可以分为两大类型，即正强化和负强化。

7. 领导者根据激励理论处理激励实务时，必须针对部下的不同特点采用不同的方法。其中常用的主要有4种：工作激励、成果激励、批评激励以及培训教育激励。(1)工作激励指通过委以恰当的工作，激发职工内在的工作热情。(2)成果激励指正确评价工作成果，合理给予报酬，形成良性循环。(3)批评激励指掌握批评武器，化消极为积极。(4)培训教育激励指加强教育培训，提高职工素质，增强进取精神。

8. (1)委以恰当工作，激发职工内在的工作热情；(2)正确评价工作，合理给予报酬，形成良性循环；(3)掌握批评工具，化消极为积极；(4)加强教育培训，提高职工素质，增强进取精神。

9. (1)明确批评目的；(2)了解错误的事实；(3)注意批评方法；(4)注意批评的效果。

七、问答题

1. 心理学家一般认为，人的一切行动都是由某种动机引起的。动机是人类的一种精神状态，它对人的行动起激发、推动、加强的作用，因此称之为激励。人类的有目的的行为都是出于对某种需要的追求。未得到满足的需要是产生激励的起点，进而导致某种行为。行为的结果，可能使需要得到满足，之后再发生对新需要的追求；行为的结果也可能是遭受挫折，追求的需求未得到满足，由此而产生消极的或积极的行为。

2. 波特（L. W. Porter）和劳勒（E. E. Lawler）的综合激励模型比较全面地说明了各种激励理论的内容。该模型的5个基本点为：（1）个人是否努力以及努力的程度不仅仅取决于奖励的价值，还受到个人觉察出来的努力和受到奖励的概率的影响。（2）个人实际能达到的绩效不仅仅取决于其努力的程度，还受到个人能力的大小以及对任务的了解和理解程度的影响。（3）个人所应得到的奖励应当以其实际达到的工作绩效为价值标准，尽量剔除主观评估因素。（4）个人对于所受到的奖励是否满意以及满意的程度如何，取决于受激励者对所获报酬公平性的感觉。（5）个人是否满意以及满意的程度将会反馈到其完成下一个任务的努力过程中，满意会激发进一步的努力，而不满意会导致努力程度的降低甚至离开工作岗位。

3. 实例略。

八、案例分析

案例一分析参考：

1. 90后员工对自主权、个人成就等需求强烈，重视精神激励能够帮助其实现较高层次需求；团队激励与自助式福利兼顾个人与集体利益，让员工感到公平；帮助其进行职业生涯规划，使其明确个人的发展路线，增强对未来的确定性；重视团队，在不影响90后员工积极性的前提下，解决其个人主义强的问题；等等。

2. 优点：防止恶性竞争，促进组织内凝聚力的提高；有利于团队内部成员关系改善，提高工作效率；有利于新想法的产生，促进企业创新。

缺点：内部成员缺点被放大，若不加以解决会影响团队效率；团队间关系难以相处，甚至会出现小团体。

措施为开放性问题，言之有理即可。如构建团队时考虑团队员工的年龄、技能分布；鼓励团队间交流合作并推出相关奖励措施；利用股权等多种方式进行激励；加强团队培训；等等。

案例二分析参考：

1. 结合第三节激励方法回答，涉及成果激励等。参考：合同要点的第一点与第二点体现的是成果激励中的物质激励，提高了技术人员的薪资、设立带徒津贴；第三点体现了成果激励中的精神激励，设立荣誉奖项并帮助员工积极争取政府荣誉；第四点体现了工作激励中的工作扩大法，鼓励职工反馈建议并主动落实创新。

2. 原因一可以结合成就需要理论，原因二可以结合公平理论。参考：原因一——职工技能缺乏锻炼，提出的建议往往也得不到及时落实，职工们注重提升自我并期望得到反馈，但公司并没有满足职工的成就需要；原因二——技能型职工是企业的核心力量，但其薪资与普通职工区别不大，甚至低于业务部门，职工会进行横向对比，认为自己的相对报酬较低，不公平感带来了心理紧张与不平衡感。

第十五章

沟　通

一、复习要点

1. 沟通的重要性。
2. 解释沟通过程。
3. 各种沟通方式的内涵及其优缺点。
4. 非正式沟通及其管理。
5. 沟通网络的类型。
6. 有效沟通的障碍因素。
7. 如何克服沟通中的障碍?
8. 冲突产生的原因。
9. 冲突处理的方法。
10. 谈判及如何谈判。

二、关键概念

沟通、发送者、接受者、噪声、口头沟通、书面沟通、非言语沟通、电子媒介沟通、正式沟通、非正式沟通、下行沟通、上行沟通、平等沟通、单向沟通、双向沟通、沟通网络、冲突、谈判。

三、填空题

1. 沟通是指可理解的 ________ 或 ________ 在两个人或两人以上的人群中传递或交换的过程。

2. 按照功能划分，沟通可以分成 ________ 和 ________ 。

3. 按照方法，沟通可以分为：________ 、________ 、________ 、________ 、________ 、________ 。

4. 按照组织系统，沟通可分为 ________ 和 ________ 。

5. 沟通过程中存在许多干扰和扭曲信息传递的因素，通常将这些因素称为 ________ 。

6. 按照方向，沟通可分为 ________ 、________ 、________ 、________ 。

7. 按照是否进行反馈，沟通可以分为 ________ 和 ________ 。

8. 非正式沟通的主要功能是 ________ ，体现的是职工的 ________ 和 ________ ，与企业正式的要求无关。

9. 所谓沟通网络，是指组织中沟通渠道的 ________ 和 ________ 。

10. 一种网络不同于另一种网络的基本特征在于：________ 、________ 以及 ________ 。

11. 选择哪一种网络取决于 ________ 和 ________ 。

12. 影响有效沟通的个人因素包括 ________ 和 ________ 。

13. 信息来源的可靠性由 4 个因素决定：________ 、________ 、________ 和 ________ 。

14. 人际因素主要包括沟通双方的 ________ 、信息来源的 ________ 和发送者与接受者之间的 ________ 。

15. 影响沟通效果的结构因素主要包括 ________ 、________ 、________ 和 ________ 。

16. 影响沟通效果的技术因素主要包括 ________ 、________ 、________ 和 ________ 。

四、选择题

1. 下列情况下，适合使用单向沟通的是 ________ 。

A. 时间比较充裕，但问题比较棘手

B. 下属对解决方案的接受程度至关重要

C. 上级缺乏处理负反馈的能力，容易感情用事

D. 下属能对解决问题提供有价值的信息和建议

2. 下列说法不正确的是 ________ 。

A. 双向沟通比单向沟通需要更多的时间

B. 接受者比较满意单向沟通，发送者比较满意双向沟通

C. 双向沟通的噪声比单向沟通要大得多

D. 在双向沟通中，接受者和发送者都比较相信自己对信息的理解

3. 下列关于非正式沟通的说法正确的是 ________ 。

A. 非正式沟通传播的是小道消息，准确率较低

B. 非正式沟通经常将信息传递给本不需要它们的人

C. 非正式沟通信息交流速度较快

D. 非正式沟通可以满足职工的需要

4. 在集权网络中，有一个或两个主要的信息发送者，最集权化的网络是 ________ 和 ________ 。

A. 轮型　　B. 风车型　　C. 圆型

D. 星型　　E. Y 型

5. ________ 的网络在完成比较简单的工作中比分权化的网络更快、更准确、也更有效。

A. 轮型　　B. 风车型　　C. 圆型

D. 星型　　E. Y 型

6. 员工的满意度也与网络的类型有关，普通成员比较满意 ________ 的网络。

A. 轮型　　B. 风车型　　C. 圆型

D. 星型　　E. Y 型

7. 最分权化的网络是 ________ 。

A. 轮型　　B. 风车型　　C. 圆型

D. 星型　　E. Y 型

8. 当冲突无关紧要的时候，或当冲突双方情绪极为激动，需要时间慢慢恢复平静时，可采用 ________ 策略。

A. 回避　　B. 迁就　　C. 强制

D. 妥协　　E. 合作

9. 当必须对重大事件或紧急事件进行迅速处理时，可采用 ________ 策略。

A. 回避　　B. 迁就　　C. 强制

D. 妥协　　E. 合作

10. 当维持稳定和谐关系十分重要时，可以采用 ________ 策略。

A. 回避　　B. 迁就　　C. 强制

D. 妥协　　E. 合作

11. 当冲突双方势均力敌、争执不下需采取权宜之计时，可以采用 策略。

A. 回避　　B. 迁就　　C. 强制

D. 妥协　　E. 合作

12. 当冲突双方势均力敌、争执不下，同时事件重大，双方不可能妥协时，可以采用 ________ 策略。

A. 回避　　B. 迁就　　C. 强制

D. 妥协　　E. 合作

13. 如果发现一个组织中小道消息很多，而正式渠道的消息很少，这意味着该组织 ________ 。

A. 非正式沟通渠道中信息传递很通畅，运作良好

B. 正式沟通渠道中消息传递存在问题，需要调整

C. 其中有部分人特别喜欢在背后乱发议论，传递小道消息

D. 充分运用了非正式沟通渠道的作用，促进了信息的传递

14. 张先生是一家企业的经理，创业初期，公司里只有 12 个员工，每个人都由张先生直接管理。随着规模的扩大，张先生聘请了一位副经理，由他处理公司的具体管理事务，自己专心于企业的战略经营，有什么事情都由副经理向其汇报。则公司的沟通网络 ________ 。

A. 由轮型变成了 Y 型　　B. 由 Y 型变成了轮型

C. 由轮型变成了链型　　D. 由链型变成了星型

15. 非正式沟通可以满足职工的哪些需要？ ________ 。

A. 生理需要　　B. 安全的需要　　C. 尊重的需要

D. 社交的需要　　E. 自我实现的需要

16. 销售部经理说：“我们的销售队伍在竞争对手中是实力最强大的，要不是我们的产品缺乏多样性、不能及时满足消费者需要，我们的销售业绩也不会这么差。”生产部经理说：“一流的熟练技术工人完全被缺乏想象力的产品设计局限了。”研发部经理打断说：“创新思维凝结出的高科技含量的产品葬送在单调乏味而又机械的低产出生产线上。”上述谈话揭示该企业在组织上存在什么严重问题？ ________ 。

A. 各部门经理的论述都有道理，只是态度过于强硬

B. 各部门经理对各自角色及其在组织中的作用定位不清晰

C. 各部门经理过于强调本部门工作的重要性

D. 各部门经理对组织内各项职能的分工合作，缺乏客观而准确的认识

五、是非判断题

1. 沟通是领导者激励下属，实现领导职能的基本途径。

2. 在沟通过程中，发送者与接受者对信息的翻译是最容易导致信息失真的步骤。

3. 口头沟通具有快速传递、信息量大、准确性强等特点。

4. 电子媒介沟通因具有迅速、即时等特点，故而易减弱噪声干扰。

5. 现代组织的沟通主要为下行沟通。

6. 双向沟通的主要目的是检验信息传递的准确性。

7. 在下属缺乏对问题的了解时，应通过双向沟通使其加深认识，以便工作开展。

8. 对日常标准化工作的处理适用单向沟通。

9. 非正式沟通传递的信息多与员工利益或兴趣相关，故传播速度快，准确率高。

10. 非正式沟通的信息容易被曲解、夸大，从而变成谣言，需谨慎对待。

11. 管理者应承认非正式沟通的必要性，并参与非正式沟通使其为自己服务，必要时对非正式渠道加以管理。

12. 在沟通网络中，最为集权化的是轮型和 Y 型。

13. 根据 X 理论，员工比较满意集权化网络。

14. 选择性接受的原因是个人知识结构、专业素养的差别。

15. 平行沟通的最大问题在于部门间的选择性接受。

16. 上下级间的不信任往往导致下级对信息的选择性接受。

17. 信息来源的可靠性由接受者主观决定，与信息本身无关。

18. 人们一般愿意与地位高的人沟通以获取赏识，但这种风气往往导致信息传递的不准确。

19. 一般来说，扁平化组织结构比金字塔型组织更有利于沟通。

20. 沟通渠道的增加意味着沟通的顺畅。

21. 非语言暗示具有丰富的含义，常单独使用以传递沟通双方的情感。

22. 书面沟通适合传递信息量大、时效要求不强的信息。

23. 正式的组织命令必须通过正式渠道进行传递。

24. 领导者可通过提高开会频率的方式加强内部沟通。

25. 互联网沟通应成为企业主要沟通方式。

26. 沟通差异是组织间冲突的主要原因。

27. 冲突是指由于某种差异而引起的抵触、争执或争斗的对立状态。

28. 冲突的根源在于组织结构的差异。

29. 因为适度的冲突有利于激发组织创造力，所以管理者应保持适当冲突，在没有冲突时要主动创造冲突。

30. 对于那些影响深远，但处理难度大、耗费精力的冲突，管理者可以暂且搁置，先处理较为容易解决的冲突。

31. 当冲突无关紧要时，可采取强制手段迅速解决。

32. 在冲突双方势均力敌时，为维持人际关系和谐，可采取迁就的方法。

33. 谈判往往用于处理组织内部的重大事件。

34. 当谈判陷入僵局时，应迅速结束谈判并搁置问题。

35. 管理者应创造一个有利于沟通的小环境，关键在于取得下级的信任。

六、简答题

1. 如何克服沟通中的障碍？
2. 如何处理冲突？
3. 什么情况下适合使用双向沟通？
4. 什么情况下适合使用单向沟通？
5. 试比较单向沟通和双向沟通。
6. 非正式沟通有何特点？
7. 企业应如何对待非正式沟通？
8. 个人因素如何影响有效沟通？
9. 比较书面沟通和口头沟通。

七、问答题

1. 什么是沟通？为什么要沟通？沟通的过程有哪些？
2. 区分沟通的类别，解释企业中的沟通网络。
3. 非正式沟通有何特点？管理者应该如何对待组织中的非正式沟通？

八、案例分析

案例一

90后员工的沟通

TF公司成立于2007年，座落在改革开放的前沿深圳市，主要业务为研发、生产高功率特种环形变压器、电感和电抗器，是一家极具前景的高科技企业。随着公司发展，越来越多的90后进入公司，如何与他们进行良好沟通成为了公司的一件“大事”。

一、心理咨询服务

90后女生Wendy是PMC部的计划专员，一向活泼开朗，与同事间的人际关系也很融洽。然而，2014年9月的一天，人事经理注意到她比较严肃，神情忧伤，便很快意识到她碰到了不顺心的事，立马找她谈心。在耐心的沟通之后，Wendy向人事经理哭诉了事情的原委。原来，她的弟弟在家里谈了个女友，一天夜宵后带着女友去宾馆投宿。之后女友却报警说她弟弟强奸！警方到场后将其弟抓走；更令人忧心的是，年迈的父母忧惧成疾，整天茶饭不思。作为姐姐，她当然很是担心，情绪近乎崩溃。这就不由得让人产生一连串的疑问：一是为何90后的心理承受能力这么差？二是90后在困境中为何不主动与人分享自己的遭遇并寻求帮助？三是为何没有其他管理人员特别是她的直接上司发现她的异常情况？

此事出来之后，TF公司迅速启动了“送温暖”活动。一方面，公司为其弟提供法律援助；另一方面，安排其好友以“一对一”的方式开导她。此外，人事经理也找她谈心，化解其压力。这些努力取得了良好的结果：Wendy的弟弟因为证据不足被释放；而Wendy本人亦走出了阴影，恢复了活泼开朗的状态。

二、纪律管理

2015年3月的一天早上，TF公司人事经理去车间巡视时，突然听见绕线车间传来很激烈的争吵声。人事经理到场后，发现是车间张组长与95后工人阿荣在争执，双方情绪都很激动。原来，张组长在早会结束后，安排阿荣去仓库领取当天要使用的线材，但阿荣不去，觉得总安排他去不公平。在双方吵起来之后，阿荣多次要张组长把其炒掉，一时把张组长气得够呛。人事经理经调查，发现是阿荣有意制造冲突，想公司将其开除并获得经济补偿，可谓“用心良苦”。

该事件发生后，TF公司处理方式为：首先，举行纪律面谈。人事经理运用“汉堡包原理”，先肯定其优点，再指出他这次不服从管理必须严重警告。经过面谈，阿荣认识到了错误。接着，在早会上通报此事，并让阿荣当着全组员工的面向张组长道了歉，达到警示他人的目的。随后，TF公司管理层举一反三，为做好纪律管理、防范潜在的劳资纠纷做了如下工作：开展劳动合同法培训、建立员工投诉机制（高管牵头）、果断处理违纪行为等。

三、完善内部沟通机制

2015年4月的一天上午，总经理将人事经理叫到办公室，向其展示了研发部助工——92后刘爽的一封电子邮件。信件是直接写给总经理的，大致内容是：当天早餐在公司食堂就餐时，刘爽发现皮蛋瘦肉粥里面有一根头发丝。遂拍照后找到厨师长老赵投诉，要求赔礼道歉；可老赵却认为这是员工故意设个局找茬，反而将刘爽数落了一顿。去投诉反被人家训斥，刘爽被彻底激怒了，决定直接给老板写邮件，并要求“尽快反馈结果”。经过讨论，总经理和人事经理都认为是内部沟通机制出了问题，并认为应以此事为契机，建立TF公司的内部沟通机制，于是出台了《员工沟通管理制度》。该制度是在对90后进行了详细分析的基础之上制定的，所以措施比较有针对性。举例如下：

（1）“员工有权就任何问题进行举报，但必须是实名制，公司为举报者保守秘密。举报时除存在利益冲突外，都应向直接上级举报。也可直接向人事部进行举报。”这个条款，既保护了举报者与被举报者的权益，也解决了动辄投诉至总经理的难题。

（2）TF公司要求管理人员要定期与下属进行沟通，正式或非正式的均可，沟通记录要上交，以鼓励双向沟通，形成信息回路。

（3）TF公司管理人员在评估有关的建议确实给公司带来了效益的提升时，会马上对提案人进行大张旗鼓的奖励，以便让其他人看到这种表彰。通过这种方式，将刺激更多员工效仿，从而会有更多好的建议被提出，形成良性循环。

资料来源：改编自刘丰，《90后员工的沟通与激励案例分析》，西南交通大学硕士学位论文，2015年11月

思考题：

1. 针对上述故事，分析TF公司是如何运用沟通解决相关问题的？

2. 90后员工普遍存在承受能力弱、以自我为中心、注重精神激励等特点。针对90后的这些特征，在与其沟通时要注意哪些方面？

案例二

H公司的内部沟通

H公司是一家在中国香港地区注册的企业，经过三十多年的发展，已经成为一家世界领先的现代家庭用具和清洁产品制造商。近期，H公司客户服务部王经理接连收到客人的投诉。在他看来，这些投诉事件本身并不复杂，完全能够得到迅速有效的处理。但遗憾的是，结果恰恰一再出乎他的意料。

一、样板错了是谁的问题？

今天一大早，王经理就收到客人的电话投诉：“你们到底是怎么回事？我们要的牙刷是要在法国销售的，为什么牙刷手柄上都没有印CE标志？”放下电话，王经理马上召集相关部口开会调查，同时让下属小赵查了一下样板订购单，只见样板订购单上面写着“牙刷样板，法国包装”字样。

调查会议上，生产部主管首先表态：“我们生产部是严格按照样板单订购上的要求做的，样板单上只注明了包装要用法国版的包材，并没有对牙刷本身有什么具体要求。由于当前我们部门在安排样板的时候，生产线上刚好在生产美国版的牙刷（不需要CE标志），所以我们就直接从生产线上拿了牙刷换成法国版的包装材料。这样做有什么错？”

王经理一听很生气，就说：“既然客人要求是法国包装的牙刷，那大家也都知道，发往法国的产品是必须带有CE标志的。这是行业规矩，生产部做了那么多年法国的订单，难道连这个常识都不知道？”生产部主管解释说：“最近大家都忙，就把这个给忘了。关键是样板订购单上写得太过简单，

你们客户服务部应该把客人的要求写清楚，这样我们才不会出错。”

听到生产部主管的要求，小赵气不打一处来：“你们这个要求太过分了！样板订购单就一页纸，怎么可能把所有细枝末节的要求全都写下来？再说我们法国包装的牙刷有客人的正式规格书，即使你们不记得要印CE标志，那你们在包装之前也可以核对一下客人的规格书。”生产部马上反驳道：“如果要参照规格书，你们客户服务部就应该在样板订购单上注明需要参照哪一份规格书。订购单上没有做任何说明，导致样板出错，这怎么能怪我们？”

二、“冤屈”的客户投诉

“你们公司供应链是怎么管理的？这个电子元件供应商6月份就停产了，你们现在才通知我们？只剩两个月的时间，你们说怎么办？现在再去找后备供应商，从鉴定到测试再到最后生产，再快也需要四个月！这样的话，这款产品至少有两个月的生产要受到影响。由此造成的损失你们公司要负全责！”

王经理很耐心地解释道：“我们在1月份项目会议上已通知你们了，当时你们的倪经理还说了，他会让你们的采购部跟供应商联系，看能否延长供应时间到一年。所以我们一直在等你们的消息。”“你们确定有通知我们吗？为什么我没有收到任何相关的邮件？你把邮件重新转给我，还有供应商的停产通知。”

放下电话，王经理马上彻查前几个月的邮件，却没有找到任何发给客人的关于该项目电子元件供应商停产的信息记录。可是王经理记得很清楚，明明通知了呀？思前想后，王经理决定找项目经理确认一下：原来早在半年前，项目组就从采购部收到信息，说此供应商将很快停产，于是在当月的项目会议上，项目经理就在会议上以口头的形式先行通知了客人。可是因为是项目会议，供应链的问题不属于例行研发项目会议的讨论内容，所以并没有记录到该项目会议记录里，以致后来大家都忘记了这个消息。

针对客人要求的有关供应商停产的正式通知，王经理马上联系采购部陈经理说明情况，质问为什么供应商停产没有事先正式通知，要求采购部提供相关的正式通知文件。采购部陈经理觉得客户服务部的要求无理：“供应商都说他们不会再供货了，他们都口头上说了好多次了，我们也都在电话里跟他们交涉了无数次。可是没办法，他们迫于成本的压力还是决定停止生产。关于正式通知，有这个必要吗？难道口头通知就不是通知吗？”

面对采购部经理的回复，王经理无法反驳。H公司确实口头上通知了客人，可并没有正式发出供应商停产通知给到客人。现在，该产品正面临因欠料停产的风险，也导致客人的严重不满。面对客人的投诉，王经理感觉到非常“冤屈”。

资料来源：改编自魏蓝，《H公司组织内部沟通案例研究》，大连理工大学硕士学位论文，2015年12月

思考题：

1. 结合所学知识，分析H公司出现上述问题的原因。
2. 请简要说明口头沟通与书面沟通的优缺点。
3. 请为H公司沟通障碍的解决提出建议。

习题答案

三、填空题

1. 信息　思想
2. 工具式沟通　感情式沟通
3. 口头沟通　书面沟通　非言语沟通　体态语言沟通　语调沟通　电子媒介沟通
4. 正式沟通　非正式沟通
5. 噪声
6. 下行沟通　上行沟通　平行沟通　网状沟通
7. 单向沟通　双向沟通
8. 传播职工所关心的信息　个人兴趣　利益
9. 结构　类型
10. 渠道的数量　分布　单向还是双向
11. 外部环境　沟通目的
12. 选择性接受　沟通技巧的差异
13. 诚实　能力　热情　客观
14. 相互信任　可靠程度　相似程度
15. 地位差别　信息传递链　团体规模　空间约束
16. 语言　非语言暗示　媒介的有效性　信息过量

四、选择题

1. C　2. B　3. CD　4. A，E　5. AE　6. BCD　7. D　8. A　9. C
10. B　11. DE　12. E　13. B　14. A　15. BCD　16. D

五、是非判断题

1. 是　2. 否　3. 否　4. 否　5. 否　6. 否　7. 否　8. 是　9. 是　10. 否
11. 否　12. 是　13. 是　14. 否　15. 是　16. 是　17. 否　18. 是　19. 是
20. 否　21. 否　22. 是　23. 否　24. 否　25. 否　26. 否　27. 是　28. 否
29. 是　30. 否　31. 否　32. 否　33. 是　34. 否　35. 否

六、简答题

1. (1)明了沟通的重要性，正确对待沟通。(2)要学会“听”。(3)创造一种相互信任、有利于沟通的小环境。(4)缩短信息传递链，拓宽沟通渠道，保证信息的畅通无阻和完整性。(5)通过职工代表大会进行沟通。(6)成立工作组。(7)加强平行沟通，促进横向交流。(8)利用互联网进行沟通。

2. (1)谨慎地选择你想处理的冲突；(2)仔细研究冲突双方的代表人物；(3)深入了解冲突的根源；(4)妥善地选择处理办法。

3. 双向沟通指有反馈的信息传递，是发送者和接受者相互之间进行信息交流的沟通。它比较适合于下列几种情况：①时间比较充裕，但问题比较棘手；②下属对解决方案的接受程度至关重要；③下属能对解决问题提供有价值的信息和建议；④上级习惯于双向沟通，并且能够有建设性地处理负反馈。

4. 单向沟通指没有反馈的信息传递。单向沟通比较适合于下列几种情况：①问题较简单，但时间较紧；②下属易于接受解决问题的方案；③下属没有了解问题的足够信息，在这种情况下，反馈不仅无助于澄清事实反而容易混淆视听；④上级缺乏处理负反馈的能力，容易感情用事。

5. 双向沟通比单向沟通需要更多的时间；在双向沟通中，接受者理解信息发送者意图的准确程度大大提高；在双向沟通中，接受者和发送者都比较相信自己对信息的理解；接受者比较满意双向沟通，发送者比较满意单向沟通；由于与问题无关的信息较易进入沟通过程，双向沟通的噪声比单向沟通要大得多。

6. (1)非正式沟通信息交流速度较快；(2)非正式沟通的信息比较准确；(3)非正式沟通效率较高；(4)非正式沟通可以满足职工的需要；(5)非正式沟通有一定的片面性，非正式沟通中的信息常常被夸大、曲解，因而需要慎重对待。

7. (1)管理人员必须认识到它是一种重要的沟通方式，否认、消灭、阻止、打击都是不可取的。(2)管理人员可以充分地利用非正式沟通为自己服务。(3)对非正式沟通中的错误信息必须“以其人之道，还治其人之身”，通过非正式渠道进行更正。

8. 个人因素主要包括两大类：一是选择性接受；二是沟通技巧的差异。(1)所谓有选择性接受，是指人们有选择地接受与他们的期望不相一致的信息。(2)沟通技巧上的差异也影响着沟通的有效性。

9. 书面沟通的优点为：(1)为读者提供以适合自己的速度、用自己的方式阅读材料的机会；(2)易于远距离传递；(3)易于储存，并在做决策时提取信息；(4)比较准确。因为经过多人审阅，可以核实。口头沟通的优点为：(1)快速传递信息，并能立即得到反馈，信息量很大；(2)传递敏感的或秘密的信息；(3)传递不适用书面媒介的信息；(4)适合于传递感情和非语言暗示的信息。

七、问答题

1. 沟通是指可理解的信息或思想在两人或两人以上的人群中的传递或交换的过程，整个管理工作都与沟通有关。(1)沟通是协调各个体、各要素，使企业成为一个整体的凝聚剂。(2)沟通是领导者激励下属，实现领导职能的基本途径。(3)沟通也是企业与外部环境建立联系的桥梁。

沟通的过程是：(1)发送者需要向接受者传送信息或者需要接受者提供信息。这里所说的信息包括的范围很广，诸如想法、观点、资料等。(2)发送者将这些信息译成接受者能够理解的一系列符号。(3)将上述符号传递给接受者。(4)接受者接受这些符号。(5)接受者将这些符号译为具有特定含义的信息。(6)接受者理解信息的内容。(7)发送者通过反馈来了解他想传递的信息是否被对方准确无误地接受。

2. (1)按照功能划分，沟通可以分为工具式沟通和感情式沟通。(2)按照方法，沟通可分为口头沟通、书面沟通、非言语沟通、体态语言沟通、语调沟通及电子媒介沟通等。(3)按照组织系统，沟通可分为正式沟通和非正式沟通。(4)按照方向，沟通可分为下行沟通、上行沟通、平行沟通和网状沟通。(5)按照是否进行反馈，沟通可分为单向沟通和双向沟通。

所谓沟通网络，是指组织中沟通渠道的结构和类型。一种网络不同于另一种网络的基本特征在于：渠道的数量、分布以及是单向还是双向。

沟通渠道的结构对组织的活动有重大的影响。一个高效的沟通网络能够调节职工的精神状态，鼓励创新，协调工作，指导员工的各项活动。

3. 企业除了需要正式沟通外，也需要并且客观上存在着非正式沟通。非正式沟通的主要功能是传播职工所关心的信息，体现的是职工的个人兴趣和利益，与企业正式的要求无关。与正式沟通相比，非正式沟通有下列几个特点：(1)非正式沟通信息交流速度较快；(2)非正式沟通的信息比较准确；(3)非正式沟通效率较高；(4)非正式沟通可以满足职工的需要；(5)非正式沟通有一定的片面性。非正式沟通中的信息常常被夸大、曲解，因而需要慎重对待。

不管人们怎样看待和评价非正式沟通，它都是客观存在的，并且在企业中扮演着重要的角色。(1)管理人员必须认识到它是一种重要的沟通方式，否认、消灭、阻止、打击都是不可取的。(2)管理人员可以充分地利用非正式沟通为自己服务，管理人员可以“听”到许多从正式渠道不可能获得的信息，“知道”谁在传播这些信息，谁最喜欢这些信息，管理人员还可以将自己所需要传递但又不便从正式渠道传递的信息，利用非正式沟通进行传递。(3)对非正式沟通中的错误信息必须“以其人之道，还治其人之身”，通过非正式渠道进行更正。

八、案例分析

案例一分析参考：

1. 故事一：学会倾听员工的烦恼与诉求；换位思考，在解决问题的同时保证了对员工的尊重，避免冲突。

故事二：信任对方，站在对方的角度进行沟通以便让其主动认识错误，在此基础上对不良行为进行必要的处罚。

故事三：利用员工的期望进行沟通；鼓励员工反馈。

2. 给予对方充分的信任；对其提出的建议给予肯定，保持其沟通的热情；利用互联网等新兴工具进行沟通；双向沟通，鼓励其反馈；等等。

案例二分析参考：

1. 上述问题属于平行沟通障碍，涉及部门间与企业间。原因：各部门仅关注与自己工作有关的信息，未能从公司整体管理沟通的角度出发，部门间存在严重壁垒，导致各环节沟通出现脱节；缺乏科学的沟通管理机制，部门行为短期化明显，公司没有在战略高度建立日常沟通机制；沟通内容缺乏规范，信息准确性差，加之部门选择性接受，失真现象明显；采用不合理的沟通方式，无法产生应有效果；沟通渠道不顺畅，对外沟通涉及多个部门，效率低下；等等。

2. 口头沟通信息传递速度快，互动性强，信息量大；缺点是经过多个层级后失真率高。书面沟通准确性强，且效果持久，利于核对；缺点是时效性差，缺乏反馈。

3. 建立公司日常沟通渠道，建立部门间问题交流与反馈机制；开展相关培训，增强员工沟通技能；增强组织协调性，完善工作流程，避免职责重复及职务“空白”；掌握正确的沟通方式，学会利用互联网等新兴手段进行沟通，等等。

第五篇
控　制

DIWUPIAN KONGZHI

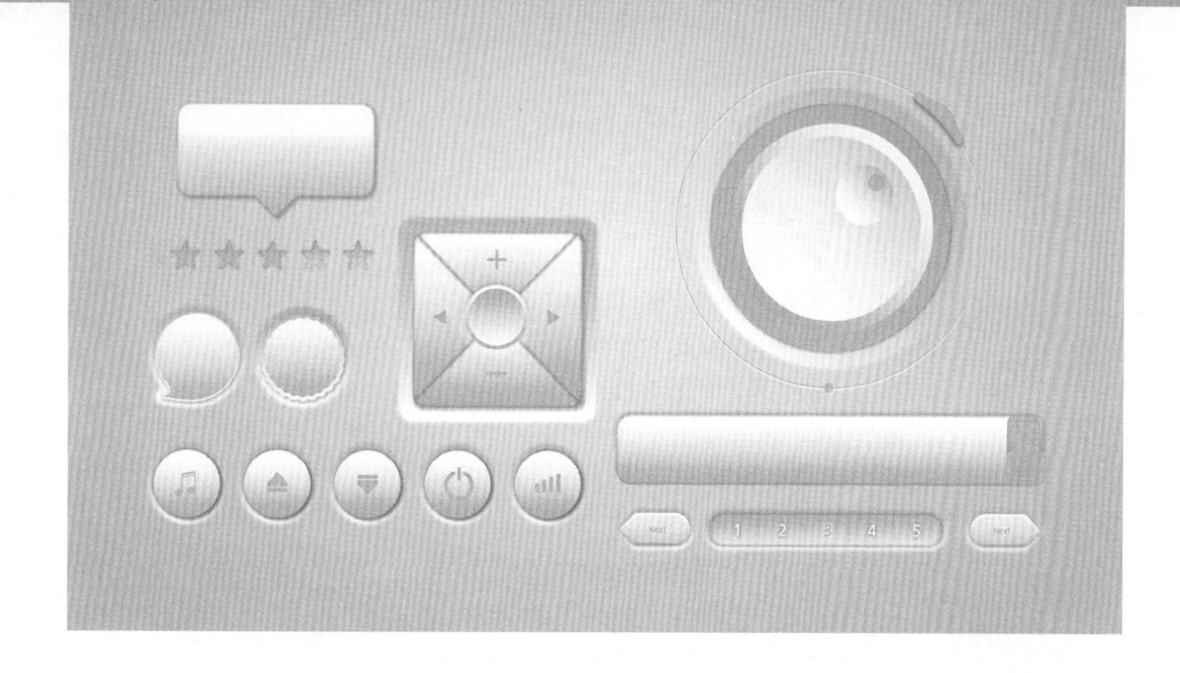

第十六章

控制与控制过程

一、复习要点

1. 控制的必要性。
2. 各种类型控制的概念。
3. 预先控制、现场控制和成果控制的内涵及其各自的优缺点。
4. 有效控制的基本特征。
5. 控制过程的基本内容。
6. 如何选择控制的重点?
7. 制定控制标准的方法。
8. 如何衡量成效?
9. 纠偏措施应满足的要求。
10. 危机与管理控制。

二、关键概念

控制、程序控制、跟踪控制、自适应控制、最佳控制、预先控制、现场控制、成果控制、适时控制、适度控制、客观控制、弹性控制、统计性标准、工程标准、评估性标准。

三、填空题

1. 控制是为了保证 ________ 与 ________ 适应的管理职能。

2. 控制工作的主要内容包括 ________、________ 和 ________。

3. 预先控制的内容包括 ________ 和 ________ 两个方面。

4. 成果控制的主要作用，是通过总结过去的经验和教训，为 ________ 提供借鉴。

5. 成果控制主要包括 ________、________、________ 以及 ________ 等内容。

6. 适度控制是指控制的 ________、________ 和 ________ 要恰到好处。

7. 控制的过程都包括 3 个基本环节的工作：________、________ 和 ________。

8. 一般来说，企业可以使用的建立标准的方法有 3 种：________、________、________。

9. 工程标准也是一种用统计方法制定的控制标准，不过它不是对历史性统计资料的分析，而是通过对 ________。

10. 在采取任何纠正措施以前，必须首先对 ________。

11. 一般地说，弹性控制要求企业制定 ________ 和 ________。

四、选择题

1. 有效的控制要求 ________。

A. 控制要适时

B. 控制要适度

C. 控制要客观，符合实际

D. 控制要具有灵活性或弹性

2. 根据确定控制标准 Z 值的方法，控制过程可以分为 ________。

A. 程序控制　　B. 跟踪控制

C. 最佳控制　　D. 自适应控制

3. 在企业生产经营活动中，属于跟踪控制性质的有 ________。

A. 税金的交纳　　B. 利润、工资、奖金的分配

C. 信息控制程序　　D. 资金、材料的供应

4. ________ 都是应用了最佳控制原理进行决策和管理。

A. 用最小费用来控制生产批量

B. 用最低成本来控制生产规模

C. 用最大利润率控制投资

D. 用最短路程控制运输路线

5. 财务分析的目的是 ________ 。

A. 了解本期资金占用和利用的结果

B. 弄清企业的盈利能力、偿债能力、维持营运的能力以及投资能力

C. 指导企业在下期活动中调整产品结构和生产方向

D. 决定缩小或扩大某种产品的生产

6. 职工成绩评定的作用有 ________ 。

A. 判断每个职工对企业提供的劳动数量和质量贡献

B. 为企业确定付给职工的报酬（物质或精神上的奖惩）提供了客观的依据

C. 通过职工对报酬公平与否的判断，影响他们在下期工作中的积极性

D. 评价要求以对职工表现的客观认识和上级对每个人的工作要求为依据

7. 处理好全面控制与重点控制的关系应认识到 ________ 。

A. 控制越多越好

B. 并不是所有成员的每一项工作都具有相同的发生偏差的概率

C. 并不是所有可能发生的偏差都会对组织带来相同程度的影响

D. 全面系统的控制不仅代价极高，而且是不可能的，也是不必要的

8. 客观控制要求 ________ 。

A. 处理好全面控制与重点控制的关系

B. 控制过程中采用的检查、测量的技术与手段必须能正确地反映企业经营在时空上的变化程度与分布状况

C. 企业必须定期地检查过去规定的标准和计量规范，以使之符合现时的要求

D. 在遇到某种突发的、无抗拒力的变化的情况下仍能发挥作用

9. 关于控制频度，说法正确的是 ________ 。

A. 过于频繁的衡量，会增加控制的费用

B. 检查和衡量的次数过少，则可能使许多重大的偏差不能及时发现

C. 以什么样的频度，在什么时候对某种活动的绩效进行衡量，这取决于被控制活动的性质

D. 管理人员经常在他们自己方便的时候，而不是在工作绩效仍“在控制中”（即可能因人们采取的措施而改变时）进行衡量

10. 对下属的工作进行现场监督可以 ________ 。

A. 使上级有机会当面解释工作的要领和技巧

B. 纠正下属错误的作业方法与过程

C. 保证计划的执行和计划目标的实现

D. 避免已经产生的经营问题对企业不利影响的扩散

11. 成果控制主要包括 __________ 等内容。

A. 财务分析　　B. 成本分析

C. 质量分析　　D. 职工成绩评定

12. 职工成绩评定包括 __________ 。

A. 检查企业员工在本期的工作表现

B. 分析职工的行动是否符合预定要求

C. 判断每个职工对企业提供的劳动数量和质量贡献

D. 给职工委派任务

13. 质量分析包括 __________ 。

A. 判断企业产品的平均等级系数

B. 了解产品质量水平与其费用要求的关系

C. 找出企业质量工作的薄弱环节

D. 为组织下期生产过程中的质量管理和确定关键的质量控制点提供依据

14. 根据时机、对象和目标的不同，可以将控制划分为 __________ 。

A. 最佳控制　　B. 预先控制

C. 现场控制　　D. 成果控制

五、是非判断题

1. 只要计划足够周密，就不需要进行额外的控制。

2. 外部环境的动态变化决定了控制是必要的。

3. 企业分权程度越高，控制就越有必要。

4. 虽然员工工作能力有差异，但是只要企业制定了全面完善的计划，经营环境在一定时期内也相对稳定，那么对员工的工作控制就是不必要的。

5. 程序控制的特点是控制标准 Z 值是控制对象所跟踪的先行量的函数。

6. 跟踪控制的特点是控制标准 Z 值是时间 t 的函数。

7. 自适应控制的特点是没有明确的先行量，控制标准 Z 值是过去时刻（或时期）已达状态 K_t 的函数。也就是说，Z 值是通过学习过去的经验而建立起来的。

8. 在企业的生产经营活动中，很少采用最佳控制原理进行决策和管理。

9. 根据时机、对象和目标的不同，可以将控制划分为三类：预先控制、现场控制、成果控制。

10. 为了保证经营过程的顺利进行，管理人员必须在经营开始以前就检查企业是否已经或能够筹措到在质和量上符合计划要求的各类经营资源。

11. 企业经营过程开始以后，对活动中的人和事进行指导和监督是现场控制的主要内容。

12. 成果控制主要包括财务分析、成本分析、质量分析以及职工成绩评定等内容，对于本期已经形成的经营结果来说是有作用的。

13. 虽然反映偏差的信息姗姗来迟，只要信息是非常系统、绝对客观、完全正确的，就会对纠正偏差带来指导作用。

14. 纠正偏差的最理想方法是偏差出现后，马上采取必要的纠偏措施。

15. 企业可以通过建立企业经营状况的预警系统来预测偏差的产生。

16. 企业经营过程中，过少的控制将不能使组织活动有序地进行，就不能保证各部门活动进度和比例的协调，将会造成资源的浪费。因此控制得越多越好。

17. 对科研机构的控制程度应大于生产劳动；企业中对科室人员工作的控制要大于现场的生产作业。

18. 全面控制与重点控制的内在含义和要求是一致的。

19. 一项控制，只有当它带来的收益超出其所需成本时，才是值得的。

20. 只要衡量工作成效的标准是客观和恰当的，企业就可以实现对经营活动的客观控制。

21. 企业制定弹性的计划和弹性的衡量标准不利于企业对经营活动进行控制。

22. 控制的过程都包括 3 个基本环节的工作：确立标准；衡量成效；纠正偏差。

23. 关于环境特点及其发展趋势的假设、资源投入以及组织的活动是控制的重点对象。

24. 控制的统计性标准只需要利用本企业的历史性统计资料为某项工作确定标准就足够了。

25. 根据评估建立标准没有客观的标准，因此是没有意义的。

26. 工程标准是通过对工作情况进行客观的定量分析来进行的，因此与统计性标准无差异。

27. 通过衡量成绩，企业可以检验衡量标准的客观性和有效性。

28. 为了保持控制的有效性，企业必须以同样的频度对各种生产经营活动的绩效进行衡量。

29. 企业应该建立有效的信息反馈网络，将反映实际工作情况的信息传递给相应的管理人员就够了。

30. 在执行纠偏过程中，不需要对原有的衡量标准进行改变。

31. 纠偏措施要充分考虑原先计划实施的影响。

32. 危机对企业会造成比较大的负面影响。

33. 企业面临的危机都来源于企业外部。

34. 危机爆发后力挽狂澜的企业家比善于完善制度、保证有序、化危机于无形的管理者对于企业的危机管理更有意义。

35. 行动的及时性和真实信息的传递对于危机的管控具有重要的意义。

六、简答题

1. 对下属的工作进行现场监督有什么作用？
2. 成果控制包括哪些内容？
3. 适度控制应能同时体现哪些方面的要求？
4. 管理者在衡量工作成绩的过程中应注意哪些问题？
5. 影响企业在一定时期经营成果的主要因素有哪些？
6. 简述危机的特征与类型。

七、问答题

1. 试述控制的必要性。
2. 控制有哪些类型？
3. 有效的控制应具有哪些特征？
4. 在制订和实施纠偏措施的过程中应注意哪些问题？
5. 如何进行危机的控制与管理？

八、案例分析

案例一

民生银行“假理财”案：一起内控失范典型案例

民生银行2017年4月18日发布公告称，近日本公司发现北京分行航天桥支行行长张颖有涉嫌违法行为，立即向公安部门报案。民生银行北京航天桥支行多年来一直是民生银行最耀眼的明星支行，也是全国私人银行客户最多的支行，叫业内同行羡慕不已。但是，所有这些光环在4月13日那天陡然消失，化为浓浓的阴云。据多家媒体报道，4月13日，民生银行北京航天桥支行行长张颖被公安机关带走。张颖涉嫌伪造保本保息理财产品向该行鲸钻高尔夫俱乐部的逾150名私人银行客户销售，涉案资金总规模可能高达30亿元。

2016—2017年，民生银行北京航天桥支行鲸钻高尔夫俱乐部的逾150名私人银行客户，经过该行行长、副行长、理财经理强力推荐，在柜台内购买了"非凡资产管理保本理财产品"。银行工作人员向他们推荐该产品时称，该产品保本保息，由于"原投资人急于回款，愿意放弃利息，一年期产品原本年化收益率4.2%，还有半年到期，相当于年化8.4%的回报"。这些产品以"非凡"系列××期命名，跟民生银行正常在售的理财产品在名称上十分接近。但是，该理财产品从未在民生银行总行备案，通过官方渠道无法追查投资资金的具体流向。这意味着民生银行对此类理财产品毫不知情。

4月27日，在2017年一季度投资者交流会上，民生银行副行长石杰介绍，截至目前，经民生银行工作组逐笔与客户登记核实，涉案金额约16.5亿元，涉及客户约150余人；初步线索显示航天桥支行行长张颖非法募集资金用于个人支配，部分用于投资房产、文物、珠宝等。

"这是一起内控失范的案例，从支行行长、副行长，到理财经理、柜员，一条线上的人员未能形成相互制衡，而是共同成了操作风险、道德风险的牺牲品。"一位从业近20年的私行业务人士对《21世纪经济报道》记者称。

"个别基层单位内控机制和内控管理存在漏洞；个别人违反制度，违规操作，分行日常业务检查的力度和频率不够；分行对员工行为管理不到位，日常管理未能发挥应有的防范和制约作用。"4月27日，民生银行在对媒体发布的通稿中，自查和反思了此次航天桥"假理财"案件发生的原因。

根据《合同法》相关规定，张颖的行为属于表见代理，如果航天桥支行公开销售理财产品，并在相关协议上加盖民生银行公章，意味着投资人相信张颖的销售行为，认可支行行长的代理人身份。"如果理财产品非法，因为张颖所任职的民生银行航天桥支行不具备法人资质，因此，张颖案需要由民生银行总行承担法律责任。"

"投资人的义务，就是在投资行为进行的过程中，按协议的规定，履行资金义务。如果这笔钱没有进入民生银行的账户，意味着民生银行内部的监管部门有责任对资金的流向进行调查，如果这笔资金不能按时追回，民生银行应该承担相应的赔偿责任。"中国政法大学教授刘耀星告诉《中国新闻周刊》。

资料来源：《民生银行"假理财"案：一起内控失范典型案例》，《21世纪经济报道》，2017年5月1日和《民生银行30亿假理财案疑似窝案 多部门或联合造假》，《中国新闻周刊》，2017年5月2日

思考题：

1. 结合所学知识与案例，谈一谈管理的控制职能对银行系统的必要性。
2. 你对民生银行的内部控制制度有怎样的建议？

案例二

贾跃亭离别乐视，如何一步步走向“失控”？

乐视成立于2004年，创始人为贾跃亭。乐视致力打造基于视频产业、内容产业和智能终端的“平台＋内容＋终端＋应用”完整生态系统，被业界称为“乐视模式”。

2017年7月6日，乐视网发布公告称，贾跃亭将辞去乐视网董事长一职，并且不再在乐视网担任任何职务。这意味着，贾跃亭对于上市公司乐视网已无决策权，而“控股股东”身份也因其名下乐视网99.06%的股份被冻结，成为虚名。坚持了四年的“乐视生态”随着贾跃亭出局乐视网而分崩离析。梦想曾指引贾跃亭越挫越勇，为了维系梦想，他也正一步步远离它。

2013年底，从电视、手机、影视、体育、金融到汽车，贾跃亭提出“平台＋终端＋内容＋应用”的产业链垂直整合的乐视生态模式。彼时，乐视版权分销和广告带来的收入已显倦态，“生态梦”的诞生令其满血再战。“99%的人反对的事情，反而意味着巨大的机会”，这是贾跃亭一度坚信的原则。2013年，乐视决定推出第一代超级电视时，内部曾出现过反对的声音。同样的反对声也出现在乐视汽车的项目中。

2014年，贾跃亭长期滞留海外后回国，搭建了乐视体育、汽车和手机团队。

2015年3月，乐视宣布成立音乐公司，并通过微博将“生态化反”的概念推向公众视野。“生态化反”是生态化学反应的简称，意指各个生态业务被糅合到一起产生化学反应，释放出巨大能量，以此发挥更大的经济价值。

为了打造生态圈，乐视网也需要将资金更多地投入内容和终端。一时间，到处都在花钱。外部融资不顺时，贾跃亭就选择自己减持股份套现，并把资金无息贷款给乐视发展新业务。Wind数据显示，自2013年3月8日至2014年7月8日期间，贾跃芳、贾跃亭姐弟二人共完成了股权质押33次。贾跃亭曾公开表示，个人投的钱其实是可以调整的，有些投到乐视全球，有些投到汽车，哪边紧张就把这块的钱抽过去。

2016年11月，在乐视手机传出拖欠供应商贷款一个月后，贾跃亭发布公开信承认乐视资金遇到问题，“几个月以来，供应链压力骤增，再加上一贯伴随LeEco发展的资金问题，导致供应紧张”。

过去几年，乐视通过一次次融资，建立起三大业务体系：上市公司主体乐视网，主营业务包括乐视视频、乐视云和乐视电视；非上市乐视生态（LeEco），主营包括乐视体育、影业、手机、金融等业务；乐视汽车则是一个独立体系。

为了夯实这一庞大帝国的根基，贾跃亭每发展一个新业务都会挖来这个行业的一流高手，并通为股权激励对高管许以未来。随着资金危机日益凸显，好听的故事也难以留住曾经并肩的“逐梦人”。自2016年11月，乐视移动、乐视体育、乐视汽车等子业务的高管相继离职。

也就在11月中旬，贾跃亭投资的电动车初创企业法拉第未来（Faraday Future，FF）在美国内华达州的10亿美元电动车工厂项目被叫停。据内华达州一名官员表示，该公司数次错过向承包商

AECOM 付款的期限。FF 也曾在 10 月末证实，过去几个月里，团队已有六名高管离职。

2017 年 4 月 17 日，易到周航的一纸声明和乐视被供应商集体催债事件，使乐视潜伏的资金危机再度复燃，将乐视推向争议的焦点。周航指出，乐视挪用了易到的 13 亿元资金，导致易到车主提现困难。

就在 4 月 19 日晚，乐视核心子公司、“现金奶牛”乐视网发布 2016 年年报称，8 年来净利首现下滑。除部分业绩数据与此前业绩预告存在大额差异外，乐视网亦因关联交易，在 2010 年上市以来首次被审计机构出具非标意见。

乐视跑得太快，以至于错估了自身的体能，一步步走向“失控”。

资料来源：改编自《贾跃亭离别乐视，如何一步步走向“失控”？》（http://tech.sina.com.cn/roll/2017-07-07/doc-ifyhweua4240467.shtml）

思考题：

1. 乐视为什么会一步步走向失控？
2. 乐视应该怎样面对这种失控的局面？

习题答案

三、填空题

1. 企业计划　　实际作业动态
2. 确立标准　　衡量绩效　　纠正偏差
3. 检查资源的筹备情况　　预测其利用效果
4. 未来计划的制订和活动的安排
5. 财务分析　　成本分析　　质量分析　　职工成绩评定
6. 范围　　程度　　频度
7. 确立标准　　衡量成效　　纠正偏差
8. 统计性标准　　评估性标准　　工程标准
9. 工作情况进行客观的定量分析来进行的
10. 反映偏差的信息进行评估和分析
11. 弹性的计划　　弹性的衡量标准

四、选择题

1. ABCD　2. ABCD　3. ABD　4. ABCD　5. ABCD　6. ABC　7. BCD
8. BC　9. ABC　10. ABCD　11. ABCD　12. ABC　13. ABCD　14. BCD

五、是非判断题

1. 否　2. 是　3. 是　4. 否　5. 否　6. 否　7. 是　8. 否　9. 是　10. 是
11. 是　12. 否　13. 否　14. 否　15. 是　16. 否　17. 否　18. 否　19. 是
20. 否　21. 否　22. 是　23. 是　24. 否　25. 否　26. 否　27. 是　28. 否
29. 否　30. 否　31. 是　32. 是　33. 否　34. 否　35. 是

六、简答题

1. 对下属的工作进行现场监督，其作用有两个：

（1）可以指导下属以正确的方法进行工作。现场监督可以使上级有机会当面解释工作的要领和技巧，纠正下属错误的作业方法与过程，从而提高他们的工作能力。

（2）可以保证计划的执行和计划目标的实现。通过现场检查，可以使管理者随时发现下属在活动中与计划要求相偏离的现象，从而可以将经营问题消解在萌芽状态，或者避免已经产生的经营问题对企业不利影响的扩散。

2. 成果控制主要包括财务分析、成本分析、质量分析以及职工成绩评定等内容。

（1）财务分析的目的是通过分析反映资金运动过程的各种财务资料，了解本期资金占用和利用的结果，弄清企业的盈利能力、偿债能力、维持营运的能力以及投资能力，以指导企业在下期活动中调整产品结构和生产方向，决定缩小或扩大某种产品的生产。

（2）成本分析是通过比较标准成本（预定成本）和实际成本，了解成本计划的完成情况；通过分析成本结构和各成本要素的情况，了解材料、设备、人力等资源的消耗与利用对成本计划执行结果的影响程度，以找出降低成本、提高经济效益的潜力。

（3）质量分析是通过研究质量控制系统收集的统计数据，判断企业产品的平均等级系数，了解产品质量水平与其费用要求的关系，找出企业质量工作的薄弱环节，为组织下期生产过程中的质量管理和确定关键的质量控制点提供依据。

（4）职工成绩评定是通过检查企业员工在本期的工作表现，分析他们的行动是否符合预定要求，判断每个职工对企业提供的劳动数量和质量贡献。

3.（1）防止控制过多或控制不足；

（2）处理好全面控制与重点控制的关系；

（3）使花费一定费用的控制得到足够的控制收益。

4.（1）通过衡量成绩，检验标准的客观性和有效性；

（2）确定适宜的衡量频度；

（3）建立信息反馈系统。

5.（1）关于环境特点及其发展趋势的假设。

（2）资源投入。企业经营成果是通过对一定资源的加工转换得到的。

（3）组织的活动。

6. 危机的三个基本特征：第一，危机的实质是企业经营中出现的“严重问题”。第二，具有危机性质的严重问题不仅危及企业的长期发展，而且可能影响企业目前的生存。第三，引发危机的根源是企业内部或外部的突发性事件。

根据不同的标准，可以将危机进行不同的分类。从诱发危机的原因这个角度去分析，企业危机可以分成外源危机与内源危机。从危机涉及领域的宽窄这个角度去分析，可以把企业危机分成战略危机与职能危机。从危机涉及主体对危机的可预见和可控程度，可以把企业危机分成可预见、可控和不可预见、不可控两种类型。

七、问答题

1.（1）环境的变化，静态环境是不存在的，企业外部的一切每时每刻都在发生着变化；

（2）管理权力的分散；

（3）工作能力的差异。

2. 根据确定控制标准 Z 值的方法，可以将控制过程分为 4 类。

（1）程序控制。程序控制的特点是，控制标准 Z 值是时间 t 的函数。

（2）跟踪控制。跟踪控制的特点是，控制标准 Z 值是控制对象所跟踪的先行量的函数。

（3）自适应控制。自适应控制的特点是没有明确的先行量，控制标准 Z 值是过去时刻（或时期）已达状态的函数。

（4）最佳控制。最佳控制的特点是，控制标准 Z 值由某一目标函数的最大值或最小值构成。

根据时机、对象和目标的不同，可以将控制划分为 3 类。

① 预先控制。预先控制是在企业生产经营活动开始之前进行的控制。控制的内容包括检查资源的筹备情况和预测其利用效果两个方面。

② 现场控制。现场控制亦称过程控制，是指企业经营过程开始以后，对活动中的人和事进行指导和监督。

③ 成果控制。成果控制亦称事后控制，是指在一个时期的生产经营活动已经结束以后，对本期的资源利用状况及其结果进行总结。

3.（1）适时控制。企业经营活动中产生的偏差只有及时采取措施加以纠正，才能避免偏差的扩大，或防止偏差对企业不利影响的扩散。

（2）适度控制。适度控制是指控制的范围、程度和频度要恰到好处。

① 防止控制过多或控制不足；

② 处理好全面控制与重点控制的关系；

③ 使花费一定费用的控制得到足够的控制收益。

（3）客观控制。

（4）弹性控制。

4.（1）找出偏差产生的主要原因。

① 要判断偏差的严重程度，是否足以构成对组织活动效率的威胁，从而值得去分析原因，采取纠正措施；

② 要探寻导致偏差产生的主要原因。

（2）确定纠偏措施的实施对象。需要纠正的可能是企业的实际活动，也可能是组织这些活动的计划或衡量这些活动的标准。

（3）选择恰当的纠偏措施。纠偏措施的选择和实施过程中要注意：

① 使纠偏方案双重优化；

② 充分考虑原先计划实施的影响；

③ 注意消除人们对纠偏措施的疑虑。

5. 最有效的危机防范在于完善管理制度，加强日常经营管理。各种制度的严密制定和严格执行从某种意义上说是为了在根本上消除源自企业内部由于管理懈怠而导致的经营危机，或将企业经营中可能出现的问题及时消解在萌芽初期。

危机爆发前后的管理控制主要包括危机辨识、危机消解、危机沟通以及危机后的学习等方面的工作。

八、案例分析

案例一分析参考：

1. 一是环境的特殊性。银行系统面临的环境风险系数高，只有通过建立控制体系才能降低其面对的环境风险。二是管理权力的分散。银行系统一般会由多个支行构成，总行必须通过控制职能的实现来约束支行的行为。三是工作能力和个人品质的差异。银行系统的工作人员经常面对各种各样的诱惑，案例中北京分行航天桥支行的造假行为很大程度上是由于支行行长张颖造成的。因此必须通过建立控制机制约束个体行为。四是危机的破坏性。如果银行系统的控制不完善，总行将面临为支行承担责任和损失的风险，甚至影响整个银行的信誉。案例中，张颖案需要由民生银行总行承担法律责任。

2. 可以考虑从以下方面进行回答：（1）构建良好的合规经营氛围。领导者要率先垂范，积极培育合规合法经营的企业文化。（2）完善考核内容，增强对支行合法合规经营的考核力度。（3）建立风险预警机制，对特殊的高绩效保持警惕。（4）引入外部审计对支行业务进行独立审计。（5）调整支行职位结构设计，形成岗位之间的相互制约和相互监督。（6）建立信息反馈系统，及时将风险信息传递给总行和各支行，等等。

案例二分析参考：

1. 可以从以下几点分析：（1）环境的动态性。作为一家企业，乐视同样面临一个动态性的环境。而且乐视把有限的资金分散投资到了多个项目上，降低了乐视抵御环境变化的能力。（2）业务的分散。乐视的 CEO 贾跃亭一心要打造生态圈，同时运营多个项目，大大加大了企业管理层控制公司风险的难度。（3）控制体系不完整。乐视的发展战略很大程度上是贾跃亭本人的思想意志体现，缺乏足够严密的论证和战略计划安排。

2. 可以从以下几点分析：（1）进行业务分析和业务重组。乐视大量的业务不仅没有形成协同反而拖累了核心业务的发展。面对这种困境，企业需要拿出勇气，将非核心业务出售，将资金集中到主线业务当中。（2）引入外部资本，解决资金短缺问题。（3）从此次危机中学习，建立更为科学的决策机制，控制企业业务扩张的节奏。

控制方法

一、复习要点

1. 各种类型预算控制的内涵。
2. 预算的作用及其局限性。
3. 各种类型的非预算控制的内涵。
4. 审计控制的内涵、类型。
5. 损益控制的内涵、作用及其局限性。
6. 成本控制的基础、步骤和作用。
7. 标杆管理的步骤与优缺点。
8. 平衡计分卡的基本内容。

二、关键概念

预算、静态预算、弹性预算、增量预算、零基预算、收入预算、支出预算、现金预算、资金支出预算、资产负债预算、比率分析、审计、外部审计、内部审计、管理审计、损益控制、成本控制、标杆管理、平衡计分卡。

三、填空题

1. 企业在未来的几乎所有活动都可以利用 __________ 进行控制。

2. 预算预估了企业在未来时期的 ________ 或 ________ ，同时也为各部门或各项活动规定了在资金、劳动、材料、能源等方面的支出不能超过的额度。

3. 静态预算是指 ________ 。

4. 弹性预算主要用于 ________ 。

5. 一般来说，预算内容要涉及以下几个方面：________ 、________ 、________ 、________ 、________ 。

6. ________ 和 ________ 都是从财务角度计划和预测未来活动的成果以及为取得这些成果所需付出的费用。

7. 收入预算的主要内容是 ________ 。

8. 把成本准确地分配至各成本对象，有两种方法：________ 和 ________ 。

9. 利用财务报表提供的数据，常用的有两种类型：________ 和 ________ 。

10. 成本分配的追溯法有两种：________ 和 ________ 。

11. ________ 反映了企业所有者提供的资金与外部债权人提供的资金的比率关系。

12. ________ 是由外部机构选派的审计人员对企业财务报表及其反映的财务状况进行独立的评估。

13. 动因追溯使用两种动因类型来追溯成本：________ 和 ________ 。

14. 标杆管理设定的目标应该是既具有一定的 ________ ，又具有相当程度的 ________ 。

15. 标杆管理是以在某一项指标或某一方面 ____________ 的企业或行业中的领头企业或其内部某部门作为基准，将本企业的 ________ 、________ 或相关实践的实际状况与这些基准进行 ____________ ，在此基础上制订和实施改进的策略和方法，并持续不断反复进行的一种管理方法。

16. 标杆管理有不足之处：失去了推行 ________ 战略的机遇，容易使企业落入 ______________________________ 的恶性循环。

17. 1992 年，________ 和 ________ 在《哈佛商业评论》发表了题为“平衡计分卡：企业绩效的驱动”（The Balanced Scorecard: Measures That Drive Performance）的文章。

18. 在平衡计分卡中，________ 处于核心位置，____________________________ 环于四周，构成一个管理系统。

19. 在学习和成长方面，最重要的因素是 ________ 、________ 和

__________。企业可以通过改善企业内部的沟通渠道、强化员工的教育和培训、调动员工的积极性、提高他们的满意度等措施，来促进企业的学习和成长。

20. 卡普兰和诺顿全面和详细地阐述了如何将战略目标和企业营运结合起来的__________，第一阶段中在企业的________________上，分析企业的外部环境和自身的优劣势，然后制订本企业的战略。

四、选择题

1. 下列关于分预算说法正确的是__________。

A. 分预算是按照部门和项目来编制的

B. 它们详细说明了相应部门的收入目标或费用支出的水平

C. 规定了它们在生产活动、销售活动、采购活动、研究开发活动或财务活动中筹措和利用劳动力、资金等生产要素的标准

D. 分预算必须用统一的货币单位来衡量

2. 关于增量预算说法正确的是__________。

A. 增量预算又称基线预算法，是以上一年度的实际发生数为基础，再结合预算期的具体情况加以调整

B. 它会考虑某项费用是否必须发生，或其预算额有没有必要这么大

C. 在增量法下，预算编制单位的负责人常常竭力用完全年的预算指标，以致到了年底毫无剩余

D. 这种行为在政府部门、事业单位以及财政投资性的国有企业尤为明显

3. 关于零基预算说法正确的是__________。

A. 零基预算受前一年度预算水平的影响

B. 它对现有的各项作业进行分析，并根据其对组织的需要和用途，决定作业的取舍

C. 零基预算依据未来一定期间生产经营活动的需要和各项业务的轻重缓急，对每项费用进行成本效益分析和评定分级，从而确定其开支的必要性、合理性和优先顺序

D. 零基预算依据企业现有资金的实际可能，在预算中对各个项目进行综合性费用预算

4. 关于销售预算说法正确的是__________。

A. 是在销售预测的基础上编制的

B. 通过分析企业过去的销售情况、目前和未来的市场需求特点及其发展趋势，比较竞争对手和本企业的经营实力，确定企业在未来时期内为了

实现目标利润必须达到的销售水平

C. 往往需要按产品、区域市场或消费者群（市场层次），为各经营单位编制分项销售预算

D. 通常还需预计不同季度和月度的销售收入

5. __________ 是销售总额与库存平均价值的比例关系。

A. 库存周转率　　B. 固定资产周转率

C. 资金利润率　　D. 销售利润率

6. 关于现金预算的说法正确的是 __________ 。

A. 它是对企业未来生产与销售活动中现金的流入与流出进行预测

B. 现金预算只能包括现金流程中的项目

C. 赊销所得的应收款在用户实际支付以前不能列作现金收入

D. 通过现金预算，可以帮助企业发现资金的闲置或不足，从而指导企业及时利用暂时过剩的现金，或及早筹齐维持营运所短缺的资金。

7. 资金支出预算的项目包括：__________ 。

A. 用于更新改造或扩充包括厂房、设备在内的生产设施的支出

B. 用于增加品种、完善产品性能或改进工艺的研究与开发支出

C. 用于提高职工和管理队伍素质的人事培训与发展支出

D. 用于广告宣传、寻找顾客的市场发展支出

8. __________ 是企业的流动资产与流动负债之比。

A. 负债比率　　B. 盈利比率

C. 流动比率　　D. 经营比率

9. __________ 是销售总额与固定资产之比。

A. 库存周转率　　B. 固定资产周转率

C. 资金利润率　　D. 销售利润率

10. 外部审计的优点是 __________ 。

A. 审计人员与管理当局不存在行政上的依附关系，不需看企业经理的眼色行事

B. 可以保证审计的独立性和公正性

C. 了解内部的组织结构、生产流程和经营特点

D. 内部组织成员可能产生抵触情绪，不愿积极配合

11. 投资报酬率控制 __________ 。

A. 是以某企业或企业内的某经营单位的投资报酬率来衡量该企业或单位的经营绩效

B. 与损益控制相类似，都是建立在财务数据的基础上

C. 把当期利润视为一项投资的收益

D. 主要适用于事业部或其他分权制的部门

12. 报告分析法的关键在于__________。

A. 报告内容的真实性、准确性

B. 报告形式的扼要性、可读性

C. 报告时间的及时性

D. 报告人员的高效性

13. __________是数量标准的 3 个潜在来源。

A. 竞争对手的资料　　B. 工程研究

C. 历史经验　　D. 生产操作人员的意见

14. 标杆管理将本企业的产品、服务管理措施或相关实践的实际状况与这些基准进行定量化的评价、比较，在此基础上制订和实施改进的策略和方法。

根据标杆管理定义，下列属于标杆管理的是__________。

A. 空调业内两大巨头公司合力投资、联合研发新一代生态环保空调

B. 某保险公司将本公司与业内最优公司的年终业绩差距与员工年终奖金挂钩

C. 某公司将同行公司“生产产品之前先造就人才”的先进经营理念引入本公司

D. 某公司研究对手公司的优势和弱势，改进自身生产流程，增强了产品的市场竞争力

15. 标杆管理作为一种控制方法，下面是标杆管理的步骤，请将步骤正确排序：__________。

（1）初步提出改进方案，然后修正和完善该方案；

（2）进行调查研究，搜集资料，找出差距，确定纠偏方法；

（3）总结经验，并开始新一轮的标杆管理；

（4）实施该方案，并进行监督；

（5）确定标杆管理的项目、对象，制订工作计划

A. 5-2-1-4-3　　B. 2-4-3-5-1

C. 5-1-2-4-3　　D. 3-4-5-2-1

16. 甲公司是沿海地区的一家大型物流配送企业，业务量位居全国同行业前三。该公司的业务明确定位于只做文件与小件业务，承诺在国内一、二线城市快件 24 小时送达，其他城市不超过 36 小时。为此，公司在全国建立了 2 个快递分拨中心、50 多个中转场及 100 多个直营网点。甲公司采用平衡计分卡对企业绩效进行衡量。从顾客的角度看，甲公司平衡计分卡的内容不包括__________。

A. 处理单个订单时间　　　　B. 提供服务承诺

C. 建立服务标准　　　　D. 品牌形象建设

17. 平衡计分卡可以从四个方面来评估组织的绩效，__________不属于平衡计分卡所评估的内容。

A. 竞争对手信息　　　　B. 财务状况

C. 业务流程　　　　D. 客户满意度

18. 下面哪一项不属于平衡计分卡顾客方面需要考虑的要素？______。

A. 市场份额　　　　B. 客户回头率

C. 新客户获得率　　　　D. 投资回报率

五、是非判断题

1. 分预算是按照部门和项目来编制的，全面预算则是在对所有部门或项目分预算进行综合平衡的基础上编制而成的。

2. 任何预算都需用数字形式来表述，必须用统一的货币单位来衡量。

3. 静态预算是指在成本按性质分类的基础上，以业务量、成本和利润之间的相互关系为依据，按照预算期内可能实现的各种业务水平编制的有伸缩性的预算。

4. 相比于增量预算法，零基预算更可能真实反映部门的预算需求。

5. 在增量法下，预算编制单位的负责人常常竭力用完全年的预算指标，以致到了年底毫无剩余。因此，预算控制只能采用零基预算。

6. 企业文化、企业形象、企业活力在预算控制中也可以得到很好的体现。

7. 预算控制可能使得部门的目标发生置换即小心翼翼地诺守不得超过支出预算的准则，而忽视了部门活动的本来目的。

8. 比率分析不需要进行横向的（不同企业之间）或纵向的（不同时期之间）比较。

9. 财务比率及其分析可以帮助我们了解企业的偿债能力和盈利能力等财务状况。

10. 审计控制只包含外部审计和内部审计，管理审计不属于审计控制的范围。

11. 审计人员与管理当局不存在行政上的依附关系，外部审计具有完全的独立性和公正性。

12. 内部审计提供了检查现有控制程序和方法能否有效地保证达成既定目标和执行既定政策的手段。

13. 内部审计强调监督，所以不利于推行分权化管理。

14. 管理审计是一种对企业所有管理工作及其绩效进行全面系统的评价和鉴定的方法。

15. 管理审计过多地评价组织过去的努力和结果，而不致力于预测和指导未来的工作，因此是无意义的。

16. 损益控制虽然只是一种事后控制，但也能改善前期工作。

17. 单独利用损益控制就能够分析利润发生偏差的真正原因，从而寻求正确的纠偏措施。

18. 成本分配的追溯法有两种：直接追溯法、动因追溯法。动因追溯法比直接追溯法更加准确。

19. 成本控制的步骤包括：建立成本控制标准、核算成本控制绩效及分析成本发生偏差的调查、采取纠偏措施。

20. 标准成本就是为生产一件产品或提供一项服务所应花费的成本。

21. 在实际工作中，人们一般对成本控制制订理想标准。

22. 只要投入的实际价格或用量小于标准价格或用量就会出现有利差异，有利差异一定是良好的差异。

23. 一般性问题的首次出现，或者常见的问题，都只需具有普遍意义的解决办法。

24. 如果质的分析判断某一偏差具有重复发生的可能性，但量的分析中偏差并未超出可接受范围，管理人员就不必调查和采取改进措施。

25. “利润＝价格－成本”表明价格由市场决定，企业要获得利润只有靠降低成本。

26. 标杆管理设定的目标应该越高越好。

27. 标杆管理可能会引起本企业与目标企业全面趋同，没有了本企业的任何特色，即失去了推行差异化战略的机遇。

28. 在落后的情况下，追赶式的战略比跨越式战略可能更有效。

29. 平衡记分卡只是一种企业控制工具，而不可以用作企业绩效评估方法或者战略管理方法。

30. 在平衡积分卡中，企业的战略处于核心位置，财务、顾客、内部经营过程、学习和成长环于四周，构成一个管理系统。

六、简答题

1. 什么叫盈利比率？常用的比率有哪些？

2. 什么叫审计？包括哪些类型？

3. 简述预算编制步骤。

4. 内部审计的作用主要表现在哪些方面？

5. 内部审计的局限性主要表现在哪些方面?
6. 损益控制的不足之处有哪些?
7. 简述标杆管理的方法及其步骤。
8. 简述平衡计分卡的内涵。

七、问答题

1. 解释预算的内容。
2. 论述预算的作用及其局限性。
3. 简述成本控制的基础是什么,其步骤怎样?

八、案例分析

案例一

酷特智能：数据赋能驱动精益生产创新

青岛酷特智能股份有限公司成立于2007年,以打造C2M产业互联网平台生态为战略,以C2M产业互联网研究院为核心,以3 000余人的服装工厂为实验室,用十余年的实践探索,形成了C2M产业互联网的核心能力,即智能制造、个性化定制解决方案和数字化治理体系。酷特智能以服装实验室为载体的科研实践,取得了独特的价值和效益。2020年7月8日,深圳证券交易所,青岛酷特智能股份有限公司登陆A股创业板上市发行。酷特C2M产业互联网研究院的科研成果,已在牛仔服装、鞋帽、家具、机械、电器等30多个行业近百家企业进行了实践和探索。2021年,酷特智能成立了产业互联网战略投资基金,以科技赋能+资本赋能的形式,进行跨行业产业互联网的战略投资,进入新的产业,打造跨行业的产业互联网平台。目前,公司形成了“科技为核心、服装为载体、资本为关键”三柱鼎立的战略布局。

一、一条流水线上生产出不同服装

一排排服装生产设备,正在流水线上忙碌工作的工人……走进位于即墨区的酷特智能数据驱动定制智能工厂,乍一望去,这里似乎与传统工厂并没有太大的差别。但仔细观察每一条生产流水线后可以发现,每一个工位都有一块小型数据终端显示屏,上面详细记录着每一个个性化订单的顾客数据信息。每道加工工序的工人拿到衣服后,首先需要刷卡读数据,根据代码转译成的指令来完成诸如剪裁、钉扣、刺绣等具体操作。

在大数据的驱动下,酷特智能实现了规模化按需生产与零库存。因此,这里没有两件相同的衣服,且每一件衣服都是已经卖出去的。曾有参观的记者在生产线上看到,有一件西装的内侧还印有“1988.09.28—2021.01.02幸福日”的顾客私人订制信息。这里的每一件衣服都有自己的故事。在服装行业整体低迷的背景下,酷特智能通过数据化变革,每天可以生产4 000套个性化服装,产值连续

5年保持100%的增长率。

二、让C端客户需求直达M端制造工厂

一方面，酷特智能通过“魔幻大巴”在各大城市商圈现场量体，配合三维自动扫描技术，只需3分钟就可以轻松获取客户的体型数据。在酷特智能的同城实体门店内，客户可以享受量体师的测量服务，又可以通过客户端远程预约上门量体。通过线下信息采集的手段，酷特智能准确地收集起客户的个性需求数据，及时了解到客户可能存在的特殊需求。

另一方面，客户可以在酷特智能定制APP的个人账户中输入三维尺寸、身高、体重、款式要求、颜色搭配和联系方式等个性需求数据，系统会根据数据指标推荐定制服装样图供客户参考。通过线下信息收集和线上行为识别，酷特智能累积了200万条异质性客户需求数据。依托先进的智能数据处理单元，经历迭代式的数据清洗、整理、转换和分类等集成增值处理过程，酷特智能建立了版型、款式、工艺和BOM（物料清单）四大数据库，广泛覆盖当下个性潮流需求。

酷特智能创造性地提出了C2M工商一体化的商业模式，降低了生产成本和沟通成本，提升了产品的性价比；改变了传统制造业盲目生产、产能过剩的产销方式，可以做到零库存、按需生产、有效供给、精准供给。据了解，2013年至2020年，酷特智能连续八年实现经营收入30%以上增长。在企业实际经营中，与转型前的传统模式对比，企业生产效率提高了25%，成本下降了50%以上，利润增长了20%以上。

三、未来将构建产业互联网生态体系

酷特智能目前已经开始构建产业互联网生态体系。相对于传统的C2M代表“用户—工厂”，在产业互联网生态平台产业链中，C2M代表的则是“需求+平台+工厂”。2020年初，疫情的出现导致口罩紧缺，酷特智能团队自主研发口罩机、熔喷布生产机器和口罩上的鼻梁条生产机器，迅速转产口罩，由此也检验了酷特智能产业互联网横向跨界的能力。未来，酷特智能将根据消费者的需求，通过平台的强大赋能，迅速衍生出一个又一个“M”，并让孵化的更多M通过酷特智能产业互联网平台直接面向C端。

“未来的酷特智能将不再是一家单纯的服装企业，而是一个横跨各界，拥有多个品牌、多个M的产业互联网生态体系。”青岛酷特智能股份有限公司董事长、总裁张蕴蓝透露，酷特智能将转型经验总结成一套解决方案——SDE数据工程，并对外输出，帮助更多传统企业尤其是中小企业转型升级，实现“零库存、高利润、低成本、高周转”的运营能力。

资料来源：改编自张明超等，《数据赋能驱动精益生产创新内在机理的案例研究》，《南开管理评论》，2021年第3期，以及相关公开资料报道

思考题：

1. 结合材料简要阐述柔性作业系统的内涵与特点。
2. 酷特智能通过数据赋能实现精益生产的创新，体现了柔性作业系统发展的哪些趋势？

案例二

美的集团内部审计的案例分析

美的集团，1968年创立，1980年正式进入家电领域，现已发展成为以家电制造业为主的综合性上市公司，2013年美的名列全国最有价值品牌第5位。美的最早的内部审计萌芽产生于20世纪80年代，公司创始人何享健先生出于部门制约的需要，在总经理办公室下设稽核岗位，负责检查和监督企业各项计划的制订和执行情况，形成了最早的审计职能。

随着生产经营范围的扩大以及业务的复杂化，美的集团越来越认识到内部审计的重要性，于1992年进行股份制改造时集团成立了审计办，1996年升级为审计部。1997年，美的集团开始实行事业部和分权化改革，事业部开始设立二级审计机构。后来在集团的事业部设立独立审计部门，现已形成以两级审计体系为主、三级审计职能为辅的全面审计架构。美的集团目前已经形成了比较健全的内部审计体系，并开始了建设价值创造导向下的内部审计制度的尝试。

一、审计定位由“监督型审计”向“价值创造型审计”转变

美的集团早期的内部审计重点在于监督，主要目的是查错揭弊。然而，随着外部竞争环境不确定性的增强，以及企业规模的扩张，内部审计职能发生了根本性的转变，从最初的查错防弊的合规性审计，到内控管理审计，而今审计逐步渗透到企业战略的高度，价值创造导向下的“服务型”内部审计开始占据主导地位。

二、合理设置审计机构，加强内部审计的独立性

美的集团的内部审计最初是对总经理负责的。然而，随着美的集团的“去家族化”和分权化改革，企业权责划分更加明晰，目前内部审计机构直接对董事会负责，与经理层相互制约，业务开展不受任何人干涉，内部审计增强了机构的独立性和评价的客观性。

三、提高内部审计在企业中的地位

美的集团致力于自上而下全方位提高内部审计的地位。首先，在制度层面，将“内部审计人员的薪酬比同级别其他员工高半级”纳入公司相关制度。其次，在公司治理层，董事长必须仔细阅读审计部门提交的审计报告，并作出回复或批示。最后，在企业运营层面，内部审计部门作出的处罚决定必须在集团总结大会上通报，并安排专人检查审计建议在各运营部门的落实情况。

四、改进审计方法，建设优秀审计团队

美的集团突破事后审计的传统工作方法，开始了全价值链的全面内部审计模式重塑，对相关项目立项、预算管理以及合同管理等重要环节和内容进行监督和评价，防止失误并及时反馈信息，进而实施事前、事中的审计和控制。在实施全面审计的同时，建立审计的跟踪管理制度，加强对审计成果的后续跟踪管理。

美的集团实行内部审计职能无边界的管理模式，有计划地从事业部抽调人员充实审计队伍，加大对内部审计人员非财务类业务知识的培训与审计专业提升培训的资源投入。根据对审计项目质量的考核，制定相应的奖惩措施，激励内部审计人员。

五、内部审计文化建设

美的集团内部审计的一大突出特点是建立本企业独特的内部审计文化。美的集团正以立足集团战略为核心的内部审计使命、以内审团队建设为中心的审计愿景，并在“独立、客观和公正”的审计原则的指导下，全力打造适合的内部审计文化。

资料来源：改编自黄筱，《家族企业内部审计的困境与出路——以美的集团为例》，《审计与理财》，2016 年第 1 期

思考题：

1. 结合案例，谈一谈内部审计对于企业经营的意义。
2. 企业在建立内部审计的过程中需要注意哪些问题？

习题答案

三、填空题

1. 预算
2. 经营收入　　现金流量
3. 为特定的作业水平编制的预算
4. 编制成本预算和利润预算
5. 收入预算　　支出预算　　现金预算　　资金支出预算　　资产负债预算
6. 收入预算　　支出预算
7. 销售预算
8. 直接成本分配法　　间接成本分配法
9. 财务比率　　经营比率
10. 直接追溯法　　动因追溯法
11. 负债比率
12. 外部审计
13. 资源动因　　作业动因
14. 挑战性　　可行性
15. 实践上竞争力最强　　产品　　服务管理措施　　定量化的评价、比较
16. 差异化战略　　“落后→推行标杆管理→再落后→再推行标杆管理”

17. 卡普兰　诺顿

18. 企业的战略　财务、顾客、内部经营过程、学习和成长

19. 人才　信息系统　组织程序

20. 闭环管理系统　使命、愿景、价值基础

四、选择题

1. ABC　2. ACD　3. BCD　4. ABCD　5. A　6. ABCD　7. ABCD　8. C
9. B　10. AB　11. ABCD　12. ABC　13. BCD　14. D　15. A　16. A
17. A　18. D

五、是非判断题

1. 是　2. 否　3. 否　4. 是　5. 否　6. 否　7. 是　8. 否　9. 是　10. 否
11. 否　12. 是　13. 否　14. 是　15. 否　16. 否　17. 否　18. 否　19. 是
20. 是　21. 否　22. 否　23. 是　24. 否　25. 是　26. 否　27. 是　28. 否
29. 否　30. 是

六、简答题

1. 盈利比率是企业利润与销售额或全部资金等相关因素的比例关系，它们反映了企业在一定时期从事某种经营活动的盈利程度及其变化情况。常用的比率有：

（1）销售利润率。销售利润率是销售净利润与销售总额之间的比例关系，它反映企业从一定时期的产品销售中是否获得了足够的利润。

（2）资金利润率。资金利润率是指企业在某个经营时期的净利润与该期占用的全部资金之比。

2. 审计是对反映企业资金运动过程及其结果的会计记录及财务报表进行审核、鉴定，以判断其真实性和可靠性，从而为控制和决策提供依据。根据审查主体和内容的不同，可将审计划分为 3 种主要类型：

（1）由外部审计机构的审计人员进行的外部审计；

（2）由内部专职人员对企业财务控制系统进行全面评估的内部审计；

（3）由外部或内部的审计人员对管理政策及其绩效进行评估的管理审计。

3.（1）选择业务量的计量单位。

（2）确定适用的业务量范样。

（3）根据成本与产量之间的相互关系，应用多水平法、公式法和图式法等把企业成本分解为固定、变动、半变动成本三类。

（4）确定预算期内各业务活动水平。

（5）编制预算，若企业于事后按实际业务量编制弹性预算，可按实际业务水平编制。若企业预选编制弹性预算，则可利用多栏式的表格分别编制对应于不同经营水平的预算。

（6）进行分析、评价，考核预算控制的执行情况。

4.（1）内部审计提供了检查现有控制程序和方法能否有效地保证达成既定目标和执行既定政策的手段。

（2）根据对现有控制系统有效性的检查，内部审计人员可以提供有关改进公司政策、工作程序和方法的对策建议，以促使公司政策符合实际，工作程序更加合理，作业方法被正确掌握，从而更有效地实现组织目标。

（3）内部审计有助于推行分权化管理。

5.（1）内部审计，特别是进行深入、详细的审计可能需要很多的费用。

（2）内部审计需要对审计人员进行充分的技能训练。

（3）许多员工可能在心理上产生抵触情绪。如果审计过程中不能进行有效的信息和思想沟通，那么可能会对组织活动带来负激励效应。

6.（1）它是一种事后控制。事后控制无法改善前期工作为后期工作提供借鉴。

（2）由于许多事项不一定能反映在当期的损益表上，比如某项活动的失误（如投资于不良项目）、外部环境的变化等，仅在损益表上并不能准确地判断利润发生偏差的主要原因。

7. 标杆管理是以在某一项指标或某一方面实践上竞争力最强的企业或行业中的领头企业或其内部某部门作为基准，将本企业的产品、服务管理措施或相关实践的实际状况与这些基准进行定量化的评价、比较，在此基础上制订和实施改进的策略和方法，并持续不断反复进行的一种管理方法。

标杆管理通常的步骤如下：

（1）确定标杆管理的项目、对象，制订工作计划；

（2）进行调查研究，搜集资料，找出差距，确定纠偏方法；

（3）初步提出改进方案，然后修正和完善该方案；

（4）实施该方案，并进行监督；

（5）总结经验，并开始新一轮的标杆管理。

8. 平衡计分卡是将战略目标和企业营运结合起来的闭环管理系统。整个系统分 5 个阶段：

（1）在企业的使命、愿景、价值基础上，分析企业的外部环境和自身的优劣势，然后制订本企业的战略。

（2）管理人员用平衡计分卡和战略图等方法将战略转化为具体的目标和绩效评估体系。

（3）管理人员制订营运计划来完成上述的目标。

（4）管理人员实施和监督该营运计划。

（5）管理人员评价战略、分析成本、检验效果，然后调整战略，并准备开始新一轮的循环。

七、问答题

1. 不同企业，由于生产活动的特点不同，预算表中的项目会有不同程度的差异。但一般来说，预算内容要涉及以下几个方面：

（1）收入预算。由于企业收入主要来源于产品销售，因此收入预算的主要内容是销售预算。

（2）支出预算。包括直接材料预算、直接人工预算、附加费用预算。

（3）现金预算。现金预算是对企业未来生产与销售活动中现金的流入与流出进行预测，通常由财务部门编制。

（4）资金支出预算。资金支出预算可能涉及好几个阶段，是长期预算。

（5）资产负债预算。资产负债预算是对企业会计年度末期的财务状况进行预测。

2.（1）作用。

① 它使得企业在不同时期的活动效果和不同部门的经营绩效具有可比性，可以使管理者了解企业经营状况的变化方向和组织中的优势部门与问题部门，从而为调整企业活动指明了方向。

② 通过为不同的职能部门和职能活动编制预算，也为协调企业活动提供了依据。

③ 预算的编制与执行始终是与控制过程联系在一起的；编制预算为企业的各项活动确立财务标准；用数量形式的预算标准来对照企业活动的实际效果，大大方便了控制过程中的绩效衡量工作，也使之更加客观可靠；在此基础上，很容易测量出实际活动对预期效果的偏离程度，从而为采取纠正措施奠定了基础。

（2）局限性。

① 只能帮助企业控制那些可以计量的，特别是可以用货币单位计量的业务活动，而不能促使企业对那些不能计量的企业文化、企业形象、企业活力的改善予以足够的重视。

② 编制预算时通常参照上期的预算项目和标准，从而会忽视本期活动的实际需要，因此会导致这样的错误：上期有的而本期不需的项目仍然沿用，而本期必需、上期没有的项目会因缺乏先例而不能增设。

③ 企业活动的外部环境是在不断变化的，这些变化会改变企业获取资源的支出或销售产品实现的收入，从而使预算变得不合时宜。因此，缺乏弹性、非常具体特别是涉及较长时期的预算可能会过度束缚决策者的行动，使企业经营缺乏灵活性和适应性。

④ 预算对有关负责人开支的费用规定了限度。这种规定可能使得主管们在活动中精打细算，小心翼翼地遵守不得超过支出预算的准则，而忽视了部门活动的本来目的。

3.（1）成本控制的基础是成本对象与成本分配。成本分析在于计量各项成本，并将之分配到每个实体或成本对象。这是成本控制的基础工作。成本对象是指需对其进行成本计量和分配的项目，如产品、顾客、部门、工程和作业等。成本分配主要有直接成本分配方法和间接成本分配方法。

（2）成本控制的步骤包括：建立成本控制标准、核算成本控制绩效及分析成本发生偏差的调查、采取纠偏措施。

八、案例分析

案例一分析参考：

1. 柔性作业系统是为应对市场需求的多样性和环境变化的不确定性，在信息技术发展的基础上，能根据制造任务和生产品种变化而迅速进行调整的自动化制造系统。可以从以顾客需求为导向、以信息技术为基础、以敏捷反应为标志这三个特点展开回答。

2. 可以从配置小型化、系统结构模块化、管理控制软件产品化、控制系统设计集成化等角度结合材料展开回答。

案例二分析参考：

1.（1）内部审计提供了检查现有控制程序和方法能否有效地保证达成既定目标和执行既定政策的手段。美的集团突破事后审计的传统工作方法，开始了全价值链的全面内部审计模式重塑，对相关项目立项、预算管理以及合同管理等重要环节和内容进行监督和评价，防止失误并及时反馈信息，进而实施事前、事中的审计和控制。

（2）根据对现有控制系统有效性的检查，内部审计人员可以提供有关改进公司政策、工作程序和方法的对策建议，以促使公司政策符合实际，工作程序更加合理，作业方法被正确掌握，从而更有效地实现组织目标。

（3）内部审计有助于推行分权化管理。美的公司内部审计的发展伴随着集团业务范围的扩大和分权化改革的推进。

2.（1）内部审计可能需要很多的费用，特别是如果进行深入、详细的审计的话。

（2）内部审计不仅要搜集事实，而且需要解释事实，并指出事实与计划的偏差所在。为了能很好地完成这些工作，而又不引起被审计部门的不满，需要对审计人员进行充分的技能训练。

（3）即使审计人员具有必要的技能，仍然会有许多员工认为审计是一种“密探”或“查整性”的工作，从而在心理上产生抵触情绪。如果审计过程中不能进行有效的信息和思想沟通，那么可能会对组织活动带来负激励效应。

第六篇 创 新

DILIUPIAN CHUANGXIN

第十八章

管理的创新职能

一、复习要点

1. 创新与维持的关系及其作用。
2. 技术创新的内涵。
3. 制度创新的内涵。
4. 组织机构和结构的创新的内涵。
5. 环境创新的内涵。
6. 创新过程的基本内容。
7. 如何组织创新活动?

二、关键概念

创新、维持、目标创新、技术创新、要素创新、要素组合方法创新、产品创新、制度创新、组织机构和结构的创新、环境创新。

三、填空题

1. 维持和创新是管理的本质内容，有效的管理在于 __________ 与 __________ 的组合。

2. 从创新的规模以及创新对系统的影响程度来考察，可将其分为＿＿＿＿和＿＿＿＿。

3. 从创新与环境的关系来分析，可将其分为＿＿＿＿与＿＿＿＿。

4. 从创新发生的时期来看，可将其分为＿＿＿＿和＿＿＿＿。

5. 从创新的组织程度上看，可分为＿＿＿＿与＿＿＿＿。

6. 鉴于创新的重要性和创新结果的＿＿＿＿，有效的管理要求有组织地进行创新。

7. 由于一定的技术都是通过一定的物质载体和利用这些载体的方法来体现的，因此企业的技术创新主要表现在＿＿＿＿、＿＿＿＿以及＿＿＿＿。

8. 成功的创新要经历＿＿＿＿、＿＿＿＿、＿＿＿＿、＿＿＿＿几个阶段的努力。

9. 要素组合方法创新包括＿＿＿＿和＿＿＿＿的时空组织两个方面。

10. 要素创新包括＿＿＿＿与＿＿＿＿两方面。

11. ＿＿＿＿是决定企业其他制度的根本性制度，它规定着企业最重要的生产要素的所有者对企业的权利、利益和责任。

四、选择题

1. 下列不属于管理的“维持职能”的是＿＿＿＿。

A. 组织　　　　B. 创新

C. 控制　　　　D. 领导

2. 关于创新与维持的关系说法正确的是＿＿＿＿。

A. 维持是创新基础上的发展

B. 创新是维持的逻辑延续

C. 维持是为了实现创新的成果

D. 创新是为更高层次的维持提供依托和框架

3. 产品创新＿＿＿＿。

A. 是企业技术创新的核心内容

B. 它受制于技术创新的其他方面

C. 影响其他技术创新效果的发挥

D. 往往要求企业利用新的机器设备和新的工艺方法

4. 经营制度确定了＿＿＿＿。

A. 谁是经营者，谁来组织企业生产资料的占有权、使用权和处置权的行使

B. 谁来确定企业的生产方向、生产内容、生产形式

C. 谁来保证企业生产资料的完整性及其增值

D. 谁来向企业生产资料的所有者负责以及负何种责任

5. 产权制度、经营制度、管理制度这三者之间的关系是＿＿＿＿＿。

A. 一般来说，一定的经营制度决定相应的产权制度

B. 在产权制度不变的情况下，企业具体的经营方式可以不断进行调整

C. 在经营制度不变时，具体的管理规则和方法也可以不断改进

D. 管理制度的改进一旦发展到一定程度，则会要求经营制度作相应的调整

6. 就系统的外部说，有可能成为创新契机的变化主要有＿＿＿＿＿。

A. 技术的变化

B. 人口的变化

C. 宏观经济环境的变化

D. 文化与价值观念的转变

7. 关于结构的说法正确的是＿＿＿＿＿。

A. 它主要涉及管理劳动的横向分工的问题

B. 与不同层次的管理部门之间的关系有关

C. 它主要涉及管理劳动的纵向分工问题，即所谓的集权和分权问题

D. 组织机构完全相同，但机构之间的关系不一样，也会形成不同的结构形式

8. 下列属于环境创新的是＿＿＿＿＿。

A. 通过企业的公关活动，影响社区政府政策的制定

B. 通过企业的技术创新，影响社会技术进步的方向

C. 通过组织创新，提高管理劳动的效率

D. 通过市场创新去引导消费，创造需求

9. 关于市场创新正确的说法是＿＿＿＿＿。

A. 它主要是指通过企业的活动去引导消费，创造需求

B. 新产品的开发是企业创造市场需求的唯一途径

C. 市场创新包括通过市场的物理转移，揭示产品新的使用价值，来寻找新用户

D. 市场创新包括通过广告宣传等促销工作，影响人们对某种消费行为的社会评价来增加产品销量

五、是非判断题

1. 创新首先是一种思想及在这种思想指导下的实践，是一种原则以及

在这种原则指导下的具体活动，是管理的一种基本职能。

2. 任何组织系统的任何管理工作都同时包含着“维持”和“创新”。

3. 维持和创新是管理的本质内容，有效的管理在于适度的维持与适度的创新的组合。

4. 维持是保证系统活动顺利进行的基本手段，也是系统中大部分管理人员，特别是高层管理人员要花大部分精力从事的工作。

5. 管理的维持职能便是要严格地按预定的规则来监视和修正系统的运行，尽力避免各子系统之间的摩擦，或减少因摩擦而产生的结构内耗，以保持系统的有序性。

6. 系统为适应系统内外变化而进行的局部和全局的调整，便是管理的维持职能。

7. 系统的生命力取决于社会对系统贡献的需要程度和系统本身的贡献能力。

8. 系统不断改变或调整取得和组合资源的方式、方向和结果，向社会提供新的贡献，这正是创新的主要内涵和作用。

9. 维持是创新基础上的发展，而创新则是维持的逻辑延续。

10. 维持是为了实现创新的成果，而创新则是为更高层次的维持提供依托和框架。

11. 任何管理工作，都应围绕着系统运转的维持和创新而展开，卓越的管理是实现维持与创新最优组合的管理。

12. 从创新的规模以及创新对系统的影响程度来考察，可将其分为自发创新和有组织的创新。

13. 从创新与环境的关系来分析，可将其分为消极防御型创新与积极攻击型创新。

14. 攻击型创新是在观察外部世界运动的过程中，敏锐地预测到未来环境可能提供的某种有利机会，从而主动地调整系统的战略和技术，以积极地开发和利用这种机会，谋求系统的发展。

15. 从创新发生的时期来看，可将其分为系统初建期的创新和运行中的创新。

16. 从创新的组织程度上看，可分为局部创新与整体创新。

17. 系统各部分自发创新的结果是确定的。

18. 只有自发创新，才能给系统带来预期的、积极的、比较确定的结果。

19. 有计划、有目的、有组织地创新取得成功的机会无疑要远远大于自发创新。

20. 制度创新是企业创新的主要内容，企业中出现的大量创新活动是有关制度方面的，因此，有人甚至把制度创新视为企业创新的同义语。

21. 由于一定的技术都是通过一定的物质载体和利用这些载体的方法来体现的，因此企业的技术创新主要表现在要素创新、要素组合方法的创新以及作为要素组合结果的产品的创新。

22. 要素创新包括材料创新、设备创新两方面。要素组合方法创新包括生产工艺和生产过程的时空组织两个方面。

23. 产品结构创新要求企业根据市场需要的变化，根据消费者偏好的转移，及时地调整企业的生产方向和生产结构，不断开发出用户欢迎的适销对路的产品。

24. 品种创新，在于不改变原有品种的基本性能，对现在生产的各种产品进行改进和改造，找出更加合理的产品结构，使其生产成本更低、性能更完善、使用更安全，从而更具市场竞争力。

25. 产品创新是企业技术创新的核心内容，它既受制于技术创新的其他方面，又影响其他技术创新效果的发挥。

26. 制度创新主要是从技术角度分析了人、机、料各种结合方式的改进和更新，而要素组合的创新则需要从社会经济角度来分析企业各成员间的正式关系的调整和变革，制度是组织运行方式的原则规定。

27. 产权制度是决定企业其他制度的根本性制度，它规定着企业最重要的生产要素的所有者对企业的权利、利益和责任。

28. 经营制度是有关经营权的归属及其行使条件、范围、限制等方面的原则规定。

29. 管理制度的创新应是不断寻求企业生产资料最有效利用的方式。

30. 分配制度的创新在于不断地追求和实现报酬与贡献的更高层次上的平衡。

31. 企业制度创新的方向是不断调整和优化企业所有者、经营者、劳动者三者之间的关系，使各个方面的权力和利益得到充分的体现，使组织的各种成员的作用得到充分的发挥。

32. 从某种意义上说，面对瞬息万变的市场，创新方案的完善可能比创新行动的速度更为重要。

33. 为了减少系统运行中的风险，防止大祸临头，应该对创新尝试中的失败吹毛求疵，随意惩罚在创新尝试中遭到失败的人，应该奖励那些从不创新、从不冒险的人。

34. 促进创新的最好方法是大张旗鼓地宣传创新，激发创新，树立“无功便是有过”的新观念，使每一个人都奋发向上、努力进取、跃跃欲试、大胆尝试。

35. 奖励不一定是金钱上的，而且往往不需要是金钱方面的，精神上的奖励也许比物质报酬更能驱动人们创新的心理需要。

36. 把每个人的每个工作日都安排得非常紧凑，对每个人在每时每刻都实行“满负荷工作制”，更有利于激发创新。

37. 企业的创新，往往是从密切地注视、系统地分析社会经济组织在运行过程中出现的不协调现象开始的。

六、简答题

1. 为什么说“维持和创新是管理的本质内容，有效的管理在于适度的维持与适度的创新的组合”？

2. 创新与维持对系统存在的作用是什么？

3. 创新与维持有什么样的关系？

4. 从创新的规模以及创新对系统的影响程度来考察，可将其分为哪些类型？

5. 从创新与环境的关系来分析，可将其分为哪些类型？

七、问答题

1. 创新职能的基本内容是什么？

2. 制度创新包括哪些内容？

3. 简述创新的过程。

4. 企业如何进行新活动的组织？

八、案例分析

案例一

海底捞的管理创新

海底捞国际控股有限公司创建于1994年，历经二十多年的发展，已经成长为国际知名、业务涉及全球的大型连锁餐饮企业。海底捞历经多年市场和顾客的检验，成功地打造出信誉度高、融汇各地火锅特色于一体的优质火锅品牌。截至2021年12月31日，海底捞在全球开设1 443家直营餐厅，其中1 349家门店位于中国，94家门店开在海外，包括新加坡、韩国、日本、美国、加拿大、英国、越南、马来西亚、印度尼西亚及澳大利亚等地。根据企业的重大创新节点，可以将海底捞的发展历程划分为四个阶段。

一、生存阶段（1994—1999 年）：让海底捞活下来

1994 年 3 月 20 日，四川简阳海底捞火锅店正式开始营业，其启动资金 8 000 元是由张勇夫妇和施永宏夫妇四人合凑的。成立初期，四位创始人几乎每天都会在打烊后举行一次内部会议，回顾近几天经营管理上发现的问题以及建议，张勇主要负责会议的总结并安排接下来的工作。1996 年，迫于还清家中债务压力的杨小丽来到了海底捞。当时临近春节，小丽的母亲希望在城里打工的她可以筹措 800 元以应对债主逼债，张勇得知这件事后主动从公司账面上支了 800 元以帮助小丽解燃眉之急，并特意吩咐由公司承担费用。张勇的热心肠为海底捞赢得了一位“拼命大将”。1999 年，海底捞的第一家跨省分店西安雁塔店开始营业，张勇调派年仅 21 岁的杨小丽担任分店店长，并全权负责西安分店大小事宜，这才有了后来通过免费给周边单位送豆浆、在西安公交车和大街上拉客户的宣传方式以打开西安市场的杨小丽。

二、规范管理阶段（2000—2005 年）：让海底捞健康成长

西安雁塔店逐渐步入正轨后，张勇于 2002 年先后在西安和郑州开设了两家分店。2005 年底，海底捞的门店已拓展到北京、西安、郑州等一线城市。为保证服务质量和火锅口味的稳定性、一致性，张勇表示海底捞新店拓展必须有 30% 的老员工压阵。而后，张勇发动中高层管理人员及基层员工的智慧开发了一套颇为人性化的管理体系。在人员选育方面，海底捞坚持采用传统的“师徒制”培养员工和储备干部，这种培养机制的最大特点就是师父无条件地对徒弟的个人行为终身负责。海底捞为每位员工设计了管理、技术和后勤三条职业发展路径，每一条职业发展路径在通向员工事业目标的同时，也直指顾客满意度。除财务人员以外，海底捞几乎不从外部聘请管理人员，每一位干部都是从基层一步步干起来的。此外，海底捞不主张考核利润，而是从反映长期利润的员工满意度、顾客满意度和干部培养三方面考核店长；对员工则采用计件工资制，以此来筛选出勤奋、善良的符合企业价值观的人并逐步晋升到管理岗位。

如果老板想让员工把公司当成家，那么老板首先应该把员工当作家人对待。2001 年，海底捞在很多员工的家乡四川简阳创办了一所寄宿学校，让留守的员工子女免费上学；设立专项医疗基金，每年拨 100 万元用于治疗员工和直系亲属的重大疾病；每个月把大堂经理、店长以上干部和优秀员工的部分奖金直接寄到家里，让父母感受到孩子的辛勤努力和劳动成果；把识别地图、搭乘地铁、使用 ATM 机等基本的城市生活技能作为新员工第一天的培训内容，并提供正式住宅小区的两居室或三居室作为员工宿舍。

三、精细化管理阶段（2006—2009 年）：让海底捞全面成长

从 2006 年开始，海底捞加快其扩张速度并连续多年保持在每年新增 5～8 家门店。2007 年，张勇发现施永宏的管理方法与经营策略可能不适用于目前海底捞的发展状况，就解聘了他，并收购了其 18% 股份。海底捞在经营管理上充分授权，上到各级干部下到基层员工都有各自的权利，200 万元以下开支由副总签字，100 万元以下开支由大区经理审批，30 万元以下开支则由店长做主，且每一位基层员工都有打折、免单和赠送小礼物的权利。2007 年，张勇将末位淘汰制引入了海底捞；专门为店长重新设计了一套薪酬体系。海底捞鼓励自下而上的创新，同时也允许员工犯错。这也是为什么海底捞陆续推出了一系列被广为称道的差异化服务，例如主动为顾客提供发绳、眼镜布、在卫生间摆放护手霜等，这些想法大都出自一线服务人员。

四、管理整合阶段（2010年至今）：建立海底捞的商业生态系统

海底捞探索出了一套实践性较强的管理体系，但是一些管理问题也随之而来。2010年6月，海底捞学校正式成立。海底捞形成了分别针对店经理和各门店员工的自发性学习组织：前者由组长负责，学习内容涉猎较广但内容较为专业；后者则由各门店店长组织，但公司给予经费支持，学习不拘泥于传统的讲授式教学，还可以采用辩论赛、有奖竞答等多种形式。同年，海底捞聘请IBM咨询公司帮助建立标准管理体系。2010年，海底捞开始进行组织结构扁平化，全面取消大小区经理。为保障员工原有的晋升空间和薪资水平，海底捞将店长的职业发展路径调整为两条：如果员工适合拓店，就凭借自己的能力去拓店、拿分红；如果适合管理就加入教练组，承担各门店管理的咨询顾问工作。2012年，海底捞对信息化系统进行了重大管理变革，并开发了集选座、订餐和支付功能于一体的移动客户端，同时开始全面推行Ipad点餐，引入门店微信支付应用，开发Hi农场游戏等系列创新活动。2013年，张勇将底料业务从海底捞拆分出来，成立了负责底料生产的颐海公司。2016年，张勇借助负责底料业务的颐海公司实现了海底捞的“迂回”上市。海底捞鼓励员工提出自己的想法，由创新委员会审核之后会给予申报者一定的费用支持用以试验活动，一旦试验成功并被采纳，创新者就会获得200～2 000元不等的奖励，同时还将创新的授名权交予员工本人。此外，海底捞也从未停止对员工的细微关怀，先后为员工宿舍配备了空调、电脑、WiFi等多种新设备。

资料来源：改编自黄苏萍，《战略型领导对企业双元管理创新的影响——以海底捞餐饮股份有限公司为案例》，《经济与管理研究》，2017年第11期

思考题：

1. 试结合材料简要分析海底捞是如何实现管理创新的。
2. 请简要阐述张勇的战略型领导是如何在海底捞的管理创新中发挥重要作用的。

案例二

苏宁云商的零售O2O创新

苏宁云商成立于1990年，经历从苏宁空调至苏宁电器再到苏宁云商三个发展阶段，2013年更名苏宁云商，进行组织再造，推行双线同价，打造开放平台，打破组织壁垒、价格壁垒、商品壁垒和渠道壁垒，朝着构建O2O生态圈方向迈进，提出“一体两翼”，即以互联网零售为主体，以打造O2O的全渠道经营模式和线上线下开放平台为“两翼”的互联网转型。得益于O2O的创新，2017年上半年，苏宁云商实现营业收入835.88亿元，同比增长21.64%。

一、苏宁 O2O 融合运营的举措

（1）全渠道建设。一是线下实体店网络建设。目前拥有云店、常规店、红孩子专业店、苏宁超市、苏宁易购服务站、苏宁小店等六种业态，形成覆盖不同市场不同消费群体的 5 418 家实体门店网络平台。二是线上全面提升互联网业务的用户体验与转化率。苏宁与阿里巴巴彼此拥有股份的紧密合作，打通双方的线上线下通道，彼此优势互补，为全球消费者提供更加完善的商业服务。

（2）全品类、专业化的商品经营战略。全品类、专业化的商品经营战略是 O2O 落地的必要条件。目前苏宁已经形成了苏宁电器、苏宁母婴、苏宁超市三个专业商品经营单元。

（3）不断提升信息技术应用。苏宁 IT 建设也是围绕“搭建线上平台、打通线上线下的资源和流程”这个核心工作，聚焦系统架构优化、基础数据运维、服务产品应用等方面，为内部管理提供支撑，有效推动全方位业务的创新发展。

（4）不断优化供应链。自动补货推进到全类；开放 SCS 与供应商对库存进行共同管理。通过 C2B 打造反向定制能力，促进上游研发新产品。

（5）持续进行物流建设与投入。2017 年 1 月，苏宁斥资 42.5 亿收购天天快递 100% 股份，快速整合仓储、干线、末端快递网络资源。目前，各大零售商的物流建设都加入“智慧、智能”的元素，科技物流和智慧物流使供应链更加高效。

二、苏宁 O2O 创新发展的经验

（一）在 IT 方面的高成本持续性投入

自 2012 年起，苏宁公司年报开始设立“研发支出”项，专指 IT 人员工资和相关硬件投入，该项支出仅在 2015 年度就高达 10.07 亿元，IT 员工人数亦多达 4 589 人。

（二）高成本投入转化为高效率产出

苏宁自 2010 年以来围绕 O2O 融合运营投入逐年加大，而苏宁 O2O 的运营得以平稳落地，直接体现出苏宁的管理团队的精明强干，组织和部门之间的配合和协同是融合融洽，高效的管理团队有力整合了 O2O 融合的所有要素，把高成本投入化为高效率产出。

（三）跨界运营

（1）跨界金融运营。零售商跨界到金融领域施展才能，优势得天独厚。金融业务也是苏宁的一大支柱，商业的繁荣必然会衍生出商业金融产品，开创新的商业模式。

（2）跨界商业地产运营。苏宁云商自有物业门店有 25 家，与苏宁电器集团和苏宁置业集团等房地产商合作的租赁门店 18 家。在当今物业自身升值和租赁价格不断创新高的情势下，零售商更有自持物业的动力。

资料来源：改编自张艳，《零售 O2O 的创新发展研究——以苏宁云商为案例》，《商业经济研究》，2017 年第 8 期

思考题：

1. 结合苏宁云商的例子，谈谈零售企业应该如何进行 O2O 创新。
2. 你从苏宁云商的创新中学到了什么？

习题答案

三、填空题

1. 适度的维持　适度的创新
2. 局部创新　整体创新
3. 防御型创新　攻击型创新
4. 系统初建期的创新　运行中的创新
5. 自发创新　有组织的创新
6. 不确定性（或风险性）
7. 要素创新　要素组合方法的创新　产品创新
8. 寻找机会　提出构想　迅速行动　忍耐坚持
9. 生产工艺　生产过程
10. 材料创新　手段创新
11. 产权制度

四、选择题

1. B　2. CD　3. ABCD　4. ABCD　5. BCD　6. ABCD　7. BCD　8. ABD　9. ACD

五、是非判断题

1. 是　2. 否　3. 是　4. 否　5. 是　6. 否　7. 是　8. 是　9. 否　10. 是　11. 是　12. 否　13. 是　14. 是　15. 是　16. 否　17. 否　18. 否　19. 是　20. 否　21. 是　22. 是　23. 否　24. 否　25. 是　26. 否　27. 是　28. 是　29. 否　30. 是　31. 是　32. 否　33. 否　34. 是　35. 是　36. 否　37. 是

六、简答题

1. 从逻辑顺序上来考察，在特定时期内对某一社会经济系统（组织）的管理工作可以概述为：设计系统的目标、结构和运行规划，启动并监视系统的运行，使之符合预定的规则操作；分析系统运行中的变化，进行局部或全局的调整，使系统不断呈现新的状态。显然，管理内容的核心就是：维持与创新。任何组织系统的任何管理工作无不包含在“维持”或“创新”中。维持和创新是管理的本质内容，有效的管理在于适度的维持与适度的创新的组合。

2.（1）维持是保证系统活动顺利进行的基本手段，也是系统中大部分管理人员，特别是中层和基层的管理人员要花大部分精力从事的工作。管理的维持职能便是要严格地按预定的规划来监视和修正系统的运行，尽力避免各子系统之间的摩擦，或减少因摩擦而产生的结构内耗，以保持系统的有序性。

（2）任何社会系统都要及时根据内外变化的要求，适时进行局部或全局的调整，这种为适应系统内外变化而进行的局部和全局的调整，便是管理的创新职能。

（3）系统的生命力取决于社会对系统贡献的需要程度和系统本身的贡献能力；而系统的贡献能力又取决于系统从社会中获取资源的能力。系统不断改变或调整取得和组合资源的方式、方向和结果，向社会提供新的贡献，这正是创新的主要内涵和作用。

3. 维持与创新作为管理的两个基本职能，对系统的生存发展都是非常重要的，它们是相互联系、不可或缺的。创新是维持基础上的发展，而维持则是创新的逻辑延续；维持是为了实现创新的成果，而创新则是为更高层次的维持提供依托和框架。任何管理工作，都应围绕着系统运转的维持和创新而展开，卓越的管理是实现维持与创新最优组合的管理。

4. 从创新的规模以及创新对系统的影响程度来考察，可将其分为局部创新和整体创新。局部创新是指在系统性质和目标不变的前提下，系统活动的某些内容、某些要素的性质或其相互组合的方式，系统的社会贡献的形式或方式等发生变动；整体创新则往往改变系统的目标和使命，涉及系统的目标和运行方式，影响系统的社会贡献的性质。

5. 从创新与环境的关系来分析，可将其分为防御型创新与攻击型创新。防御型创新是指由于外部环境的变化对系统的存在和运行造成了某种程度的威胁，为了避免威胁或由此造成的系统损失扩大，系统在内部展开的局部或全局性调整；攻击型创新是在观察外部世界运动的过程中，敏锐地预测到未来环境可能提供的某种有利机会，从而主动地调整系统的战略和技术，以积极地开发和利用这种机会，谋求系统的发展。

七、问答题

1.（1）目标创新。

（2）技术创新，包括：

① 要素创新与要素组合方法创新；

② 产品创新。

（3）制度创新。包括产权制度、经营制度、管理制度等 3 个方面的创新。

（4）组织机构和结构的创新。

（5）环境创新。

2.（1）产权制度是决定企业其他制度的根本性制度，它规定着企业最重要的生产要素的所有者对企业的权利、利益和责任。企业产权制度的创新也许应朝向寻求生产资料的社会成员“个人所有”与“共同所有”的最适度组合的方向发展。

（2）经营制度是有关经营权的归属及其行使条件、范围、限制等方面的原则规定。经营制度的创新应是不断寻求企业生产资料最有效利用的方式。

（3）管理制度是行使经营权、组织企业日常经营的各种具体规则的总称，包括对材料、设备人员及资金等各种要素的取得和使用的规定。分配制度的创新在于不断地追求和实现报酬与贡献的更高层次上的平衡。

3.（1）寻找机会。创新活动是从发现和利用旧秩序内部的不协调现象开始的。不协调为创新提供了契机。旧秩序中的不协调既可存在于系统的内部，也可产生于对系统有影响的外部。

（2）提出构想。敏锐地观察到不协调现象的产生以后，还要透过现象究其原因，并据此分析和预测不协调的未来变化趋势，估计它们可能给组织带来的积极或消极后果；提出多种解决问题、消除不协调、使系统在更高层次实现平衡的创新构想。

（3）迅速行动。创新成功的秘密主要在于迅速行动。创新的构想只有在不断的尝试中才能逐渐完善，企业只有迅速行动才能有效地利用"不协调"提供的机会。

（4）忍耐坚持。构想经过尝试才能成熟，而尝试是有风险的，是可能失败的。创新的过程是不断尝试、不断失败、不断提高的过程。

4.（1）正确理解和扮演"管理者"的角色；

（2）创造促进创新的组织氛围；

（3）制定有弹性的计划；

（4）正确地对待失败；

（5）建立合理的奖酬制度。

① 注意物质奖励与精神奖励的结合。

② 奖励不能视作"不犯错误的报酬"。

③ 奖励制度既能促进内部的竞争，又能保证成员间的合作。

八、案例分析

案例一分析参考：

1. 不同方式的管理创新包括创新程度、变革方式和组织化程度。不同职能领域的管理创新包括战略创新、组织创新和领导创新。不同要素水平的管理创新包括管理思维创新、管理环境创新和管理技术与方法创新。可以结合管理创新的内涵、类型与基本内容加以阐述。

2. 管理创新的内在精神是一种企业家精神。领导创新是领导工作的创新和对创新工作有效领导内容的总和，它包括三个方面：培养和挖掘领导者的创新素质、创新领导方式和构建激励创新氛围。管理者的管理思维对于管理创新也有很大作用。请从企业家精神、领导创新、管理思维几个角度阐述。

案例二分析参考：

1. 苏宁云商通过全渠道建设，全品类、专业化的商品经营战略，不断提升信息技术应用，不断优化供应链，持续进行物流建设与投入等方式开展O2O创新，提出“一体两翼”，即以互联网零售为主体，以打造O2O的全渠道经营模式和线上线下开放平台为“两翼”的互联网转型。零售企业应该重视O2O的发展趋势，实体零售商应加速与线上电商的合作，而电商公司可以开设一定数量的实体店，打通线上和线下的渠道，将线上的优点和线下的优点结合起来。

2. 苏宁云商在IT方面的高成本持续性投入，高成本投入转化为高效率产出，跨界运营，为其他公司的O2O创新提供了宝贵的经验。在苏宁云商的创新过程中，我们可以看到，要使得一个企业实现完全的O2O，仅仅依靠产品是不够的，还需要对渠道、战略、信息技术、供应链、物流等方面进行彻底的改造。

第十九章

企业技术创新

一、复习要点

1. 熊彼特关于创新的内涵。
2. 技术创新的内涵。
3. 7种技术创新的源泉。
4. 如何进行技术创新?

二、关键概念

技术创新、要素创新、产品创新、要素组合方法的创新。

三、填空题

1. 从生产的物质条件这个角度来考察，要素创新主要包括__________和__________。
2. __________创新主要指生产的物质手段的改造和更新。
3. 与其他类型的创新相比，知识性创新具有最为漫长的__________。
4. 产品创新包括__________和__________。
5. 要素的组合包括__________和__________的时空组织两个方面。
6. 企业可供选择的创新对象主要涉及__________、__________以及

__________ 等 3 个领域。

7. 产品竞争力主要表现为产品的 __________ 与产品的 __________ 。

四、选择题

1. 根据熊彼特的观点，一个国家或地区经济发展速度的快慢和发展水平的高低，在很大程度上取决于 __________ 。

A. 资源的丰富程度

B. 居民的受教育程度

C. 投资的多少

D. 该国或该地区拥有创新精神的企业家数量以及这些企业家在实践中的创新努力

2. 产品创新指 __________ 。

A. 必须在原理、技术水平和结构上有突破性的改变

B. 可以是利用新原理、新技术、新结构开发出一种全新型产品

C. 可以是在原有产品的基础上，部分采用新技术而制造出来适合新用途、满足新需要的换代型新产品

D. 可以是对原有产品的性能、规格、款式、品种进行完善

3. 生产工艺和操作方法的创新要求 __________ 。

A. 在设备创新的基础上，改变产品制造的工艺、过程和具体方法

B. 在不改变现有物质生产条件的同时，不断研究和改进具体的操作技术，调整工艺顺序和工艺配方

C. 不断地研究和采用更合理的空间布置和时间组合方式

D. 在原有产品的基础上，采用新技术制造出适合新用途、满足新需要的换代型新产品

4. 生产过程的组织包括 __________ 在空间上的布置和时间上的组合。

A. 设备

B. 工艺装备

C. 在制品

D. 劳动

5. 人口因素对企业经营的影响有 __________ 。

A. 人口结构的变化直接决定着劳动市场的供给

B. 劳动市场的供给影响企业的生产成本

C. 人口的数量及其构成确定了市场的结构及其规模

D. 人口结构的变化可能为企业的技术创新提供契机

6. 技术创新主要涉及 __________ 等不同方面。

A. 材料

B. 产品

C. 工艺

D. 手段

7. 独立开发的优点有 ________ 。

A. 若能获得成功，企业将可在一定时期内垄断性地利用新技术来组织生产

B. 可帮助企业形成某种其他企业难以模仿的竞争优势，从而获得高额的垄断性利润

C. 不要求企业拥有数量众多、实力雄厚的技术人员

D. 开发不能获得预期的结果，企业将独自咽下失败的苦果

8. 联合开发的优点有 ________ 。

A. 企业可以与合作伙伴集中更多的资源条件进行更为基础性的创新研究

B. 企业可以与合作伙伴共同承担由此而引起的各种风险

C. 开发如果失败，企业将与协作伙伴一道来分担各种损失

D. 开发成功，企业不能独自利用研究成果组织产品或工艺的创新

五、是非判断题

1. 技术创新的进行、技术水平的提高是企业增强自己在市场上竞争力的重要途径。

2. 技术发明的概念比技术创新更宽泛。

3. 在技术创新的各种类型中，手段创新可能是影响最为重要、意义最为深远的。

4. 手段创新主要指生产的物质手段的改造和更新。任何产品的制造都需要借助一定的机器设备等物质生产条件才能完成。生产手段的技术状况是企业生产力水平具有决定性意义的标志。

5. 产品在企业经营中的作用决定了产品创新是技术创新的核心和主要内容，其他创新都是围绕着产品的创新进行的，而且其成果最终也在产品创新上得到体现。

6. 后人在此基础上研究企业创新时，把它们分成两类：制度创新和技术创新。前者主要与生产制造有关，后者主要涉及管理和管理体制，即主要涉及生产制造的制度环境。

7. 由于迄今为止作为工业生产基础的材料主要是由大自然提供的，因此手段创新的主要内容是寻找和发现现有材料特别是自然提供的原材料的

新用途，以使人类从大自然的恩赐中得到更多的实惠。

8. 生产手段的技术状况是企业生产力水平具有决定性意义的标志。

9. 产品是企业的象征，任何企业都是通过向市场提供不可替代的产品来表现并实现其社会存在的，产品在国内和国际市场上的受欢迎程度是企业市场竞争成败的主要标志。

10. 产品创新包括新产品的开发和老产品的改造。

11. 工艺创新包括生产工艺的改革和操作方法的改进。

12. 操作方法是企业制造产品的总体流程和方法，包括工艺过程、工艺参数和工艺配方等。

13. 生产工艺是劳动者利用生产设备在具体生产环节对原材料、零部件或半成品的加工方法。

14. 生产过程的组织包括设备、工艺装备、在制品以及劳动在空间上的布置和时间上的组合。

15. 各生产要素在时空上的组合不仅影响设备、工艺装备和空间的利用效率，而且影响人机配合，从而直接影响工人的劳动生产率。

16. 空间布置不仅影响在制品、设备、工艺装备的占用数量，从而影响生产成本，而且影响产品的生产周期。

17. 产品创新不仅会带来产品制造基础的革命，而且会导致产品物质结构的调整。

18. 材料创新不仅是产品功能的增加、完整或更趋完善，而且必然要求产品制造工艺的改革。

19. 产品创新不仅导致生产方法的更加成熟，而且必然要求生产过程中利用这些新的工艺方法的各种物质生产手段的改进。

20. 各类创新虽然侧重点各有不同，但任何一种创新的组织都必然会促进整个生产过程的技术改进，从而带来企业整体技术水平的提高。

21. 不论是何种内容的技术创新，最终都会在一定程度上促进产品竞争力的提高。

22. 产品竞争力、企业竞争力的强弱从根本上来说取决于产品对消费者的吸引力。

23. 消费者对某种产品是否感兴趣，与该产品的功能完整和完善程度有关，而与这种或这些功能的实现所需的费用总和无关。

24. 功能的完整和完善程度决定着消费者能否从该种产品的使用中获得不同于其他产品的满足，功能实现的费用则决定着消费者为获得此种产品而需付出的代价。

25. 产品竞争力主要表现为产品的成本竞争力与产品的特色竞争力。

26. 技术创新促进企业竞争力的提高便是通过影响产品的成本和／或特色而起作用的。

27. 工艺创新既可使企业为消费者带来新的满足，亦可使企业原先生产的产品表现出新的吸引力。

28. 工艺创新既可为产品质量的形成提供更可靠的保证，亦可能降低产品的生产成本。

29. 物质生产条件的创新直接带来劳动强度的下降和劳动生产率的提高，直接促进着产品生产成本的下降和价格竞争力的增强。

30. 意外的失败通常能够为企业创新提供非常丰富的机会。

31. 意外的成功虽然为企业创新提供了大量的机会，但这些机会却不仅可能被企业领导人视而不见，而且有时甚至被视为“异端”而遭排斥。

32. 意外的失败必然隐含了某种变化，从而实际上向企业预示了某种机会的存在。

33. 不协调既可能是已经发生了的某种变化的结果，亦可能是某种将要发生的变化的征兆。

34. 企业必须仔细观察不协调的存在，分析出现不协调的原因，并以此为契机组织技术创新。

35. 在所有不协调的类型中，对消费者价值观的判断与消费者的实际价值观不一致是最为常见的，但是对企业的不利影响没那么严重。

36. 意外事件与不协调是从企业与外部的关系这个角度来进行分析的，过程改进的需要则与企业内部的工作（内部的生产经营过程）有关。

37. 过程的改进既可能是科学技术发展的逻辑结果，也可能是推动和促进科技发展的原动力。

38. 市场结构主要指行业中不同企业的相对规模和竞争力结构以及由此决定的行业集中或分散度；行业结构主要与消费者的需求特点有关。

39. 面对同一市场和行业结构的变化，企业只会做出相同的创新和选择。

40. 作为企业经营中一种必不可少的资源，人口结构的变化直接决定着劳动力市场的供给，从而影响企业的生产成本；作为企业产品的最终用户，人口的数量及其构成确定了市场的结构及其规模。

41. 对事物的认知和观念决定着消费者的消费行为；消费行为决定着消费者的消费态度；消费态度决定一种具体产品在市场上的受欢迎程度。

42. 与其他类型的创新相比，知识性创新具有最为漫长的前置期。

43. 创新基础的选择需要解决在何种层次上组织创新的问题：利用现有知识，对目前的生产工艺、作业方法、产品结构进行创新，还是进行基础研究，开发新的知识，为具有新功能的新产品开发提供基础。前者涉及应用性研究，后者常被称为基础研究。

44. 企业在技术创新活动的组织中可以有两种不同的选择：利用自己的力量独家进行开发，或者与外部的生产、科研机构联合起来共同开发。

六、简答题

1. 在熊彼特的理论中，创新包括哪几个方面？
2. 手段的创新主要包括哪几个方面的内容？
3. 企业内外的不协调有哪些类型？
4. 后发制人的战略有什么优势？
5. 与其他类型的创新相比，知识性创新具有什么样的特点？
6. 企业可供选择的创新对象有哪些？它们各有什么作用？
7. "先发制人"给企业带来的贡献有哪些？

七、问答题

1. 技术创新的内涵包括哪些方面？
2. 材料创新、产品创新、工艺创新之间的关系是怎么样的？
3. 试述技术创新的贡献。
4. 试述技术创新的源泉。

八、案例分析

案例一

爱登堡电梯技术创新引领市场

2016 年 11 月 18 日，"新制造、新经济——全国首届电梯互联网 + 峰会"在杭州成功举办。爱登堡电梯集团相关高层出席此次盛会，与来自全国各地的专家学者以及电梯行业代表分享了电梯行业"互联网 +"时代爱登堡电梯集团的技术创新与服务。

爱登堡电梯集团一直以来站在时代的最前沿，始终紧抓"互联网 +"时代发展脉络。"互联网 +"通俗地说就是"互联网 + 各个传统行业"，但这并不是简单的两者相加，而是利用信息通信技术以及互联网平台，让互联网与传统行业进行深度融合，创造新的发展生态。

一、技术创新引领行业

电梯行业是传统制造业的重要组成部分，城市现代化的发展离不开电梯，爱登堡电梯技术始终走在世界最前端，与世界最先进技术相结合，采用物联网技术的 24 小时无线远程检测技术为行业首创，为用户提供及时、有效的售后解决方案，并利用大数据系统对全国电梯异常信息加以收集、归纳、分析，避免了同类异常重复出现。在激烈的市场竞争中，爱登堡电梯技术创新始终引领全球电梯行业。

“在科技创新方面，2014年我们与华中科技大学一同申报了高层火灾疏散逃生预警支援系统的项目，与总部共同申报了近20项专利，其中发明专利7项。同时，我们公司还成为了2014年至2015年中央国家机关电梯定点采购企业。”上海爱登堡电梯江苏有限公司总经理张银介绍说。

二、智能化的制造

21世纪，智能化是制造自动化的发展方向。在制造过程的各个环节几乎都广泛应用人工智能技术。爱登堡电梯集团与美国、德国和英国等欧美国家著名厂商展开全面合作，并先后与上海交通大学等国内知名高校进行高科技、数字化、节能环保和电梯安全性能的研究与开发。爱登堡电梯与世界最前沿的智能生产技术接轨，引入了意大利萨瓦尼尼（Salvagnini）柔性生产线以及瑞士ABB焊接机器人及德国瓦格纳尔（Wagner）涂装生产线等高端生产设备，确保生产高效以及产品高品质。

爱登堡电梯在行业中独家采用了双编码器反馈，它解决了行业内如钢丝绳在曳引轮上打滑、严重超载、溜车等问题，科学的检测消除安全隐患，使得爱登堡电梯成为全球最安全的电梯之一。同时，爱登堡电梯采用双向逆变驱动器采集电梯运行过程中的能量转化为电能并输送给电网，实现发电和耗电的能量对冲，从而可节能70%。凭借在能效管理的领先技术，爱登堡电梯获得电梯行业唯一的运行、待机双A级能效证书，能效全行业最低，成为全球最节能的电梯。

爱登堡电梯集团“以创新夺市场、以服务创品牌”，致力于为全球客户提供最安全、舒适、快捷的楼宇交通设备，致力于成为全球楼宇节能设备最安全、最人性化和服务最佳的企业。

资料来源：改编自新电梯中国网，《爱登堡电梯互联网＋时代技术创新与服务引领市场》，2016年12月6日

思考题：

1. “互联网＋”对于电梯行业这种传统的制造业会带来什么影响？
2. 结合爱登堡电梯的例子谈谈中国传统制造业应该如何转型。

案例二

从听歌到养猪，网易怎么孵化创新产品？

一、谨慎入局，弯道超车

网易的创始人丁磊是个典型的“谨慎”的生意人，倾向中小投入，不轻易做烧钱的生意。不过，多款产品都证明网易拥有这样一种能力：不会第一时间入局，但能实现“弯道超车”。这些产品包括：2016年自营的跨境电商网易考拉、“有态度”的网易新闻客户端、2013年靠歌单和评论突围的网

易云音乐和2016年面世的网易严选。

而最新数据显示，移动音乐市场的晚来者网易云音乐用户突破2亿；网易考拉海购拉动网易整体电商营收同比增长310%（与2015年第二季度相比）；上线半年的网易严选收获2 300万注册用户，月流水达5 000万元，而低调的云课堂在业内积累了良好的用户口碑。

二、“网易最大产品经理”的放权与插手

将产品交给中层，方向自己拿，团队自己搭，是谓丁磊在管理层面的放权。在电商产品的快速发展阶段，丁磊也给予了产品负责人更多的决策权，缩减重大决策的流程和时间以让他们迅速加入迟到的战场，自己直接参与决策的很少。

但是这不意味着丁磊会完全地不管不问，凌晨一两点在群里转文章、转用户反馈、提bug都是常态。他对内容有着某种偏执的追求，要求每个产品都具备媒体属性，并对其中的遣词造句提出自己的看法。他会对页面某个商品的文字描述、配色甚至字体提出具体的修改意见。

三、没有KPI，给了产品团队试错的时间与空间，让他们专注于产品品质

对选择了内部创业的人而言，没有KPI，便意味着更大的想象和试错的空间，意味着可以花更多时间打磨细节而非想办法迅速获利 。

朱一闻刚刚加入云音乐的时候对音乐其实没有太多感觉，那时的他从被叫停的“梦幻人生”中转来——类似于开心网的“梦幻人生”是风停了才去爬风口，从一开始就注定了失败。但没有KPI，产品的失败并不意味着一个产品人的失败，没有达到目标，你可以选择离开，或是从内部寻找机会重新开始。

四、内部无形的竞争

在网易，与自由氛围并存的是资源的有限。一开始，内部创新的产品不太可能获得公司层面足够的注意力、投入和资源。他们必须和同期产品一起分享有限的资源，有时甚至仅依靠一己之力打拼，并试图在每半年一次的述职考核中展示自己的价值。

于是，有限的资源也更激发了产品团队的创造力。“成功的产品从来不是靠资源推动的，反而是有限的资源有助于这个团队竭尽全力地想我怎么能够争取资源，把这些资源更加高效地用起来。”负责云课堂的蒋忠波说。好的资源会给更强的产品，然后变得更强，

这一切或许都是网易的这套内部孵化机制产生的必然结果，就像它既成就了网易产品的“小而美”和好口碑，也是网易多年以来没有微信这样的王牌产品的背后原因。

资料来源：改编自曾西瓜，《从听歌到养猪，网易怎么孵化创新产品？丁磊那些可复制与不可复制的》，虎嗅网，2016年8月24日

思考题：

1. 网易的创始人丁磊在网易产品创新中起到哪些作用？
2. “谨慎入局，弯道超车”属于哪种创新战略？这种创新战略有何优势和劣势？

习题答案

三、填空题

1. 材料创新　手段创新
2. 手段
3. 前置期
4. 新产品的开发　老产品的改造
5. 生产工艺　生产过程
6. 产品　工艺　生产手段
7. 成本竞争力　特色竞争力

四、选择题

1. D　2. BCD　3. AB　4. ABCD　5. ABCD　6. ABCD　7. AB　8. ABC

五、是非判断题

1. 是　2. 否　3. 否　4. 是　5. 是　6. 否　7. 否　8. 是　9. 是　10. 是
11. 是　12. 否　13. 否　14. 是　15. 否　16. 否　17. 否　18. 否　19. 否
20. 是　21. 是　22. 是　23. 否　24. 是　25. 是　26. 是　27. 否　28. 是
29. 是　30. 否　31. 是　32. 是　33. 是　34. 是　35. 否　36. 是　37. 是
38. 否　39. 否　40. 是　41. 否　42. 是　43. 是　44. 是

六、简答题

1. 在熊彼特的理论中，创新包括 5 个方面：

（1）生产一种新的产品；

（2）采用一种新的生产方法；

（3）开辟一个新的市场；

（4）掠取或控制原材料和半成品的一种新的来源；

（5）实现一种新的工业组织。

2.（1）将先进的科学技术成果用于改造和革新原有的设备，以延长其技术寿命或提高其效能；

（2）用更先进、更经济的生产手段取代陈旧、落后、过时的机器设备，以使企业生产建立在更加先进的物质基础之上。

3. 根据产生的原因的不同，不协调可分为不同的类型。

（1）宏观或行业经济景气状况与企业经营绩效的不符是可以经常观察到的一种现象。

（2）假设和实际的不协调也是一种常见的不协调类型。企业对消费者价值观的判断与消费者实际价值观的不一致是假设与现实不协调的典型类型，也是企业常犯的一种重要错误。

4.（1）分享先期行动者投入大量费用而开发出的行业市场；

（2）根据已基本稳定的需求进行投资；

（3）在率先行动者技术创新的基础上，组织进一步的完善生产使之更加符合市场的需求。

5.（1）与其他类型的创新相比，知识性创新的第一个特点是具有最为漫长的前置期。

（2）知识性创新的第二个特点是这类创新不是以某一单一因素为基础，而是以好几种不同类型的知识的组合为条件。

6. 企业可供选择的创新对象主要涉及产品、工艺以及生产手段等 3 个领域。

产品创新使得产品在结构或性能上有所改进，甚至全部创新，不仅可能给消费者带来一种全新的享受，而且可以降低产品的生产成本或者减少产品在使用过程中的使用费用，所以给企业带来的不仅可以是特色的形成，而且可能是成本的优势。工艺创新则既可能为产品质量的形成提供更加可靠的保证，从而加强企业的特色优势，亦可能促进生产成本的降低，从而使企业产品在市场上更具有价格竞争力。

7.（1）可给企业带来良好的声誉。

（2）可使企业占据有利的市场地位。

（3）可使企业进入最有利的销售渠道。

（4）可使企业获得有利的要素来源。

（5）可使企业获取高额的垄断利润。

七、问答题

1. 从生产过程的角度来分析，可以将其分为以下几个方面。

（1）要素创新。从生产的物质条件这个角度来考察，要素创新主要包括材料创新和手段创新。

（2）产品创新。产品是企业的象征，任何企业都是通过向市场提供程度上不可替代的产品来表现并实现其社会存在的，产品在国内和国际市场上的受欢迎程度是企业市场竞争成败的主要标志。

（3）要素组合方法的创新。利用一定的方式将不同的生产要素加以组合，这是形成产品的先决条件。要素的组合包括生产工艺和生产过程的时空组织两个方面。

2. 这几个方面的创新，既相互区别，又是相互联系、相互促进的。材料创新不仅会带来产品制造基础的革命，而且会导致产品物质结构的调整；产品的创新不仅是产品功能的增加、完整或更趋完善，而且必然要求产品制造工艺的改革；工艺的创新不仅导致生产方法的更加成熟，而且必然要求生产过程中利用这些新的工艺方法的各种物质生产手段的改进。反过来，机器设备的创新也会带来加工方法的调整或促进产品功能的更加完善；工艺或产品的创新也会对材料的种类、性能或质地提出更高的要求。各类创新虽然侧重点各有不同，但任何一种创新的组织都必然会促进整个生产过程的技术改进，从而带来企业整体技术水平的提高。

3. 从技术创新的内涵分析中不难看出，技术或者依附于物质产品而存在，或者是为物质产品的实体形成而服务的。因此，不论是何种内容的技术创新，最终都会在一定程度上促进产品竞争力的提高。

产品竞争力主要表现为产品的成本竞争力与产品的特色竞争力。技术创新促进企业竞争力的提高便是通过影响产品的成本和特色而起作用的。材料的创新不仅为企业提供了以数量丰富、价格低廉的原材料去取代价格昂贵的稀缺资源的机会，而且有可能通过材质的改善而促进企业产品质量的提高；产品创新既可使企业为消费者带来新的满足，亦可使企业原先生产的产品表现出新的吸引力；工艺创新既可为产品质量的形成提供更可靠的保证，亦可能降低产品的生产成本；物质生产条件的创新则直接带来劳动强度的下降和劳动生产率的提高，直接促进着产品生产成本的下降和价格竞争力的增强。

综合起来看，技术创新一方面通过降低成本而使企业产品在市场上更具价格竞争优势；另一方面通过增加用途、完善功能、改进质量以及保证使用而使产品对消费者更具特色吸引力，从而在整体上推动着企业竞争力不断提高。

4. 创新源于企业内部和外部的一系列不同的机会。这些机会可能是企业刻意寻求的，也可能是企业无意中发现、但发现后立即有意识地加以利用的。美国学者德鲁克把诱发企业创新的这些不同因素归纳成 7 种不同的创新来源：

（1）意外的成功或失败；

（2）企业内外的不协调；

（3）过程改进的需要；

（4）行业和市场结构的变化；

（5）人口结构的变化；

（6）观念的改变；

（7）新知识的产生。

八、案例分析

案例一分析参考：

1. “互联网 +”就是“互联网 + 各个传统行业”，但这并不是简单的两者相加，而是利用信息通信技术以及互联网平台，让互联网与传统行业进行深度融合，创造新的发展生态。对于电梯这个传统的制造行业，互联网则可以通过物联网这种方式结合电梯的技术。爱登堡电梯采用物联网技术的 24 小时无线远程检测技术为行业首创，为用户提供及时、有效的售后解决方案，并利用大数据系统对全国电梯异常信息加以收集、归纳、分析，避免了同类异常重复出现，从而在激烈的市场竞争中，始终引领全球电梯行业。“互联网 +”对于传统的制造业而言，不仅意味着技术革新的方向，也给企业带来创新的压力，没有抓住“互联网 +”的企业，很可能就在发展中被逐渐淘汰。

2. 从爱登堡电梯的例子中可以看到，中国传统的制造型企业想要转型，必须抓住技术的前沿方向，加快自主研发，利用物联网、大数据、人工智能等技术来实现智能化自动化的制造。中国正提倡自主创新，这是制造业转型的必经之路，企业必须加大科研投入的力度，走在技术创新的前沿。

案例二分析参考：

1. 网易的创始人丁磊是个典型的“谨慎”的生意人，倾向中小投入，谨慎的选择要创新的方向，不轻易做烧钱的生意。丁磊在管理层面实行放权，将产品交给中层，方向自己拿，团队自己搭。丁磊没有给出明确的KPI，给了产品团队试错的时间与空间，让他们专注于产品品质，促进产品创新；丁磊促进公司内部无形的竞争，在竞争中鼓励创新。

2. “谨慎入局，弯道超车”属于“后发制人”的追随战略。后发的目的也是为了先至，是为了制人，而非受制于人。后发者虽然在时间上、在用户心目中技术水平的形象上可能处于稍微不利的地位，但它可以：①分享先期行动者投入大量费用而开发出的行业市场；②根据已基本稳定的需求进行投资；③在率先行动者技术创新的基础上进一步完善，使之更加符合市场的要求。有鉴于此，后发制人的战略有时也不失为一种合理的选择。

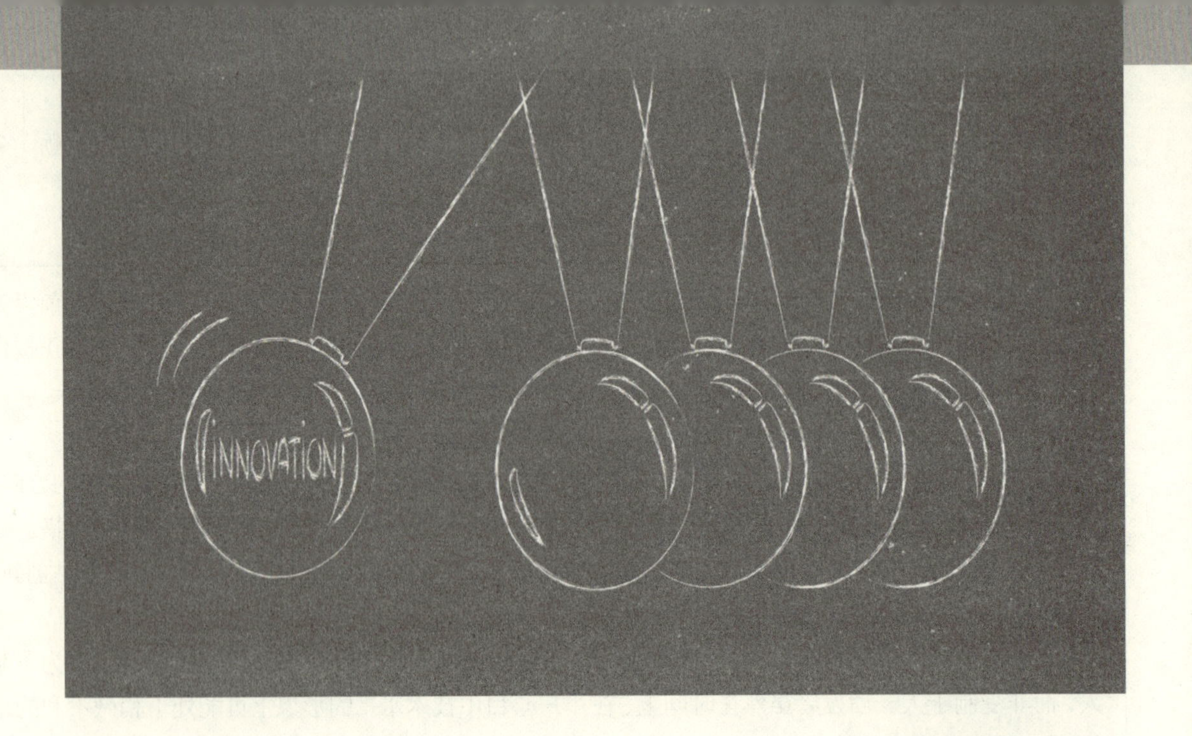

第二十章

企业组织创新

一、复习要点

1. 工业社会的企业制度结构特征及其原因。
2. 知识经济条件下的企业制度创新的逻辑。
3. 工业社会的企业层级结构及其特征。
4. 知识经济条件下的企业层级结构创新的逻辑。
5. 工业社会的企业文化的功能与特点。
6. 知识经济条件下的企业文化创新的逻辑。

二、关键概念

工业社会、知识经济、企业制度、企业制度创新、企业层级结构、企业层级结构创新、企业文化、企业文化创新。

三、填空题

1. 稀缺资源从资本转向__________，将导致知识参与者在企业权利关系中地位的提高。

2. 根据人们在企业中的活动，知识可以分为两种类型：__________与

________。

3. 工业社会是以 ________ 的发展为基础的，工业社会的发展又不断促进着操作知识的进步。

4. 如德鲁克所指出的，知识，特别是有关 ________ 的知识，正变为“关键的经济资源”，甚至是“今天唯一重要的资源”。

5. 在工业社会蜕变而来的知识社会中，知识正变为最重要的资源，企业内部的权利关系正朝向知识拥有者的方向变化，企业的制度结构正从“资本的逻辑”转向我们所称的 ________。

6. 在资本逻辑的社会里，权力派生于 ________，利益由 ________ 所控制。

7. 层级组织的基本特征是利用 ________ 与 ________ 来规范成员间的关系，影响他们在企业活动中的行为表现。

8. 组织所倚重的是角色间的 ________，而非个人间的非正式关系。

9. 满足个性化的消费需求，要求企业生产组织更具 ________；活动内容与方式的适应性调整则要求相关的权力从管理中枢 ________。

10. 新形势下的企业组织必须是有利于企业成员的 ________ 和 ________ 的组织。

11. 企业文化对企业员工的影响主要表现在 ________、________ 以及 ________ 等三个方面。

12. 在知识逻辑的社会里，权力派生于 ________，利益由 ________ 所控制。

四、选择题

1. 企业制度的作用有 ________。

A. 规范着参与者类群间的权力关系

B. 影响着这些参与者在企业决策制定与执行中的行为表现

C. 规范了参与者类群间的利益关系

D. 影响着不同参与者在企业成果形成中的行为特点

2. 分工劳动对于工业社会的发展的作用有 ________。

A. 加剧了普通劳动知识的专门化与狭窄化

B. 加剧了普通劳动技能的专门化与狭窄化

C. 决定了协调分工劳动所需的专门知识的供应的增加

D. 决定了协调分工劳动所需的专门知识的供应的相对稀缺性

3. 关于层级结构的说法正确的是 ________。

A. 直线指挥，分层授权保证了企业行动的迅速

B. 分工细致，权责明确促进了效率的提高

C. 标准统一，正式的角色关系保证了企业活动的有序性

D. 层级结构发挥作用并获得成功是以一定的环境条件和假设作为前提条件的

4. 网络组织中的核心机构 ________。

A. 与组织的各工作单元一起完成组织的各项工作

B. 创造促成向心力的企业文化

C. 只选择与调整企业的战略方向

D. 设计各部分共享的组织基础

5. 网络化的层级组织应该是 ________。

A. 集权与分权的统一

B. 稳定与变化的统一

C. 政策与实践的统一

D. 一元性与多元性的统一

6. 工业社会中企业文化的功能与特点包括 ________。

A. 企业文化是作为企业经营的一种副产品而出现的

B. 企业文化作为一种主要手段发挥作用

C. 企业文化基本上反映了企业组织的记忆

D. 企业文化是多元的

五、是非判断题

1. 行为的可预测性是行为引导和整合的基本前提。

2. 资本的相对稀缺性、资本的货币形态的可转换性等特点决定了资本是工业社会的最为重要的生产要素。

3. 资本市场的发展、融资手段的不断完善以及与此同时企业生产过程的渐趋复杂使得资本正逐渐取代知识成为企业生产经营的第一要素。

4. 知识经济时代企业的组织设计不能不考虑知识不可能与其拥有者相分离的特点以及由此决定的劳动者与其最重要的生产要素重新结合的现象。

5. 信息技术的广泛运用加速了知识的生成与发展进程，从而引导着企业组织的创新，影响着企业组织的结构化或再结构化。

6. 知识经济下的企业通过规范作为类群的参与者在企业活动中权利关系的制度来引导和整合这些成员的行为。

7. 稀缺资源从资本转向知识，将导致知识参与者在企业权利关系中地位的提高。

8. 在迄今为止的工业社会，相对于其他要素来说，知识是最为重要也

是最为稀缺的。

9. 过程原动力的特点决定了资本的所有者在过程开始之初就拥有选择过程运行的方向、组织过程的推进、处理过程的结果的各种权力。

10. 工业社会是以操作知识的发展为基础的，工业社会的发展又不断促进着操作知识的进步。

11. 工业经济愈发展，分工劳动愈细致，劳动者的知识愈专门化，与协调不同劳动者的分工劳动有关的知识就愈加重要。

12. 分工劳动在工业社会的发展不仅加剧了普通劳动知识和技能的专门化与狭窄化，而且决定了协调分工劳动所需的专门知识的供应的相对稀缺性。这种相对稀缺性进一步加强了操作知识拥有者的相对地位。

13. 今天组织企业活动的协调知识是由企业经营管理人员所拥有的，管理人员的职能就是运用协调知识去组织和管理企业成员的分工劳动。

14. 管理人员通过其协调劳动不仅决定着自己所拥有的操作知识的运用效率，而且决定着作为其协调对象的企业生产者的知识利用效果。

15. 在工业社会蜕变而来的知识社会中，知识正变为最重要的资源，企业内部的权利关系正朝向知识拥有者的方向变化，企业的制度结构正从“资本的逻辑”转向我们所称的“知识逻辑”。

16. 权力派生于资本的供应，利益（经营成果的分配）由资本的拥有者所控制正逐渐成为后工业社会或知识社会的基本特征。

17. 网络组织的基本特征便是利用直线指挥与分层授权来规范成员间的关系，影响他们在企业活动中的行为表现。

18. 在利用制度结构规范参与者类群间权力与利益关系的同时，工业经济中的企业试图通过层级结构来规范作为单个成员的参与者在企业活动中的关系和行为。

19. 层级结构的工业企业实行细致的劳动分工，分工原则不仅体现在与产品制造过程相关的生产劳动中，而且体现在与生产过程协调有关的管理劳动中。

20. 标准统一表现为企业政策的一致性，制约管理人员行动及其行为的政策和规则是由企业最高权力机构统一制定、统一推行的。

21. 企业的“组织框架图”和“说明书”确定了每个成员应该扮演的角色，每个角色扮演者应该以理性而非感情的方式来完成其职责。组织所倚重的是个人间的非正式关系，而非角色间的正式关系。

22. 网络组织将企业视为一组为完成特定任务而组成的横向工序流，而不是纵向的由各个职能部门组成的层级结构。

23. 企业成员在网络组织中的角色不是固定的，而是动态变化的。

24. 网络组织在构成上是“严格的等级排列，而非各工作单位组成的联盟”。

25. 在层级组织中，你拥有的职位决定了你的权力。在分权的网络化的组织中，你的权力来源于你了解的知识和你认识的人。

26. 网络结构是适应型的、学习型的组织结构。

27. 未来的组织应该是“网络化的层级组织”：网络支持着组织活动的有序性，而层级则促进着组织的适应性。

28. 网络化的层级组织只有分权，没有集权。

29. 网络化的层级结构在组织整体保持相对稳定的同时，使各个工作单元能迅速调整：层级结构，从而组织框架以及决定这个框架的经营领域是相对稳定的，而框架中的各个工作单元的工作内容和方式则经常进行适应性调整。

30. 在知识经济社会中，企业文化的功能便是在企业制度和层级结构不能触及的地方发挥作用，即用来调节不同成员在企业活动中的非正式关系。

31. 工业社会中企业文化是作为企业经营的一种副产品而出现的。

32. 知识经济下企业文化基本上反映了企业组织的记忆。

33. 工业社会中企业文化是作为一种辅助手段而发挥作用的。

34. 知识经济下企业文化将成为知识经济条件下企业管理的重要的甚至是主要的手段。

35. 知识经济下企业文化强调主导价值观与行为准则，但是不允许异质价值观和行为准则的存在。

36. 网络化层级组织的文化多元化与各工作单元并行的特点以及企业需要满足的个性化消费需求的特点也是相一致的。

37. 知识经济下作为人们自觉行为结果的企业文化不仅是记忆型的，而且是学习型的，或者更准确地说，主要不是记忆型的，而是学习型的。

38. 工业社会下企业文化将是人们自觉创造的结果，而不是企业生产经营中的一种副产品。

39. 文化将成为保证和促进网络化层级结构条件下企业组织活动一体化的黏合剂。

40. 网络化层级组织是一元性与多元性的统一。

六、简答题

1. 知识经济表现出哪些基本特点？

2. 工业社会的企业制度结构特征及其原因是什么？

3. 为什么说网络化的层级组织应该是稳定与变化的统一？
4. 作为工业企业的主要组织形式，层级结构曾表现出哪些主要特征？
5. 网络结构有哪些主要特征？
6. 网络化的层级组织应该是哪几个相互对立的特点的统一？
7. 为什么说网络化的层级组织应该是集权和分权的统一？
8. 网络化的层级组织的一元性与多元性的统一体现在哪些方面？

七、问答题

1. 层级结构发挥作用并取得成功的环境条件和假设前提条件是什么？
2. 知识经济将给企业文化带来哪些方面的调整？

八、案例分析

案例一

森马集团的商业模式创新之路

近年来，线上经济一路凯歌高奏，电商业绩也一路飙升，国内的实体销售锐减，甚至出现大规模实体店铺关闭潮，整个服装行业出现萧条状况。

然而，作为全国休闲服饰龙头企业的森马集团却可以“逆势而行”，从2014年开始开大店、开多店成为森马的新常态，至2016年已拥有约8 000家店铺，2016年“双11”，线上超过1 000万的森马活跃用户促成其电商全品牌成交额超6.5亿元，相比上一年销售额同比增长约64%。

一、生态价值链使森马有机循环

在行业定位上，森马立足于高品质的“平价休闲服装”，通过定位聚焦产品本身，优化商品企划、生产、物流配送、销售等供应链各个各环节，吸引了曾为阿玛尼、杰尼亚等国际大牌代工的供应商。

在客户服务方面，森马系统集成了公司和客户的优质资源，并能有效推动购买力的实现。通过代理商优化和渠道优化，开启了文化建店模式。无论是森马的百万红包开店计划，还是三四线城市的店面推进，森马凭借博大的胸怀构建起强大的品牌感召力，实现了品牌的深耕细作与全国范围内的快速渗透。

二、互联网思维指导森马方向

互联网思维下的企业创新是一种系统的商业模式革新，在互联网思维的框架内找方法，实现企业运作环节的协调发展和同步创新，进而达到模式创新。

真正意义上的“互联网+”是移动通信网络+大数据收集、挖掘、分析、整合+智能感应能力形成的新的业务体系和新的商业模式。森马服饰涉足境外电商，打通境外销售渠道，在布局“互联网+”的同时，实现向“品牌商+跨境电商”延伸与转型。森马借助投资ISE，将旗下的大数据处理技术与在时尚品牌运营领域的成熟经验进行完美融合，同时还和全球品牌与设计师保持良好合作关系。公司未来将运用“互联网+”思维加速实现服饰多品牌、婴童产业、互联网三大板块协同发展的经营格局。

三、森马开启智慧零售新时代

消费主导型经济为森马的商业模式创新及优化升级提供了无穷的动力。森马凭借对消费主导型经济的深刻洞悉，凸显在购物服务、购物体验、购物附加值方面的优势，不断培养新的消费热点，引导潜在的消费需求，致力于为消费者提供便利消费、增值消费、服务消费的全新购物体验。

场景体验式商业能满足消费者高层次的情感诉求，新一代实体商业应朝场景体验式运营模式转型。消费者可以在森马体验店精心设计的愉悦环境里放松地聊天、约会、购物，在获得高品质服务的同时体验到一种不同的乐趣或心境，消费方式的改变最终将转化为实体店的超额投资回报。

森马凭借生态价值链的打造、互联网思维的引领，逐渐开启了智慧零售的新时代。新常态下森马的创新模式为引领温州实体经济早日走出困局，为服饰行业转型发展提供了无限的正能量。

资料来源：改编自肖胜、陈晓芳，《商业模式创新对企业绩效的影响——基于森马企业案例研究》，《科技经济导刊》，2017年第1期

思考题：

1. 森马集团的商业模式有何创新之处？
2. 集合森马集团的例子，谈谈新常态下中国企业如何“逆势而行”。

案例二

华星光电——以齿轮理论驱动组织创新

深圳市华星光电技术有限公司是2009年11月16日成立的高新科技企业，拥有亚洲最大单体电子厂房，全球效益最好的产线，全球单一产能最大的8.5代生产线。2015年华星光电在中国6大电视机品牌厂商采购份额中占23%，连续两年行业排名第一。

华星光电CEO薄连明表示，传统企业在组织方面的特点是科层制，难以适应外部环境的变化，这时互联网转型背景下的组织创新就成为企业获取竞争优势的必然选择。此外，新时代下员工的个人自主意识觉醒，使得组织必须改变传统的大棒加胡萝卜的激励政策，开创强调自主、专业和以目标为导向的新型组织和文化。

薄连明认为，公司各组织间不是完全的线性串联或并联的运作模式，而是像钟表的齿轮一样，是一个相互耦合的过程。于是，薄连明提出“齿轮理论”，并自2012年开始在华星推广实施，实践证

明按照齿轮理论推进的组织创新确实为华星战略的落地提供了有力的组织能力保障。

“齿轮理论”是自下而上发起、经公司授权、完成特定使命的跨部门组织。每个齿轮都是能动的、自转的、开放的，既带动别的齿轮，也被别的齿轮带动。小齿轮高速运转，驱动大齿轮加速前进，实现稳定的流程与组织之间的灵活互动、有机结合。

齿轮打破跨职能障碍，促进组织协同，将隐性合作关系显性化，提高自我解决问题的效率、专业和决断，培养领域专家，以团队方式支持员工释放潜能，培育新兴业务、技术和方向，鼓励内部“双创”文化。

齿轮是一个有生命力的责任体，包含三大基因：专精、当责和自驱。专精是存在基础，要求提高专业能力；当责是前进动力，要求提高职业素养；自驱是动力源泉，要求强烈的使命感。同时，齿轮基于信任、共同的目标和价值观，这也是齿轮的社交优势。

一、规划分阶段运作

组织创新变成员工乐意接受并自觉维护运行的模式，是需要一个过程的，这个过程包括启蒙、发动、强化到自运行的几个阶段。

二、搭建生态平台，构建齿轮生态

基于公司级七大齿轮，搭建生态平台，为企业长远发展提供续航能力。目前在华星内网有专门的“齿轮门户”，长期活跃的齿轮有500多个。

三、推动齿轮交流

内部分享方式包括微信、邮件和会议，外部交流包括齿轮生态平台、交流分享会和优秀案例分享等形式。

四、设计齿轮激励

激励金字塔模型从下至上分别是硬性激励、软性激励、成长激励和使命激励，而成长激励与使命激励都属于齿轮激励。

五、倡导“当责”文化

当责是当家作主的责任，也像大、中、小齿轮，相互耦合，互相带动，自驱驱人；当责是要完成自己承诺的事，并为最终成果负起完全责任，遇到意外，依旧要说明原因、提出解释、设法解决，让责任推拖到此为止。

资料来源：改编自薄连明，《华星光电 | 扎实齿轮理论，驱动组织创新！》，2016年3月26日

思考题：

1. 你对华星光电的“齿轮理论”创新有何看法？
2. 在实践“齿轮理论”后，华星光电做出了哪些调整？可能会出现什么问题？

习题答案

三、填空题

1. 知识
2. 有关操作的知识　　有关协调的知识
3. 操作知识
4. 协调
5. 知识逻辑
6. 资本　　资本拥有者（或资本家）
7. 直线指挥　　分层授权
8. 正式关系
9. 弹性　　向下分散
10. 学习　　知识创新
11. 行为导向　　行为激励　　行为协调
12. 知识　　知识拥有者（或知本家）

四、选择题

1. ABCD　2. ABD　3. ABCD　4. BCD　5. ABD　6. AC

五、是非判断题

1. 是　2. 是　3. 否　4. 是　5. 是　6. 否　7. 是　8. 否　9. 是　10. 是
11. 是　12. 否　13. 是　14. 否　15. 是　16. 否　17. 否　18. 是　19. 是
20. 是　21. 否　22. 是　23. 是　24. 否　25. 是　26. 是　27. 否　28. 否
29. 是　30. 否　31. 是　32. 否　33. 是　34. 是　35. 否　36. 是　37. 是
38. 否　39. 是　40. 是

六、简答题

1.（1）知识要素在企业生产经营活动中的相对重要性大大提高。

（2）生产者与最重要的生产要素的重新结合。

（3）由于信息技术的广泛运用，知识创新和传播的速度大大加快。

2. 在迄今为止的工业社会中，相对于其他要素来说，资本是最为重要也是最为稀缺的。工业生产过程主要是资本与劳动结合的过程。在这个过程中，资本的所有者通过提供一定数量的资本形成一定的生产能力，集中一定的物质条件，雇用一定数量的劳动者加工和组合利用这些资源以形成一定产品。由于资本（以货币形式表现和计量的资本）具有一般等价物，从而可以很方便地换回其他形式的生产要素的特点，所以启动这个过程的是一定数量的资本的投入。过程原动力的特点决定了资本的所有者在过程开始之时，就拥有选择过程运行的方向、组织过程的推进、处理过程的结果的各种权力。

3. 因为在知识经济条件下，面对逐渐成熟的消费者的不断变化的个性化需求，企业如不能及时作出适应性调整，则可能被市场淘汰，而变化过于频繁则可能引起组织的混乱，网络化的层级结构在组织整体保持相对稳定的同时，使各个工作单元能迅速调整层级结构，从而组织框架以及决定这个框架的经营领域是相对稳定的，而框架中的各个工作单元的工作内容和方式则经常进行适应性调整。

4.（1）直线指挥，分层授权。层级组织的基本特征便是利用直线指挥与分层授权来规范成员间的关系，影响他们在企业活动中的行为表现。

（2）分工细致，权责明确。分工劳动不仅严格规定了组织成员应该履行的职责，而且明确了相应职务的工作人员为履行职责而可以行使的权力。

（3）标准统一，关系正式。包括作业方法的标准化、企业政策的一致性。

5.（1）它在构成上是“由各工作单位组成的联盟，而非严格的等级排列”。

（2）企业成员在网络组织中的角色不是固定的，而是动态变化的。网络结构需要不断地调整。

（3）企业成员在网络结构中的权力地位不是取决于其职位（因为职位大多是平行的，而非纵向排列的），而是来自他们拥有的不同知识。

6.（1）集权与分权的统一。

（2）稳定与变化的统一。

（3）一元性与多元性的统一。

7. 因为知识经济条件下的企业固然需要保持分散、差异和分权，以具有主动和迅速反应的创造能力，但同时也需要严格的集中管理，以保持战略的统一、行动的迅速，以及相互依存的各工作单元间相互关系的协调。因此，网络化的层级组织应该是既集权又分权的：说它是集权的，是因为管理中枢在战略方向选择以及不同工作单元自主性劳动的范围与边界确定等问题上有着无法替代的作用；说它是分权的，是因为工作单元内的一线人员有权在企业战略参数的范围内自主地处理可能出现的紧急情况。

8. 主要表现在3个方面：层级组织既保存了统一指挥的管理中枢，又允许相互依存的各工作单元相当自主地运行；既通过统一的基本政策规范着整体企业的战略经营，同时又允许各工作单元的活动标准与原则有一定的差异；既确定了明确的组织宗旨和使命，倡导着主导的价值观念，又允许甚至鼓励异质价值观念和行为准则的存在。

七、问答题

1. 层级结构在企业中的广泛运用是以市场环境为背景的：消费者的诸多需求尚未得到充分满

足；这些需求基本是无差异的；消费需求以及影响企业经营的其他环境因素基本上稳定的，或虽有变化，但变化具有连续性的特征，从而基本上是可以预测的。诸多需求的未充分满足使得任何产品都存在极大的市场，因此企业可以组织大规模生产；消费需求的无差异性使得企业可以组织标准化生产；而需求与市场的相对稳定或后者变化的可预测性则使得企业内部生产及其管理的改善主要依赖于经验的累积和总结。经验的累积和总结过程主要是组织记忆的形成，在这种条件下，企业活动的组织调整均主要是企业管理中枢的职责。在这样的背景下经营，不仅生产操作工人主要以过去经验为基础形成的标准方法作业，而且管理中枢也主要利用组织形成过程中不断累积和总结的经验，即有关过去的知识，组织生产过程中工人的标准化作业及其调整。

2.（1）企业文化将成为知识经济条件下企业管理的重要的甚至是主要的手段。

（2）企业文化将是人们自觉创造的结果，而不是企业生产经营中的一种副产品。

（3）作为人们自觉行为结果的企业文化不仅是记忆型的，而且是学习型的，或者更准确地说，主要不是记忆型的，而是学习型的。

（4）企业文化将在强调主导价值观与行为准则的同时，允许异质价值观和行为准则的存在，学习型的企业文化必然也是多元的。

八、案例分析

案例一分析参考：

1. 生态价值链使森马有机循环，森马立足于高品质的“平价休闲服装”，通过定位聚焦产品本身，优化商品企划、生产、物流配送、销售等供应链各个各环节，吸引了曾为阿玛尼、杰尼亚等国际大牌代工的供应商。在互联网思维的框架内找方法，森马实现企业运作环节的协调发展和同步创新、“品牌商 + 跨境电商”延伸与转型，并实现多板块的协同发展。森马通过场景体验式商业，建立森马体验店，为顾客带来极致的购物体验。

2. 在新常态下，森马凭借生态价值链的打造、互联网思维的引领，逐渐开启了智慧零售的新时代，成功地逆势而行。中国企业可以学习森马的生态价值链、互联网思维和场景体验等创新，结合自身企业的特点和市场环境的变化，及时做出调整，更好地适应新常态。

案例二分析参考：

1. “齿轮理论”是自下而上发起、经公司授权、完成特定使命的跨部门组织。每个齿轮都是能动的、自转的、开放的，既带动别的齿轮，也被别的齿轮带动。小齿轮高速运转，驱动大齿轮加速前进，实现稳定的流程与组织之间的灵活互动、有机结合。因此，华星光电的“齿轮理论”是组织层面上的创新，包括组织结构、组织制度、组织文化、组织沟通等方面，是一种全面、综合的创新。

2. 在实践“齿轮理论”后，华星光电做出了以下的调整：规划分阶段运作；搭建生态平台，构建齿轮生态；推动齿轮交流；设计齿轮激励；倡导“当责”文化。在这些调整中，可能会出现员工因为触及自己的利益而对“齿轮理论”有抵触的行为，也可能会让一部分员工因为自己的能力有限，而选择反对“齿轮理论”的推行。

附　录

一、“管理学”读书总提示

中文书目：

1. [德]E. 海能,《企业文化——理论和实践的展望》，知识出版社，1990 年。

2. [德]马克斯·韦伯,《新教伦理与资本主义精神》，四川人民出版社，1986 年，或生活·读书·新知三联书店，1987 年，或陕西师范大学出版社，2002 年，等。

3. [法]H. 法约尔,《工业管理与一般管理》，中国社会科学出版社，1998 年。

4. [美]A. 肯尼迪、T. 迪尔,《西方企业文化》，中国对外翻译出版公司，1989 年。

5. [美]C. 巴纳德,《经理人员的职能》，中国社会科学出版社，1997 年。

6. [美]D.A. 雷恩,《管理思想的演变》，中国社会科学出版社，1997 年。

7. [美]D. 尼夫,《知识经济》，珠海出版社，1998 年。

8. [美]E. 戴尔,《伟大的组织者》，中国社会科学出版社，1991 年。

9. [美]E. 梅奥,《工业文明的人类问题》，中国社会科学出版社，1994 年。

10. [美]F. 赫塞尔本等,《未来的组织》，四川人民出版社，1998 年。

11. [美]F. 泰罗,《科学管理原理》，中国社会科学出版社，1994 年。

12. [美]H.A. 西蒙,《管理行为》，北京经济学院出版社，1988 年。

13. [美]H. 孔茨、H. 韦里克,《管理学》(第九版)，经济科学出版社，1993 年。

14. [美]J.P. 科特,《权力与影响》，华夏出版社，1997 年。

15. [美]J.P. 科特,《现代企业的领导艺术》，华夏出版社，1997 年。

16. [美]J.P. 科特、J.L. 赫斯克特,《企业文化与经营业绩》，华夏出版社，1997 年。

17. [美]J.P. 科特,《变革的力量》，华夏出版社，1997 年。

18. [美]J.P. 科特,《总经理》，华夏出版社，1997 年。

19. [美]J. 马奇、H. 西蒙,《组织》，中国社会科学出版社，1994 年。

20. [美]L. 米勒,《美国精神》，工人出版社，1988 年。

21. [美]M.E. 波特,《竞争优势》，华夏出版社，1997 年。

22. [美]M.E. 波特,《竞争战略》，华夏出版社，1997 年。

23. [美]M. 哈默，J. 钱皮,《改革公司：企业革命的宣言书》，上海译文出版社，1998。

24. [美]P.F. 德鲁克,《革新与企业家精神：实践与原理》，上海翻译出版公司，1988 年。

25. [美]P.F. 德鲁克,《工业人的未来》，上海人民出版社，2002 年。

26. [美]P.F. 德鲁克,《公司的概念》，上海人民出版社，2002 年。

27. [美]P.F. 德鲁克,《管理：任务、责任和实践》，中国社会科学出版社，1994 年。

28. [美]P.F. 德鲁克,《管理实践》，工人出版社，1989 年。

29. [美]P.F. 德鲁克,《新社会：对工业秩序的剖析》，上海人民出版社，2002 年。

30. [美]P.F. 德鲁克,《有效的管理者》，工人出版社，1989 年。

31. [美]P.F. 德鲁克,《卓有成效的管理者》，机械工业出版社，2005 年。

32. [美]P. 麦耶斯,《知识管理与组织设计》，珠海出版社，1998 年。

33. [美]R. 布莱克、J. 穆顿,《领导难题・方格解法》，中国社会科学出版社，1999 年。

34. [美]R. 帕斯卡尔、A. 阿索斯,《日本的管理艺术》，科学技术文献出版社，1987 年。

35. [美]S. 戴维斯,《企业文化的评估与管理》，广东高等教育出版社，1991 年。

36. [美]S. 戈德曼、R. 内格尔、K. 普瑞斯,《灵捷竞争者与虚拟组织》，辽宁教育出版社，1998 年。

37. [美]S. 罗宾斯,《管理学》(第四版)，中国人民大学出版社，1997 年。

38. [美]T. 彼得斯、R. 沃特曼,《追求卓越——美国杰出企业家成功的秘诀》，中国展望出版社，1984 年。

39. [美]T. 彼得斯、W. 奥斯汀,《志在成功》，中国对外翻译出版公司，1987 年。

40. [美]W.H. 纽曼、小 C.E. 萨默,《管理过程——概念、行为和实践》，中国社会科学出版社，1995 年。

41. [美]艾・里斯、杰克・特劳特,《定位：有史以来对美国营销影响最大的观念》，机械工业出版社，2010 年。

42. [美]彼得・圣吉,《第五项修炼》，上海三联书店，1998 年。

43. [美]查尔斯・M. 萨维奇,《第 5 代管理》，珠海出版社，1998 年。

44. [美]大卫・尤费,《柔道战略》，机械工业出版社，2003 年。

45. [美]吉姆・柯林斯等,《从优秀到卓越》，中信出版社，2002 年。

46. [美]詹姆斯・柯林斯、杰里・波勒斯,《基业长青》，中信出版社，2002 年。

47. [美]加里・哈梅尔、C.K. 普拉哈拉德,《竞争大未来》，昆仑出版社，1998 年。

48. [美]凯文・凯利,《失控：全人类的最终命运和结局》，新星出版社，2011 年。

49. [美]克莱顿・克里斯坦森,《创新者的窘境：大公司面对突破性技术时引发的失败》，中信出版社，2010 年。

50. [美]劳伦斯・S. 克雷曼,《人力资源管理——获取竞争优势的工具》，机械工业出版社，2003 年。

51. [美]理查德・斯科特,《组织理论：理性、自然与开放系统的视角》，中国人民大学出版社，2011 年。

52. [美]纳西姆・塔勒布,《反脆弱：从不确定中受益》，中信出版社，2014 年。

53. [美]斯图尔特・克雷纳,《管理百年》，海南出版社，2003 年。

54. [美]威廉・大内,《Z 理论——美国企业界怎样迎接日本的挑战》，中国社会科学出版社，1984 年。

55. [美]约瑟夫・派恩,《大规模定制：企业竞争的新前沿》，中国人民大学出版社，

2000 年。

56. [美] 詹姆斯 • P. 沃麦克、丹尼尔 • T. 琼斯、丹尼尔 • 鲁斯,《改变世界的机器》,商务印书馆, 1999 年。

57. [日] 宫坂纯一,《经营管理论》, 企业管理出版社, 1996 年。

58. [日] 野中郁次郎、竹内弘高,《创造知识的公司》, 知识产权出版社, 2006 年。

59. OECD(经济合作与发展组织),《以知识为基础的经济》, 机械工业出版社, 1997 年。

60. 曹德旺,《心若菩提》, 人民出版社, 2014 年。

61. 陈传明,《管理发展新趋势》,《南京大学学报》1995 年第 2 期。

62. 陈威如、余卓轩,《平台战略》, 中信出版社, 2013 年。

63. 马洪, "'国外经济管理名著丛书' 前言", 载 "国外经济管理名著丛书" 每一册, 中国社会科学出版社。

64. 中国企协古代管理思想研究会,《传统文化与现代管理》, 企业管理出版社, 1994 年。

65. 朱江洪,《朱江洪自传: 我执掌格力的 24 年》, 企业管理出版社, 2017 年。

66. 朱镕基, "管理科学, 兴国之道",《光明日报》1996 年 9 月 18 日。

67. 朱镕基,《管理现代化》, 企业管理出版社, 1985 年。

英文书目:

1. *Andrews, K.R. (1971) *The Concept of Corporate Strategy*. Homewood, IL: Dow Jones-Irwin.

2. Aldrich, Howard (1979) *Organizations and Enviornments*. Englewood Cliffs, NJ: Prentice Hall.

3. Ansoff, H.I. (1988) *Corporate Strategy*. New York: McGraw-Hill.

4. Argyris, C. & Schon, D.A. (1978) *Organizational Learning*. Reading, MA: Addison-Wesley.

5. *Barnard, C.I. (1938) *The Functions of the Executive*. Cambridge, MA: Harvard University.

6. Bain, J.S. (1956) *Barriers to New Competition*. Cambridge, MA: Harvard University Press.

7. Berle, A.A. & Means, G.C. (1933) *The Modern Corporation and Private Property*. New York: Macmillan.

8. *Burns, T. & Stalker, E. (1961) *The Management of Innovation*. London: Tavistock.

9. Buzzell, R.D. & Gale, B.T. (1987) *The PIMS Principles*. New York: The Free Press.

10. Caves, R. (1977) *American industry: Structure, Conduct, Performance*. Englewood Cliffs, NJ: Prentice Hall.

11. [*]Chandler, A.D. (1962) *Strategy and Structure*. Cambridge, MA: MIT Press.

12. Cyert, R.R. and March, J.G. (1963) *A Behavioral Theory of the Firm*. Englewood Cliffs, N.J.: Pentice Hall.

13. Fayol, Henri (1930) *General and Industrial Management*. Geneva: International Management Instittute.

14. Fredrickson, James W. (1990) *Perspectives on Strategic Management*. New York: Harper Business.

15. Hamel, G. & Prahalad, C.K. (1994) *Competing for the Future*. Boston: Harvard University Press.

16. Hannan, J.T. & Freeman, J. (1989) *Organizational Ecology*. Cambridge MA: Harvard University Press.

17. Kaufman, Herbert (1960) *The Forest Ranger: A Study in Administrative Behavior*. Baltimore: Johns Hopkins Press.

18. Knight, F. (1921) *Risk, Uncertainty, and Profit*. New York: Houghton Miffflin.

19. Lawrence, P.R. & Lorsch, J.W. (1969) *Organization and Environment*. Homewood, IL: Irwin.

20. March, J.G. & Simon, H.A. (1958) *Organizations*. New York: John Wiley.

21. McGregor, Douglas (1960) *The Human Side of Enterprise*. New York: McGraw Hill.

22. [*]Miles, R.E. & Snow, J.G. (1978) *Organization Strategy, Structure, and Process*. New York: McGraw-Hill.

23. Mintzberg, H. (1973) *The Nature of Managerial Work*. New York: Harper & Row.

24. Mintzberg, H. (1979) *The Structuring of Organizations*. Englewood Cliffs, NJ: Prentice Hall.

25. Mintzberg, H. (1994) *The Rise and Fall of Strategic Planning*. New York: The Free Press.

26. Nelson, R.P. & Winter, S.G. (1982) *An Evolutiuonary Theory of Economic Change*. Cambridge, MA: Harvard University Press.

27. [*]Penrose, E.T. (1959) *The Growth of the Firm*. New York: Wiley and Sons.

28. Pettigrew, Andrew (1973) *The Politics of Organizational Decision Making*. London: Tavistock.

29. Pfeffer J. & Salancik, G.R. (1978) *The External Control of Organizations: A Resource Dependence Perspective*. New York: Harper & Row.

30. [*]Porter, M.E. (1980) *Competitive Strategy*. New York: The Free Press.

31. [*]Porter, M.E. (1985) *Competitive Advantage*. New York: The Free Press.

32. Quinn, James B. (1980) *Strategies for Change - Logical Incrementalism*. Homewood,

IL: Irwin.

33. Rumelt, R.P. (1974) *Strategy, Structure and Economic Performance*. Cambridge, MA: Harvard University Press.

34. Rumelt, R.P., Schendel, D.E. & Teece, D.J. (1994) *Fundamental Issues in Strategy*. Boston: Harvard Business School Press.

35. *Schumpeter, J.A. (1934) *The Theory of Economic Development*. Cambridge, MA: Harvard Press.

36. Selznick, P. (1959) *Leadership in Administration: A Sociological Perspective*. New York: Harper & Row.

37. Simon, H.A. (1945) *Administrative Behavior*. New York: The Free Press.

38. Steiner, G.A. (1979) *Strategic Planning: What Every Manager Must Know*. New York: The Free Press.

39. Stopford, J. & Wells, L.T. (1972) *Managing the Multi-National Enterprise*. New York: Basic Books.

40. Taylor, F.W. (1947) *Scientific Management*. New York: Harper.

41. Thompson, J.D. (1967) *Organizations in Action*. New York: McGraw Hill.

42. Woodward, J. (1965) *Industrial Organization: Theory and Practice*. New York: Oxford University Press.

43. Weber, M. (1964) *The Theory of Social and Economic Organizations*. New York: The Free Press.

44. Weick, K. (1969) *The Social Psychology of Organizations*. Reading, MA: Addison-Wesley.

45. *Williamson, O. (1975) *Markets and Hierarchies*. New York: The Free Press.

二、世界最优秀的管理学学术期刊

根据*Academy of Management Journal* 1992年12月号和*Strategic Management Journal* 1999年2月号上各一篇评价性论文，世界最好的前20本管理学学术期刊是：

Academy of Management Journal, December 1992, Vol.35, P.934	*Strategic Management Journal*, 1999, Vol.20, P.289
1. *Administrative Science Quarterly*	1. *Journal of Applied Psychology*
2. *Academy of Management Journal*	2. *Academy of Management Journal*
3. *Journal of Applied Psychology*	3. *Administrative Science Quarterly*
4. *Organizational Behavior and Human Decision Process*	4. *Organizational Behavior and Human Decision Process*
5. *Strategic Management Journal*	5. *Strategic Management Journal*
6. *Academy of Management Review*	6. *Academy of Management Review*
7. *Personal Psychology*	7. *Personal Psychology*
8. *Industrial and Labor Relations Review*	8. *Harvard Business Review*
9. *Industrial Relations*	9. *Human Relations*
10. *Journal of Management*	10. *Industrial and Labor Relations Review*
11. *Decision Science*	11. *Journal of International Business Studies*
12. *Journal of Occupational Psychology*	12. *Management Science*
13. *Journal of Applied Behavioral Science*	13. *Research in Organizational Behavior*
14. *Journal of Management Studies*	14. *Journal of Management*
15. *Management Science*	15. *California Management Review*
16. *Human Relations*	16. *Journal of Vocational Behavior*
17. *Journal of International Business Studies*	17. *Long Range Planning*
18. *Harvard Business Review*	18. *Journal of Management Studies*
19. *Journal of Vocational Behavior*	19. *Organization Science*
20. *Journal of Organizational Behavior*	20. *Industrial Relations*

UTD 24种期刊（UTD：德克萨斯大学达拉斯分校）

https://jindal.utdallas.edu/the-utd-top-100-business-school-research-rankings/list-of-journals

1. *The Accounting Review*
2. *Journal of Accounting and Economics*
3. *Journal of Accounting Research*
4. *Journal of Finance*
5. *Journal of Financial Economics*
6. *The Review of Financial Studies*
7. *Information Systems Research*
8. *Journal on Computing*
9. *MIS Quarterly*
10. *Journal of Consumer Research*

（续表）

11. *Journal of Marketing*
12. *Journal of Marketing Research*
13. *Marketing Science*
14. *Management Science*
15. *Operations Research*
16. *Journal of Operations Management*
17. *Manufacturing and Service Operations Management*
18. *Production and Operations Management*
19. *Academy of Management Journal*
20. *Academy of Management Review*
21. *Administrative Science Quarterly*
22. *Organization Science*
23. *Journal of International Business Studies*
24. *Strategic Management Journal*

世界最优秀的管理学学术期刊的网址

期刊名称	网址
Academy of Management Journal	http://aom.org/amj/
Academy of Management Review	https://journals.aom.org/journal/amr
Administrative Science Quarterly	https://www.johnson.cornell.edu/Administrative-Science-Quarterly
California Management Review	http://cmr.berkeley.edu/
Decision Sciences	https://onlinelibrary.wiley.com/journal/15405915
Harvard Business Review	https://hbr.org/magazine
Human Relations	https://journals.sagepub.com/home/hum
Industrial and Labor Relations Review	https://journals.sagepub.com/home/ilr
Industrial Relations	https://onlinelibrary.wiley.com/journal/1468232x
Information Systems Research	https://www.informs.org/Publications/INFORMS-Journals/Information-Systems-Research
Journal of Accounting and Economics	https://www.journals.elsevier.com/journal-of-accounting-and-economics

（续表）

期刊名称	网址
Journal of Accounting Research	https://onlinelibrary.wiley.com/journal/1475679x
Journal of Applied Behavioral Science	https://journals.sagepub.com/home/jab
Journal of Applied Psychology	https://www.apa.org/pubs/journals/apl/index.aspx
Journal of Consumer Research	https://academic.oup.com/jcr
Journal of Finance	https://onlinelibrary.wiley.com/journal/15406261
Journal of Financial Economics	https://www.journals.elsevier.com/journal-of-financial-economics/
Journal of International Business Studies	http://www.jibs.net/
Journal of Management Studies	https://onlinelibrary.wiley.com/journal/14676486
Journal of Management	https://journals.sagepub.com/home/jom
Journal of Marketing	https://www.ama.org/publications/JournalOfMarketing/Pages/Current-Issue.aspx
Journal of Marketing Research	https://www.ama.org/publications/journalofmarketingresearch/pages/about.aspx
Journal of Occupational and Organizational Psychology	https://onlinelibrary.wiley.com/journal/20448325
Journal of Operations Management	https://www.journals.elsevier.com/journal-of-operations-management
Journal of Organizational Behavior	https://onlinelibrary.wiley.com/journal/10991379
Journal of Vocational Behavior	https://www.journals.elsevier.com/journal-of-vocational-behavior
Journal on Computing	https://pubsonline.informs.org/journal/ijoc
Long Range Planning	https://www.journals.elsevier.com/long-range-planning/
Management Science	https://www.informs.org/Publications/INFORMS-Journals/Management-Science
Manufacturing and Service Operations Management	https://www.informs.org/Publications/INFORMS-Journals/Manufacturing-Service-Operations-Management-M-SOM
Marketing Science	https://www.informs.org/Publications/INFORMS-Journals/Marketing-Science
MIS Quarterly	https://misq.org/
Operations Research	https://pubsonline.informs.org/journal/opre
Organization Science	https://pubsonline.informs.org/journal/orsc

（续表）

期刊名称	网址
Organizational Behavior and Human Decision Process	https://www.journals.elsevier.com/organizational-behavior-and-human-decision-processes
Personnel Psychology	https://onlinelibrary.wiley.com/journal/17446570
Production and Operations Management	https://onlinelibrary.wiley.com/journal/19375956
Research in Organizational Behavior	https://www.journals.elsevier.com/research-in-organizational-behavior/
Strategic Management Journal	https://onlinelibrary.wiley.com/journal/10970266
The Accounting Review	http://aaahq.org/the-accounting-review
The Review of Financial Studies	https://academic.oup.com/rfs

三、商业与经济学（Business and Economics）学科全球排名

英国泰晤士高等教育 2023 年全球大学排行榜 https://www.timeshighereducation.com/world-university-rankings/2023/subject- ranking/business-and-economics#!/page/0/length/100/sort_by/rank/sort_order/asc/cols/scores

排名	学校，国家	总分	引用	行业收入	国际视野	研究	教学
1	Massachusetts Institute of Technology, United States	90.5	91.1	92.1	77.6	92.3	91.9
2	Stanford University, United States	89.7	93.7	66.1	71.3	89.5	93.8
3	University of Oxford, United Kingdom	88.4	78.4	78.6	90.8	96.2	88.4
4	Harvard University, United States	87.7	93.8	36.4	58.3	90.9	92.2
5	The University of Chicago, United States	87.1	98	34.7	63.5	85.9	90.6
6	University of Cambridge, United Kingdom	86.6	81	42.4	93.9	91.4	87.4
7	University of California, Berkeley, United States	86.3	93.4	50.5	62.7	88.5	88.2
8	Tsinghua University, China	85.3	76.3	100	51	94.5	91.7
9	Yale University, United States	84.8	86.8	34.4	70.3	85.9	90.4
10	London School of Economics and Political Science, United Kingdom	83.6	74.6	35.2	94	90.8	84.1
=11	Columbia University, United States	82.6	72.4	48	76.5	88	89.8
=11	National University of Singapore, Singapore	82.6	71.8	65.1	78.2	95.1	80.7
13	University of Pennsylvania, United States	82.3	84	39.2	57.3	85.2	88.6
14	Northwestern University, United States	81.9	86.5	37.6	62.6	84.6	84.4

（续表）

排名	学校，国家	总分	引用	行业收入	国际视野	研究	教学
15	Peking University, China	81	58.1	100	80.2	86	93.1
16	ETH Zurich, Switzerland	80.5	82.5	90.9	97.8	80.8	72.9
17	Duke University, United States	80.1	75.7	99.1	68.7	83.4	82
18	New York University, United States	79.7	72.7	36.2	76.9	86.2	82.9
19	University of California, Los Angeles, United States	78.9	86.5	35.4	56.8	83	78.3
20	University of Michigan-Ann Arbor, United States	78.2	82.9	42.7	53.8	84.3	77.9
21	Cornell University, United States	78.1	80.6	34.4	58.8	81	82.4
22	Erasmus University Rotterdam, Netherlands	73.9	71.9	42.6	84.2	85.3	62.9
23	UCL, United Kingdom	72.8	65.4	34.4	91.8	81.3	67.3
24	University of Warwick, United Kingdom	72.1	83	35.9	93.2	62	70.7
=25	Copenhagen Business School, Denmark	70.7	88.6	52.8	78.9	67	59.2
=25	University of Toronto, Canada	70.7	71.9	34.8	88.9	72.9	64.9
27	Hong Kong Polytechnic University, China	69.9	85.6	49	93.9	68.3	53.4
28	Carnegie Mellon University, United States	69	79.9	34.4	77.1	68.9	60.7
29	The Hong Kong University of Science and Technology, China	68.8	68.9	96.5	85.9	76.7	53
30	Shanghai Jiao Tong University, China	68.3	67.4	100	56.3	68.6	69.5
=31	University of California, San Diego, United States	67.7	85.1	99.3	60.8	62.2	58.7
=31	The University of Tokyo, Japan	67.7	34.5	86.4	31.3	88	82.3
33	Technical University of Munich, Germany	67.5	70.2	100	65.3	71.7	59
34	University of Hong Kong, China	67.4	69.9	38.9	99.4	66.6	59.4
35	University of Melbourne, Australia	66.2	65.1	76.9	94.2	65.4	58.8
36	University of Manchester, United Kingdom	65.9	73.8	36	92.1	62.3	58.2
37	Zhejiang University, China	65	66.9	100	70.1	58.1	66.4
38	University of British Columbia, Canada	64.4	73.9	37.1	91.9	61	54.6
39	Monash University, Australia	62.9	66.6	39.9	89.5	57.3	60
40	University of Minnesota, United States	62.8	71.1	48.6	36.4	68.6	58.8
41	University of Mannheim, Germany	62.7	49.5	97.8	50.6	73.3	62.9

（续表）

排名	学校，国家	总分	引用	行业收入	国际视野	研究	教学
=42	University of Southern California, United States	61.7	91.5	41	51.4	54	50.3
=42	University of Zurich, Switzerland	61.7	73.9	74.1	87.7	55.6	49.7
44	Yonsei University (Seoul campus), Republic of Korea	61.6	63.3	52.2	57.5	60.9	63
45	Nanyang Technological University, Singapore	61.4	66.7	86.2	80.9	61.7	49
46	Michigan State University, United States	61.1	74.2	34.4	53.5	60.4	55.5
=47	LMU Munich, Germany	61	48.3	79.2	61.7	72.5	57.3
=47	Tilburg University, Netherlands	61	61.1	91.1	76.3	66.4	48.5
49	Dartmouth College, United States	60.9	99.1	34.4	28.9	40.2	63.4
50	University of Washington, United States	60.6	79	34.4	59.9	60.2	48.4
51	The University of Queensland, Australia	60.1	77.8	43.1	89.9	59	39.7
52	City University of Hong Kong, China	60	63.2	55.3	99.6	54.9	51.6
53	University of St Gallen, Switzerland	59.5	85.2	59.4	91	35	55.3
54	Boston University, United States	59.1	94.3	34.5	67.5	43.8	46.4
55	Australian National University, Australia	58.8	54.7	49.5	91.9	61.5	50.4
56	King’s College London, United Kingdom	58.7	62	34.4	91.8	55.7	51.4
57	University of Texas at Austin, United States	58.5	63.9	48.6	30.5	61.6	59.8
58	University of Edinburgh, United Kingdom	58.4	60.7	40.1	92.5	51.1	55.8
59	Fudan University, China	58.3	69.4	39	63.8	47.6	60.7
60	Chinese University of Hong Kong, China	58.2	55	41.2	88.3	60.5	50.9
61	Arizona State University (Tempe), United States	58	84.8	34.9	53.2	52.1	45.7
62	KU Leuven, Belgium	57.8	68.8	94	62.7	57.4	45
=63	King Abdulaziz University, Saudi Arabia	57.6	90.8	82.7	81.9	35.9	44.6
=63	University of North Carolina at Chapel Hill, United States	57.6	81.4	35	33.6	53.8	51
65	Seoul National University, Republic of Korea	57.3	39.1	100	33.9	65.6	66.5
66	Indiana University, United States	56.9	87.7	54.6	42.8	48.3	45.4
=67	University of Nottingham, United Kingdom	56.5	72.6	34.7	93.5	46.8	44.5
=67	University of Surrey, United Kingdom	56.5	97.2	34.8	94.5	35.7	36.1

（续表）

排名	学校，国家	总分	引用	行业收入	国际视野	研究	教学
69	Lancaster University, United Kingdom	56.1	77.7	35.2	94.9	40.2	45.8
70	Johns Hopkins University, United States	56	57.1	35.7	79.2	54.3	51.9
71	University of Bonn, Germany	55.8	50.8	58.2	70.8	64	46.6
72	UNSW Sydney, Australia	55.7	61.8	50.3	91.1	49.7	47.2
=73	University of Groningen, Netherlands	55.4	73.2	49	67.9	54.6	38.8
=73	McGill University, Canada	55.4	66.9	41.7	88.7	48.2	45
75	Georgia Institute of Technology, United States	54.9	69.8	34.8	51.8	51	49.6
76	University of California, Davis, United States	54.8	79.1	40	69.1	49.3	38
=77	University of Montreal, Canada	54.6	64.7	69.3	83	47.6	44.2
=77	University of Wisconsin-Madison, United States	54.6	52.7	37.4	41.4	63.9	51.7
79	University of Maryland, College Park, United States	54.5	81.6	35.5	39.4	53.6	39.6
80	Maastricht University, Netherlands	54.3	59.3	85.2	96.8	47.1	43.1
81	Nanjing University, China	53.8	75.4	96.8	62.1	36.7	48.6
82	University of Florida, United States	53.7	67.2	34.8	34.6	58.1	45.3
83	University of Amsterdam, Netherlands	53.5	66.9	36.9	87.6	48.1	39.6
84	Taiwan University, China	53.3	48.4	95.2	42.4	60.3	49.8
85	Pompeu Fabra University, Spain	53.2	70	49.6	66	49.7	39.8
=86	Aalto University, Finland	53.1	71.1	48.6	58.9	51.5	38.9
=86	Lund University, Sweden	53.1	82.6	75.8	59.1	45.2	34.1
88	The University of Sydney, Australia	53	65.5	44.8	87.4	48.1	38.8
89	Texas A&M University, United States	52.9	71.9	37.7	40.2	58.1	37
90	University of Illinois at Urbana-Champaign, United States	52.7	64.5	43.5	49.7	47.4	50.5
91	Vrije Universiteit Amsterdam, Netherlands	52.3	70	37.3	72.4	49.7	36.1
92	Sichuan University, China	52.2	66.9	100	47.1	47	43.3
93	Purdue University West Lafayette, United States	52	61	60.2	63.4	44.5	48.5
94	Kyoto University, Japan	51.9	34.3	98.5	42.7	60.4	56.1
95	University of Sheffield, United Kingdom	51.8	87.9	34.7	87.6	30.7	35.8

（续表）

排名	学校，国家	总分	引用	行业收入	国际视野	研究	教学
96	University of Navarra, Spain	51.6	64.7	35.1	89.3	30.6	53.3
97	University of Leeds, United Kingdom	51.5	75.4	35.1	92	39.4	34.6
98	Politecnico di Milano, Italy	51.4	86	100	35	42.8	33.4
99	University of Virginia (Main campus), United States	51.2	80.1	34.4	44.6	30.7	52.8
=100	Federal University of Toulouse Midi-Pyrénées, France	51	51.7	43.4	72.7	53.1	42.4

四、商学院 MBA 教育全球排名

英国《金融时报》(*Financial Times*)，https://www.ft.com/business-education

2023	2022	3 年平均	学院	国家
1	2		Columbia Business School	United States
2	3	2	Insead	France/Singapore
3	10	6	Iese Business School	Spain
4	3		Harvard Business School	United States
4	6		Stanford Graduate School of Business	United States
6	13	10	SDA Bocconi School of Management	Italy
7	14		University of California at Berkeley: Haas	United States
8	17	13	Cornell University: Johnson	United States
9	5	7	Northwestern University: Kellogg	United States
10	9	8	Yale School of Management	United States
11	7	7	University of Chicago: Booth	United States
11	19	13	Duke University: Fuqua	United States
11	11		MIT: Sloan	United States
14	26		UCLA Anderson School of Management	United States
15	18	14	Dartmouth College: Tuck	United States
16	8	9	London Business School	United Kingdom
17	11	12	HEC Paris	France
17	20	16	University of Virginia: Darden	United States

（续表）

2023	2022	3年平均	学院	国家
19	14	15	New York University: Stern	United States
20	16	14	Ceibs	China
21	25	23	University of Southern California: Marshall	United States
22	40	34	IE Business School	Spain
23	22	20	University of Cambridge: Judge	United Kingdom
23			Shanghai University of Finance and Economics	China
25	21	20	National University of Singapore Business School	Singapore
26	24	24	University of Michigan: Ross	United States
27	52		ESCP Business School	France/Italy/Spain/United Kingdom/Germany
28	31	25	University of Oxford: Saïd	United Kingdom
29	47	36	Rice University: Jones	United States
30	34	28	Esade Business School	Spain
31	29	28	Washington University: Olin	United States
32	27	25	Georgetown University: McDonough	United States
32	28	26	International Institute for Management Development (IMD)	Switzerland
32	30	30	University of Washington: Michael G Foster	United States
35	38	33	University of North Carolina: Kenan-Flagler	United States
36	45	44	Emory University: Goizueta	United States
37	34	38	Imperial College Business School	United Kingdom
38	39	38	Nanyang Business School, NTU Singapore	Singapore
39	32	31	Indian School of Business	India
40	43	41	University of Florida: Warrington	United States
41	59	43	HKU Business School	China
42	36	33	HKUST Business School	China
43			Michigan State University: Broad	United States
44	41	39	Vanderbilt University: Owen	United States
45	48	51	University of Rochester: Simon	United States
46	43	40	Alliance Manchester Business School	United Kingdom

（续表）

2023	2022	3年平均	学院	国家
47	73	65	Edhec Business School	France
48	32	37	Fudan University School of Management	China
49	23	33	Carnegie Mellon: Tepper	United States
50	46	45	University of Texas at Austin: McCombs	United States
51	62	54	Indian Institute of Management Ahmedabad	India
52	53	47	Indian Institute of Management Bangalore	India
53	75	62	Arizona State University: WP Carey	United States
54	49	48	University of California at Irvine: Merage	United States
55	57	48	Warwick Business School	United Kingdom
56	72	62	Mannheim Business School	Germany
57	85	65	University of Maryland: Smith	United States
58	69	65	George Washington University	United States
59	76	66	University of St Gallen	Switzerland
59	81	71	University of Texas at Dallas: Jindal	United States
61	51	57	Singapore Management University: Lee Kong Chian	Singapore
61	80	76	University of Georgia: Terry	United States
63	86	71	Rotterdam School of Management, Erasmus University	Netherlands
64	50	54	CUHK Business School	China
64	55	60	Georgia Tech Scheller College of Business	United States
66	69	65	City, University of London: Bayes (formerly Cass)	United Kingdom
67	79	74	University of Toronto: Rotman	Canada
68	74	65	WHU – Otto Beisheim School of Management	Germany
69			University of Massachusetts Amherst: Isenberg	United States
70	64	72	Essec Business School	France/Singapore
71	54	65	University of Notre Dame: Mendoza	United States
71	99	90	Queen’s University: Smith	Canada
73	76	68	Boston College: Carroll	United States
74	96	85	Texas A & M University: Mays	United States

（续表）

2023	2022	3年平均	学院	国家
75	63	63	Boston University Questrom School of Business	United States
76	68	63	Indian Institute of Management Calcutta	India
76	89	85	EMLyon Business School	France
78	82	79	University of Pittsburgh: Katz	United States
78	95	82	Durham University Business School	United Kingdom
78			Northeastern University: D'Amore-McKim	United States
81	94	88	William & Mary: Mason	United States
82	65	61	Sungkyunkwan University GSB	Republic of Korea
83	90	88	McGill University: Desautels	Canada
84	92	91	Western University: Ivey	Canada
85			The Lisbon MBA Catolica | Nova	Portugal
86			Audencia	France
87			Trinity College Dublin, Trinity Business School	Ireland
88			Cranfield School of Management	United Kingdom
89			Indian Institute of Management Indore	India
90			Indian Institute of Management Lucknow	India
90			Tias Business School, Tilburg University	Netherlands
92	82	82	Brigham Young University: Marriott	United States
93			Vlerick Business School	Belgium
94			University College Dublin: Smurfit	Ireland
95	65	69	Babson College: Olin	United States
95	98	91	AGSM at UNSW Business School	AUnited Statestralia
97			Birmingham Business School	United Kingdom
98			Frankfurt School of Finance and Management	Germany
99			University of California at Davis	United States
100			Eada Business School Barcelona	Spain

五、商业与经济学专业全球排名

《美国新闻与世界报道》(*U.S. News & World Report*) 2023 年排名，https://www.usnews.com/education/best-global-universities/search?region=asia&country=china&subject=economics-business&name=

商业与经济学专业排名	学校	国家	全球大学排名
1	Harvard University	美国	1
2	Massachusetts Institute of Technology (MIT)	美国	2
3	Stanford University	美国	3
4	University of California Berkeley	美国	4
5	University of Chicago	美国	22
6	University of Pennsylvania	美国	15
7	London School Economics & Political Science	英国	236
8	Columbia University	美国	7
9	New York University	美国	31
10	Erasmus University Rotterdam	荷兰	65
10	University of Oxford	英国	5
12	National University of Singapore	新加坡	26
13	Northwestern University	美国	24
13	University of Michigan	美国	19
15	University of Cambridge	英国	8
15	Yale University	美国	11
17	Monash University	澳大利亚	37
18	Princeton University	美国	16
19	Copenhagen Business School	丹麦	688
20	Bocconi University	意大利	544
20	University of Southern California	美国	80
22	Cornell University	美国	21
23	Boston University	美国	70
24	INSEAD Business School	法国	730
25	Indiana University Bloomington	美国	152

（续表）

商业与经济学专业排名	学校	国家	全球大学排名
26	Arizona State University-Tempe	美国	156
27	Tilburg University	荷兰	531
28	Duke University	美国	25
29	London Business School	英国	554
30	University of Warwick	英国	163
31	University of Manchester	英国	63
32	University of Toronto	加拿大	18
33	University of Sydney	澳大利亚	28
34	Peking University	中国	39
35	Pennsylvania State University	美国	84
36	Michigan State University	美国	116
37	Imperial College London	英国	13
38	Tsinghua University	中国	23
39	University of Melbourne	澳大利亚	27
40	Montpellier Business School	法国	
41	University College London	英国	12
41	University of Minnesota Twin Cities	美国	57
43	Hong Kong Polytechnic University	中国	100
44	Texas A&M University College Station	美国	148
45	University of New South Wales Sydney	澳大利亚	37
46	KU Leuven	比利时	50
47	Hong Kong University of Science & Technology	中国	95
48	Aalto University	芬兰	273
48	University of Maryland College Park	美国	57
50	University of Groningen	荷兰	88
51	University of California Los Angeles	美国	14
52	Chinese University of Hong Kong	中国	53
53	Boston College	美国	618

（续表）

商业与经济学专业排名	学校	国家	全球大学排名
54	University of Zurich	瑞士	67
55	Vrije Universiteit Amsterdam	荷兰	82
56	University of Amsterdam	荷兰	39
57	University of St Gallen	瑞士	
58	University of Queensland	澳大利亚	36
59	University of Hong Kong	中国	55
60	University of Texas Austin	美国	43
61	ETH Zurich	瑞士	29
61	Lancaster University	英国	182
61	Ohio State University	美国	55
64	Polytechnic University of Milan	意大利	297
65	City University of Hong Kong	中国	120
65	University of Washington Seattle	美国	6
67	Southwestern University of Finance & Economics	中国	717
68	University of British Columbia	加拿大	35
69	Dartmouth College	美国	261
69	Rutgers State University New Brunswick	美国	143
71	Maastricht University	荷兰	186
72	Australian National University	澳大利亚	62
72	University of North Carolina Chapel Hill	美国	41
74	Shanghai Jiao Tong University	中国	89
75	University of Illinois Urbana-Champaign	美国	74
75	University of South Carolina Columbia	美国	346
77	Singapore Management University	新加坡	725
78	University of Nottingham	英国	145
79	University of Auckland	新西兰	123
80	University of California San Diego	美国	20
81	University of Technology Sydney	澳大利亚	112

（续表）

商业与经济学专业排名	学校	国家	全球大学排名
82	University of Sussex	英国	175
83	Renmin University of China	中国	520
83	University of Florida	美国	98
85	University of Pretoria	南非	452
86	University of Leeds	英国	140
87	Northeastern University	美国	194
88	BI Norwegian Business School	挪威	
88	Nanyang Technological University	新加坡	30
90	Georgia State University	美国	504
90	Zhejiang University	中国	93
92	Hanken School of Economics	芬兰	
93	City University London	英国	889
94	Universite de Montreal	加拿大	156
95	Purdue University West Lafayette Campus	美国	140
96	Royal Melbourne Institute of Technology (RMIT)	澳大利亚	209
96	Stockholm School of Economics	瑞典	
98	Washington University (WUSTL)	美国	32
98	Western University (University of Western Ontario)	加拿大	300
100	Shanghai University of Finance & Economics	中国	975

六、第四轮全国学科评估：工商管理学科 A+，A，A−情况

http://www.chinadegrees.cn/xwyyjsjyxx/xkpgjg/index.shtml

第四轮学科评估于 2016 年 4 月启动。评估结果按“分档”方式呈现，具体方法是按“学科整体水平得分”的位次百分位，将前 70% 的学科分 9 档公布：前 2%（或前 2 名）为 A+，2%—5% 为 A（不含 2%，下同），5%—10% 为 A−，10%—20% 为 B+，20%—30% 为 B，30%—40% 为 B−，40%—50% 为 C+，50%—60% 为 C，60%—70% 为 C−。

工商管理一级学科中，全国具有“博士授权”的高校共 65 所，本次参评 63 所；部分具有“硕士授权”的高校也参加了评估；参评高校共计 240 所。

注：评估结果相同的高校排序不分先后，按学校代码排列。

评估结果	学校代码及名称
A+	10002 中国人民大学
	10003 清华大学
	10248 上海交通大学
	10558 中山大学
A	10001 北京大学
	10036 对外经济贸易大学
	10055 南开大学
	10246 复旦大学
	10272 上海财经大学
	10284 南京大学
	10384 厦门大学
	10698 西安交通大学
A-	10004 北京交通大学
	10034 中央财经大学
	10141 大连理工大学
	10173 东北财经大学
	10183 吉林大学
	10335 浙江大学
	10422 山东大学
	10486 武汉大学
	10487 华中科技大学
	10532 湖南大学
	10610 四川大学
	10651 西南财经大学

后 记

这是专门为《管理学——原理与方法（第八版）》（复旦大学出版社 2024 年出版）编写的学习指导。本书的主要目标是帮助在校学生、参加研究生入学考试和公务员考试的管理类（甚至是非管理类）的考生等学习管理学。

鉴于“助学”性质，本书针对教材各章突出以下内容：（1）复习要点；（2）关键概念；（3）填空题；（4）选择题；（5）是非判断题；（6）简答题；（7）问答题；（8）案例分析。并对填空、选择、简答和问答题给出答案，对案例给出分析要点。为进一步帮助老师、同学和各类考生学习管理学，我们还建设了“周三多管理学教学网”，方便管理学科的互动教学。

这本书的编写工作主要由南京大学商学院管理学教授贾良定博士和其学生王璇、温智玉、居思薇、林子暐、孔梦宇修订完成，周三多教授为本书的修订提出了基本方针与框架。书中可能有不足之处，敬请读者不吝指教。

周三多　贾良定

2024 年 6 月于南京大学商学院

图书在版编目(CIP)数据

管理学:原理与方法(第八版)习题与案例指南/周三多,贾良定主编. —8版. —上海:复旦大学出版社,2024.6(2024.11重印)
(复旦博学. 大学管理类教材丛书)
ISBN 978-7-309-17082-5

Ⅰ.①管… Ⅱ.①周… ②贾… Ⅲ.①管理学-高等学校-教材 Ⅳ.①C93

中国国家版本馆CIP数据核字(2023)第227924号

管理学——原理与方法(第八版)习题与案例指南
GUANLIXUE—YUANLI YU FANGFA(DI BA BAN)XITI YU ANLI ZHINAN
周三多 贾良定 主编
责任编辑/方毅超

复旦大学出版社有限公司出版发行
上海市国权路579号 邮编:200433
网址:fupnet@fudanpress.com http://www.fudanpress.com
门市零售:86-21-65102580 团体订购:86-21-65104505
出版部电话:86-21-65642845
常熟市华顺印刷有限公司

开本787毫米×1092毫米 1/16 印张20.25 字数362千字
2024年11月第8版第2次印刷

ISBN 978-7-309-17082-5/C·441
定价:50.00元